高等职业教育“十三五”规划教材·经济管理类专业基础课精品系列

经济学基础

宋立温　王建花　主　编

王　莉　宋学林　郝春田　副主编

科学出版社

北　京

内 容 简 介

本书作为高职高专院校经济管理类专业的基础课程教材，是根据教育部《高职高专教育基础课程教学基本要求》《高职高专教育专业人才培养目标及规格》编写的。本书通过“引导案例”等环节，充分体现了以“教、学、做一体化”为指导思想的应用型人才和技能型人才培养模式。本书内容包含微观经济学和宏观经济学两大部分。在微观经济学部分，本书立足于经济学的微观个体，从稀缺资源的合理配置入手，围绕价格这一核心理论，分别对价格理论、消费者行为理论、生产者行为理论、成本与收益理论、市场结构理论和分配理论及微观经济政策等做了详尽的阐述；在宏观经济学部分，从国家层面出发，分别对国民收入的核算、宏观经济均衡、失业与通货膨胀理论、经济周期与经济增长及宏观经济政策等做了详细的解析。

本书既可作为高职高专院校财经商贸类及工商管理类专业的基础课教材，又可作为经济类相关人员的自学、培训用书。

图书在版编目（CIP）数据

经济学基础/宋立温，王建花主编. —北京：科学出版社，2019.12
（高等职业教育“十三五”规划教材·经济管理类专业基础课精品系列）
ISBN 978-7-03-063907-3

Ⅰ.①经…　Ⅱ.①宋…　②王…　Ⅲ.①经济学-高等职业教育-教材
Ⅳ.①F0

中国版本图书馆 CIP 数据核字（2019）第 288636 号

责任编辑：薛飞丽　景梦娇 / 责任校对：王万红
责任印制：吕春珉 / 封面设计：艺和天下

科学出版社出版
北京东黄城根北街 16 号
邮政编码：100717
http://www.sciencep.com

三河市良远印务有限公司印刷
科学出版社发行　　各地新华书店经销
*
2019 年 12 月第 一 版　　开本：787×1092　1/16
2022 年 5 月第三次印刷　　印张：16 1/4
字数：368 000

定价：42.00 元

（如有印装质量问题，我社负责调换〈良远〉）
销售部电话 010-62136230　编辑部电话 010-62135120-2001

高等职业教育“十三五”规划教材·经济管理类专业基础课精品系列编写委员会

前 言

作为高职高专经济管理类专业的专业基础课，经济学基础为学生提供了一套理解市场经济运行的知识体系、理论分析方法和思维方式。通过对该课程的学习，学生可以提高认识问题、分析问题和解决问题的能力，培养职业素质，提高对经济政策的理解水平和社会实践能力，学会运用经济学的思维方式去理解身边的经济现象和问题。

作为山东省现代金融品牌专业群建设成果，本书采取案例启发式教学的编写方式，突出高职高专教学注重能力培养的主线，有机地将知识、技术、能力、素质等要素相融合，力求做到结构新颖、内容务实创新。每章开篇之处设置知识目标和能力目标，每节学习之前都有引导案例，在内容设计和编排上，准确体现经济学的精神，反映最新的经济现象和问题，尽可能多地加入现实经济生活中的阅读资料和典型案例，以加强理论与实践的结合，加深学生对经济学原理和理论的领悟，实现知识的学习和应用相互结合、相互促进。另外，每章都设置了本章小结、案例分析和实训项目设计，并配有二维码供学生进行业务技能自测，有利于学生对所学知识的理解和掌握，以方便学生学以致用，使学生学有所成。

本书由宋立温、王建花担任主编，王莉、宋学林、郝春田担任副主编。宋立温、王建花负责大纲制定、组织编写、总纂和定稿。本书共十四章，编写人员的具体分工如下：第一～三章由宋立温编写；第四～六章由宋学林编写；第七～十章由王建花编写；第十一章、第十二章由郝春田编写；第十三章、第十四章由王莉编写。

本书得到了山东经贸职业学院领导和相关部门的大力支持和帮助，招商银行潍坊分行业务部主任张立伟先生、中国交通银行潍坊分行主任朱建东先生等专家对本书的编写提出了很好的意见和建议，在此深表谢意！

本书在编写过程中，参阅了大量的经济学相关教材、专著和资料，引用了相关内容和研究成果，在此，谨向所有文献的作者致以诚挚的谢意。同时感谢科学出版社对本书的出版给予的大力支持。

由于编者水平有限，加之时间紧迫，书中难免会有一些不妥之处，恳请各位读者批评指正，以便进一步修改和完善。

编　者

2018 年 10 月

目　录

第一章
经济学基本问题

【知识目标】

1. 理解经济学的研究对象
2. 熟悉经济学的内容体系
3. 了解经济学的研究方法与分析工具

【能力目标】

1. 能够运用经济学的眼光看待现实生活的各种现象
2. 能够初步懂得从经济学的角度分析各种社会问题

第一节　经济学的相关概念

引导案例

一根头发赚了 30 万元

一位收藏家准备用 30 万元收藏 20 世纪 50 年代美国优秀小提琴家约翰·迈尔的头发。收藏的条件是“必须亲自从他头上取下来，录下全过程，用树脂进行密封”。而困难在于迈尔非常反感头发，头发一长出来就剃光了。在澳大利亚发展的吴某决心一试，他从网络中查找相关资料，了解了迈尔的脾气、为人处世的原则及生活规律等。然后他利用自己会弹吉他的技艺，反复练习迈尔的成名曲，并不时地寻找机会。经过一段时间的努力，他终于与迈尔成为忘年交。当迈尔知道了事情的始末之后很感动，答应了吴某的请求。四个月之后，当吴某从迈尔浓密的头发中取下一根收藏好后，迈尔再次剃光了头发，并当着吴某的面，把头发烧掉。吴某感动地流下了眼泪，因为他明白，他手中的这根头发将是约翰在世上唯一留存的头发，不会有第二根了。

你想不想让自己乌黑漂亮的头发也能卖到这个价钱？如何才能做到呢？要想让自己的头发也变得值钱，就要做到两步：第一步，尽快把自己变成稀缺资源；第二步，只留下一根头发。

（资料来源：陈福明，2011. 经济学基础[M]. 北京：高等教育出版社.）

一、经济资源的稀缺性

自从人类诞生以来，各种各样的矛盾无时无处不在，然而绝大多数矛盾随着时间的流逝而消失或转化了，唯有一个矛盾贯穿于人类社会经济生活的始终，即人类需求的无限扩大同资源相对稀缺的矛盾。它是其他经济矛盾的根源和终极支配，是人类经济中的永恒矛盾。

资源是稀缺的，因此社会资源的管理就显得尤为重要。稀缺性是指社会拥有的资源有限，因此不可能生产人们希望拥有的所有物品和劳务。例如，每个家庭成员不可能得到他想要的每一件东西，社会上的每个人也不可能都达到他所希望的最高生活水平。

二、经济基本问题与选择

（一）经济基本问题

古往今来，人类社会都存在着无限需求同资源稀缺之间的永恒矛盾，人们必须考虑“如何使用有限的生产资源来满足无限多样化的需要”，因而人类必须面对以下 3 个经济基本问题。

1）生产什么与生产多少的问题。这个问题实际上是在资源给定且有限的条件下，在可供选择的多个产品组合方案中，挑选出能够最大限度地满足人们需求的方案的问题。这是任何社会都需要抉择的首要问题，古今皆然。

2）如何生产，即用什么方法来生产的问题。生产方法实际是对各种生产要素进行组合。例如，在原始社会，人们进行渔猎时，是动用全部壮劳力，还是动用壮劳力与弱劳力的组合。在现代社会，人们从事生产时，是选择资本密集型方法，还是选择劳动密集型方法。

3）为谁生产，即财富如何分配的问题。在原始社会，族群人口不得少于某一数量，集体生存是个体生存的前提，因此，必须实行符合当时情况的公平分配，以满足每一个成员的生存需要。当时的生产是平等地为人人生产。在现代市场经济社会中，按资源对社会生产贡献的大小进行分配，因而社会为掌握资源多的人生产得多一些，为掌握资源少的人生产得少一些。

（二）选择

1. 选择的概念

选择，在汉语词汇中，由“选”“择”两个近义字组合而成，以加强单字“选”的含义，意思是从多种备选对象中进行挑选与确定。选择同“挑选”“选取”“筛选”等词汇的意思相近。

在解决经济基本问题的过程中，人类的选择包括两个方面：一方面，对要予以满足的需要的选择。人类的无限增长的欲望，是无法同时全部满足的，因此，必须将要予以满足的需要按照轻重缓急排序，挑选出现有资源条件能够满足的首要需要，而放弃那些次要需要。另一方面，对资源运用的选择。在一定时期内，相对人类需求来说，有用的资源品种和数量是有限的，而大多数资源可以具有多种用途，当资源被用于某一用途时，就不能再被用于其他用途。因此，人类必须根据要予以满足的需要确定资源的用途及其使用数量。恰当的资源选择和运用，能够最大限度地缓解人类无限增长的需求同有限的资源之间的矛盾，提高人类的生活水平和生活质量。

选择对于人类生存发展的重要性，可以总结如下：经济就是选择，生活就是选择。

2. 选择的属性

经济生活中的选择不是简单的或随意的选择，而是比较之下的选择，是一种有代价的选择。机会成本反映了这种选择观念，它高度地概括了在资源有限的约束条件下，人们为了最大限度地满足需求而对资源用途进行选择的理念。一种具有多种用途的资源，当其用于某一特定用途时，它所放弃的在其他用途上能够获取的最大收益，就是资源用于当前用途的机会成本。例如，某企业有 100 万元资金，拟投资快餐业，预计年收益为 10 万元；而投资房地产，预计年收益为 30 万元，则企业选择投资房地产的机会成本是

10 万元。

三、经济学的研究对象及主要任务

（一）经济学的研究对象

任何学科都发端于问题，都以某一领域的根本性问题为自己的研究对象。法学以如何整肃人类社会秩序为研究对象，医学以如何解除人的身心病痛为研究对象，经济学以如何解决经济基本问题为研究对象。经济资源的稀缺性导致了人类经济行为上的选择性，所以，经济学要研究的问题就是，针对资源稀缺性如何进行正确合理的选择。

经济学被定义为，研究社会如何管理自己的稀缺资源的学科。经济学分析改进资源配置形式可能付出的代价和可能产生的收益。

就像经济有多种定义一样，经济学也有多种定义，以上是其中较为简明的一种。深入研究下来，经济学研究的对象就是由稀缺性资源而引起的选择问题；经济学就是研究稀缺性资源在各种可供选择的用途之间进行配置的科学。再简单一点来说，经济学是研究稀缺和选择的学科。

（二）经济学的主要任务

资源稀缺性不仅引起资源配置问题，还引起关于资源利用效率的问题。所以，从这层意义上看，最优选择即指资源的合理配置与高效利用。因此，怎样最合理、最有效地进行资源配置和资源利用，就构成经济学的两大基本任务。

1. 资源配置问题

资源配置问题就是把资源合理分配到各种可供选择的用途中。所谓“合理”配置资源，就是要求人类理性地将资源按照需要满足的主次先后、轻重缓急予以配置。也就是说，解决人类始终面临的以下经济基本问题。

1）针对“生产什么与生产多少”的资源配置问题。例如，一个社会想要大炮和黄油两种物品，那么就不应该将资源用于生产水果和瓷器。如果想要黄油多一点、大炮少一点，那么配置到生产黄油的资源就应该多一点，配置到生产大炮的资源自然就少一点。

2）针对“如何生产”的资源配置问题。假定一个社会已经决定生产 8 个单位的黄油和 2 个单位的大炮，并且认为利用劳动密集型的生产方式取得的效果最好，那么资源配置会多用劳动而少用资本；反之，如果认为利用资本密集型的生产方式取得的效果最好，那么资源配置会多用资本而少用劳动。

3）针对“为谁生产”的资源配置问题。配置问题涉及对分配公平的认识。如果一个得到社会普遍认可的分配方式造成了贫富两个阶层，那么 8 个单位的黄油和 2 个单位的大炮中的大部分是为富人生产的，因为富人拥有更多的选择权利，即富人比穷人有更多的货币收入。

2. 资源利用问题

因为资源是稀缺的，所以人们必须考虑资源利用的问题。

资源利用问题主要涉及以下 3 个方面。

1）稀缺性资源是否得到充分利用的问题。充分利用是指在现有的生产技术水平条件下，各类资源都得到了利用，没有闲置。在市场经济中，资源经常由于“有效需求不足”，而没有得到充分的利用。例如，有的青壮年劳动力长时间找不到工作，有的机器设备经常处于低负荷运转甚至闲置状态。

2）在资源既定的情况下，社会生产起伏变动的问题。这就是所谓的产量不能始终保持在生产可能线上的问题，也就是一般所说的经济波动与经济增长的问题。市场经济运动呈现周期性波动，除了繁荣阶段，其余阶段的资源利用都不同程度地偏离了充分利用状态，即处于资源利用的低效率状态。经济学就是要设法解决此类问题。

3）货币稳定性的问题，即一般所说的通货膨胀与通货紧缩问题。市场经济不仅是商品经济，还是货币经济。货币运动既决定于商品运动，又具有商品运动的相对独立性，在纸币制度下，纸币升值、贬值的幅度极大地影响了商品的运动，或者说商品的生产影响资源的利用效率。

第二节 经济学的主要内容

引导案例

财政政策的实践

20 世纪 60 年代，美国总统约翰•F. 肯尼迪采用凯恩斯主义经济学的观点，使财政政策成为美国对付经济衰退和通货膨胀的主要武器之一。肯尼迪提出削减税收来帮助经济走出低谷。这些措施实施以后，美国经济开始迅速增长。但是，减税政策加上 1965～1966 年在越南战争中财政扩张政策的影响，又使产出增长过快，超过了潜在水平，于是通货膨胀开始升温。为了对付不断加剧的通货膨胀，并抵消越南战争所增开支的影响，1968 年美国国会批准开征了一项临时性收入附加税。不过，在许多经济学家看来，这项税收增加的政策力度太小也太迟了一些。

（资料来源：保罗•萨缪尔森，威廉•诺德豪斯，2012. 经济学[M]. 萧琛，主译. 19 版. 北京：人民邮电出版社.）

财政政策和通货膨胀都属于经济学的研究对象，属于宏观经济学研究的范畴。通过本节的学习，学生应能对经济学的体系和内容有一个大体的了解。

一、微观经济学

微观经济学是指以单个经济单位为研究对象，通过研究单个经济单位的经济行为和相应的经济变量单项数值的决定来说明价格机制如何解决社会资源配置问题的理论。

在理解微观经济学概念时应注意以下几点。

1）研究的对象是单个经济单位。单个经济单位是组成经济的最基本的单位，包括家庭与厂商。家庭是经济中的消费者和生产要素的提供者，它以实现效用（即满足程度）最大化为目标。厂商是经济中的生产者和生产要素的需求者，它以实现利润最大化为目标。

2）解决的问题是资源配置。资源配置即生产什么、如何生产和为谁生产的问题。解决资源配置问题就是要使资源配置达到最优化，即在这种资源配置下能给社会带来最大的经济福利。微观经济学从研究单个经济单位的最大化行为入手，来解决社会资源的最优配置问题。

3）中心理论是价格理论。在市场经济中，家庭和厂商的行为受价格的支配，生产什么、如何生产和为谁生产都由价格决定。价格像一只看不见的手，调节着整个社会的经济活动，从而使社会资源的配置实现最优化。因此，价格理论是微观经济学的中心理论，其他内容则围绕这一中心理论展开。正因为如此，微观经济学理论也被称为价格理论。

4）研究方法是个量分析。个量分析是对单个经济单位和单个经济变量的单项数值及其相互关系所做的分析。例如，某种商品的价格、某种产品的产量就属于价格和产量这类经济变量的单项数值。微观经济学就是分析这类个量的决定、变动及其相互之间关系的理论。

二、宏观经济学

宏观经济学是指以整个国民经济为研究对象，通过研究经济中各有关总量的决定及其变化来说明资源如何才能得到充分利用。

在理解宏观经济学概念时应注意以下几点。

1）研究的对象是整体经济。也就是说，宏观经济学所研究的不是经济活动中的各个单位，而是由这些单位所组成的整体。这样，宏观经济学就要研究整体经济的运行方式与规律，从总体上分析经济问题。

2）解决的问题是资源利用问题。宏观经济学将资源配置作为既定的前提，分析现有资源未能得到充分利用的原因，以解决如何达到充分利用的途径，以及如何增长等问题。

3）中心理论是国民收入决定理论。宏观经济学把国民收入［国内生产总值（gross domestic product，GDP）等总量概念］作为最基本的总量，以国民收入的决定理论为中心来研究资源利用问题，分析整个国民经济的运行。国民收入决定理论被称为宏观经济学的核心，其他理论则是运用这一理论来解释整体经济中出现的各种问题的。

4）研究方法是总量分析方法。总量是指能反映整个经济运行情况的经济变量。这种变量有两类：一是个量的总和，如国民收入是组成整个经济的各个单位的收入的总和、

总投资，是各个企业的投资之和等；二是平均量，如价格水平是各种商品与劳务的平均价格等。总量分析就是分析这些总量的决定、变动及其相互关系，并通过分析说明经济的运行状况，制定经济政策。因此，宏观经济学也被称为总量经济学。

三、微观经济学与宏观经济学的关系

1. 微观经济学与宏观经济学的区别

从微观经济学与宏观经济学含义及其理解可以看到，微观经济学和宏观经济学在研究的对象、解决的问题、研究方法、基本假设、中心理论和基本内容上都有所不同。

（1）研究的对象不同

微观经济学的研究对象是单个经济单位，如家庭、厂商等。美国经济学家J.亨德逊指出，家庭和厂商这种单个单位的最优化行为奠定了微观经济学的基础。而宏观经济学的研究对象是整个经济，研究整个经济的运行方式与规律，从总量上分析经济问题。保罗·萨缪尔森指出，宏观经济学根据产量、收入、价格水平和失业水平来分析整个经济行为。美国经济学家爱德华·夏皮罗强调了宏观经济学在考察国民经济时可作为一个整体。

（2）解决的问题不同

微观经济学要解决的是资源配置问题，即生产什么、如何生产和为谁生产的问题，以实现个体效益的最大化。宏观经济学则把资源配置作为既定的前提，研究社会范围内的资源利用问题，以实现社会福利的最大化。

（3）研究方法不同

微观经济学的研究方法是个量分析，即研究经济变量的单项数值如何决定。而宏观经济学的研究方法是总量分析，即对能够反映整个经济运行情况的经济变量的决定、变动及其相互关系进行分析。这些总量包括两类：一类是个量的总和；另一类是平均量。

（4）基本假设不同

微观经济学的基本假设是市场出清、完全理性、充分信息，认为“看不见的手”能自由调节，实现资源配置的最优化。宏观经济学则假定市场机制是不完善的，政府有能力调节经济，通过“看得见的手”修补市场机制的缺陷。

（5）中心理论和基本内容不同

微观经济学的中心理论是价格理论，此外还包括消费者行为理论、生产理论、分配理论、一般均衡理论、市场理论、产权理论、福利经济学理论、管理理论等。宏观经济学的中心理论则是国民收入决定理论，此外还包括失业与通货膨胀理论、经济周期与经济增长理论、开放经济理论等。

2. 微观经济学与宏观经济学的联系

尽管微观经济学和宏观经济学存在着差别，但作为经济学的不同组成部分，它们之间又有着密切的联系，主要表现在以下几个方面。

（1）微观经济学与宏观经济学是互相补充的

经济学的目的是要实现社会经济福利的最大化。为了达到这一目的，必须既要实现资源的最优配置，又要实现资源的充分利用。微观经济学是在假定资源已实现充分利用的前提下，分析如何达到最优配置的问题；宏观经济学则是在假定资源已实现最优配置的前提下，分析如何达到充分利用的问题。它们从不同的角度分析社会经济问题。从这个意义上说，微观经济学与宏观经济学不是互相排斥的，而是相互补充的，它们共同组成经济学的基本原理。

（2）微观经济学与宏观经济学的研究方法都是实证分析

微观经济学与宏观经济学都将社会经济体制作为既定的前提，不分析社会经济体制变动对经济的影响。也就是说，它们都是把市场经济体制作为一个既定的存在，分析这一经济体制下的资源配置与利用问题。这种不涉及体制问题，只分析具体问题的方法就是实证分析。从这种意义上看，微观经济学与宏观经济学都属于实证经济学的范畴。

（3）微观经济学是宏观经济学的基础

单个经济单位之和构成整体经济，宏观经济学分析的经济总量是由经济个量加总而成的，因此对宏观经济行为和经济总量的分析是以一定的微观经济学分析为基础的。例如，失业理论和通货膨胀理论作为宏观经济学的重要组成部分，总要涉及劳动供求和工资决定理论及商品价格决定理论，而充分就业的宏观经济模型，正是建立在以完全竞争为假定前提的价格理论和工资理论基础上的。

知识链接

微观经济学与宏观经济学名称的由来

在20世纪30年代之前，学界并没有微观经济学与宏观经济学的提法。我们一般把英国古典经济学家亚当·斯密作为现代经济学的奠基者，他的主要代表作是《国民财富的性质和原因的研究》(简称《国富论》)。古典经济学既研究经济增长、经济周期这类我们今天称为宏观经济学的内容，又研究价格、价值、成本、收入分配这类我们称为微观经济学的内容。换言之，在经济学形成的相当一段时间内，经济学并没有微观与宏观的区别。

自19世纪70年代的边际革命之后，经济学的研究从生产转向需求，直至20世纪30年代之前，研究的中心是资源配置，即我们今天所说的微观经济学，这一时期的经济学称为新古典经济学。到19世纪末，英国经济学家阿尔弗雷德·马歇尔的《经济学原理》出版时，今天所说的微观经济学体系已经基本形成，但是并没有微观经济学这个名称。

在约翰·梅纳德·凯恩斯之前，经济学家也研究过经济增长、经济周期这类宏观经济问题。但现代宏观经济学是在约翰·梅纳德·凯恩斯于1936年发表的《就业、利息和货币通论》之后才形成的。不过提出微观经济学与宏观经济学这两个名称的并不是约翰·梅纳德·凯恩斯。约翰·梅纳德·凯恩斯也没有把自己的理论体系称为宏观经济学。

第一次使用微观经济学和宏观经济学这两个名词的是荷兰的经济学家卜迪·沃尔夫。他在 1941 年的一篇文章中写道："微观经济解释所指的是一个人或家庭的经济关系。宏观经济解释由个人或家庭组成的大集团（社会阶层、民族等）相互间的关系。"沃尔夫的解释已接近于我们今天对微观经济学和宏观经济学的理解。美国经济学家保罗·萨缪尔森在 1948 年出版的《经济学》中把这两种理论构建在一个经济学体系之内，这成为至今为止几乎所有初级教科书的标准模式。

将经济学分为微观经济学与宏观经济学是一个创举，但过分强调两者的区分，又容易形而上学地割裂它们之间的内在联系。经济学家们正在努力建立一个微观经济学与宏观经济学统一的体系。

（资料来源：佚名，2007. 微观经济学与宏观经济学名称的由来[EB/OL]. (2007-10-14)[2018-08-06]. http://www.360doc.com/content/07/1014/07/43414_809268.shtml.）

第三节　经济学的研究方法

引导案例

规范分析与实证分析的运用

现在各行各业的人都非常关心中国的 GDP 和人均 GDP，因为前者代表一个国家的综合国力，后者反映国民生活的富裕程度。从实证角度看，这些数字的统计归纳过程就是实证分析的过程。如果对某些数据有所怀疑，人们还可以进行检验。具体数字是客观的，在统计过程中不涉及道德问题，只回答是什么。从规范分析的角度来研究，首先在中国目前的情况下确定一个合理的经济增长率，确定一个反映人民生活水平的标准。为了实现这一目标，国家就应该要制定相应的产业政策、货币政策和财政政策。后者涉及了道德问题。对于后者，不同人站在不同角度所得出的结论是不一样的。有的人认为经济增长率提高是好事；有的人认为经济增长率提高得太快是坏事，应停止经济增长。这些观点是主观判断，无法进行检验。

（资料来源：佚名，2011. 实证经济学与规范经济学[EB/OL]. (2011-10-09)[2018-07-03]. https://wenku.baidu.com/view/ee4176addd3383c4bb4cd222.html.）

那么规范分析法和实证分析法有什么联系和区别呢？

一、规范分析法

规范分析法是指以一定价值判断为基础，提出某些标准作为分析处理经济问题的标准和基础，确立经济理论的前提，作为制定经济政策的依据，并研究如何才能符合这些标准的研究方法。规范分析法的特点体现在以下几个方面。

1）规范分析法从一定的价值判断来研究经济问题，即判断某一具体经济问题的是与非、好与坏、积极意义与消极意义，带有一定的主观性和阶级性。

2）规范分析法要解决“应该是什么”的问题，即要说明事物本身的好与坏、是与非，以及积极意义与消极意义。

3）规范分析法研究得出的结论会受到不同价值观的影响，其研究得出的结论是无法进行事实检验的。

例如，规范分析法要回答这样的问题：通货膨胀的容忍限度应该是多少，是否应该向富人课以重税以帮助穷人，国防开支应占多大的比例……这些问题涉及价值判断和道德伦理判断。

二、实证分析法

实证分析法是指企图超脱一切价值判断，只研究经济本身的内在规律，并根据这些规律，分析和预测经济行为效果的研究方法。实证分析法的特点体现在以下几个方面。

1）实证分析法避开带有一定主观性、阶级性的价值判断，而从客观的角度来分析研究有关的经济问题。

2）实证分析法要解决“是什么”的问题，即只确认经济事实的本身，研究经济本身的内在规律，分析经济变量之间的关系，并用于分析和预测。

3）实证分析法的研究内容具有客观性，所得出的结论是可以进行事实检验的。

例如，实证分析法只回答这样的问题：现在的失业率是多少、较高水平的失业率如何影响通货膨胀、汽油税又会如何影响汽油的消费量……这些问题不涉及价值判断和道德伦理判断。

三、规范分析法与实证分析法的关系

实证分析法与规范分析法虽然具有以上区别，所形成的实证经济学和规范经济学存在很大的差异，但两者并不是绝对相互排斥的。规范经济学是以实证经济学为基础的，而实证经济学是以规范经济学为指导的。一般来说，具体经济问题和微观经济现象的研究具有实证性，而高层次的、决策性的宏观经济问题和现象的研究更具有规范性。

案例阅读

理性成就快乐——像经济学家一样思考

经济学真正的主题内容是理性，其隐而不彰的深刻内涵就是人们理性地采取行动的事实。经济学关于理性的假设是针对个人的而不是针对团体的。经济学是解释人们行为的方法，它源自这样的假设：每个人不仅有自己的目标，还会主动地选择正确的方式来实现这些目标。这样的假设虽然未必总是正确，但很实用。在这样的假设下发展出来的经济学，不仅有实用价值，能够指导我们的日常生活，而且这样的学问本身也充满了理性，足以娱人心智。如果我们对经济学知识缺乏基本的了解，就容易在处理日常事务时理性不足，给自己的生活增添许多不必要的烦扰。例如，汽车刚买回两天就降价了，大部分人在遇到这种情况时会垂头丧气，心里郁闷；但是，如果刚买了房子，该小区的房价就上涨了，则兴高采烈是一般购房者的正常反应。这些反应虽然符合人之常情，但跌价带来的郁闷感觉是错误的。经济学认为，正确的反应应该是，无论是跌价，还是涨价，都应该感觉更好。对消费者而言，最重要的是消费了什么。在价格变动以前，所选择的商品组合（房子、车子加上用收入余款购买的其他商品）对消费者来说是最好的东西。如果价格没有改变，消费者会继续这样的消费组合。在价格变化以后，消费者仍然可以选择消费同样的商品，因为房子、车子已经属于消费者了，所以，消费者不可能因为价格变化而感觉更糟糕。但是，房子、车子与其他商品的最佳组合取决于房价、车价及其他商品的价格，所以过去的商品组合仍然为最佳是不可能的。这就意味着现在还有一些更加吸引人的选择，因此，消费者的感觉应该更好。新的选择虽然存在，但消费者更钟情于原来的最佳选择（原来的商品组合）。

在日常生活中，我们还常常烦扰于别人的收入比自己高。总是觉得自己得到的比应得的少，而经济学告诉我们这样的感觉是庸人自扰，也是错误的。经济学认为别人比自己挣得多是正常的，自己得到的就是应得的，如果自己不能理性地面对，只会给自己的生活带来不必要的烦扰和忧愁。

（资料来源：梁小民，2005. 微观经济学纵横谈[M]. 北京：生活•读书•新知三联书店.）

本章小结

人类为了自身生存和发展所进行的物质资料的生产与消费活动即为经济活动。经济活动是人类最基本的社会活动，是人类从事政治、宗教、艺术等活动的基础，决定并改变人类的行为方式和精神面貌。经济的核心含义是节约、节俭与效率。

人类的需求与生俱来，具有无限的属性；经济资源相对于人类无限的需求来说，总是稀缺的。无限的需求与有限的资源构成人类社会的永恒矛盾，引申出任何人类社会都要面对并决策的三个经济基本问题：生产什么与生产多少、怎样生产、为谁生产。

选择是人类解决经济基本问题的根本途径。经济学将如何使用有限的生产资源来满足无限多样化的需求作为自己的研究对象。经济学就是关于稀缺与选择的社会科学。如何合理使用资源的选择，称为资源配置；如何充分利用资源的选择，称为资源利用。

对应资源配置和资源利用，经济学大体分为微观经济学和宏观经济学两个部分。前者主要研究个体经济的行为或单个市场状态，以及政府微观经济管理；后者主要研究总体经济各变量之间的运动关系，产品市场、货币市场均衡和对外经济关系，以及政府的宏观经济管理。

根据是否包含价值判断，经济研究方法分为规范分析法和实证分析法。

案例分析

谈谈“如何像经济学家一样思考”

经济学家在研究经济问题时利用一套独特的方法、工具和概念，建立了反映市场经济中经济规律的理论。当一般人仅看到经济中各种问题的现象时，经济学家却抓住了事物的本质，这正是经济学家的高明之处。只有认识事物的本质、掌握经济规律，才能做出正确的决策，这正是我们要学习经济学的原因。但学习经济学并不是要利用现成的理论来解决现实问题，而是要学会一套分析这些问题的方法。经济学不可能为所有问题都提供现成的答案，但它能教会我们分析这些问题的方法。我们每天都会遇到许多经济问题，也需要随时做出许多选择的决策。像经济学家一样思考就是要学会用经济学提供的方法、工具、概念和理论来分析现实问题，并做出正确的决策。

现在，我们试着用经济学的思维来考虑并讨论下列问题。

1）张三原来是某高校的一名教师，每月固定收入为3 000元。张三的朋友再三动员他辞职经商，张三禁不住诱惑，辞职之后经营了一家小饭馆，每月收入为20 000元。经济学家如何看待张三经商的得失？

2）大四要毕业了，小王在经过几家公司的面试之后，收到了两家公司的录取通知书，一份是来自生活压力大、竞争激烈的大城市的一家公司，另一份是来自某县级市的一家公司，小王该如何抉择呢？

3）国家大力倡导劳动力的城际转移，以推进城镇化建设。劳动力的自由移动，对移出地和移入地的经济与居民福利有什么影响？

实训项目设计

学生分组，试用边际分析方法分析自己身边的经济问题。

业务技能自测

第二章
供给需求理论及其运用

【知识目标】

1. 理解和掌握需求与供给的基本概念
2. 理解和掌握影响需求与供给的因素
3. 掌握需求定理、供给定理的内容
4. 理解和掌握均衡价格的含义
5. 掌握供求规律的内容及其运用

【能力目标】

1. 能够从理性的角度来看待和分析日常经济现象，解释需求和供给如何影响商品价格和成交数量

2. 能够区分需求量变动和需求变动，分析均衡价格的影响因素及变化程度

第一节 需求定理

引导案例

农产品二次涨价

2010年5月，国家发展改革委、商务部、国家市场监督管理总局联合下发通知，要求地方各级人民政府切实加强农产品市场监管，严厉打击囤积居奇、哄抬农产品价格等行为。重拳之下，价格有所回落。不过，仅过月余时间而已，绿豆、大蒜价格再度上扬，杀了个回马枪。

随着绿豆价格的再次反弹，“豆你玩”风波已经升级成了“豆你不完”。尽管政府部门已经加大力度打击恶意囤积农产品行为，但是绿豆价格依然未能回落至正常水平：吉林省洮南市绿豆价格每千克上涨4元左右，已反弹至每千克15元以上；而在北京新发地批发市场，2010年7月7日以来，绿豆批发均价每千克上涨了2.2元，最高价达到每千克17元，逐渐逼近当年最高峰时的20元。然而，红火的价格并未带来市场交易的红火，北京、广州等地经销商纷纷表示绿豆货源告急。

“本轮价格上涨，市场供需是主要因素，但由于存在信息不畅、调控不及时及市场投机因素，客观加大了供需矛盾和价格波动幅度，给钻营者以可乘之机。”中国社科院研究员马光远分析说。

不仅是绿豆重演“豆你玩”，2010年7月以来，以蔬菜为代表的农产品价格也开始了缓慢的二次上涨。商务部在报告中分析称，高温多雨的天气不利于蔬菜生长、采摘及储运，因此蔬菜价格继续回升。18种蔬菜平均批发价格上涨5.5%。此外，受高温雨水天气影响，禽蛋产量下降、运输受阻，禽蛋的零售价格小幅回升。

2010年，农产品价格起起伏伏，不仅波动频率高，幅度亦胜过以往。业内人士表示，货币流动性过剩是其波动性加剧的原因之一，楼市、股市不景气，资金拥有者便看中了农产品。在其看来，流动性过剩一般会以农产品价格上涨体现。近期又传玉米最低收购价格可能提高，使资金都很敏感，基础粮食价格的上涨会传到农产品和食品等领域，增加通胀压力。

（资料来源：佚名，2010. 农产品二次涨价　绿豆价格反弹继续“豆你玩”[EB/OL]. (2010-07-22) [2018-08-13]. http://www.cb.com.cn/index/show/jj/cv/cv114245070.）

思考：

1）根据报道的内容，分析引起农产品涨价的原因。

2）绿豆涨价以后，会直接促使哪些产品跟随涨价？为什么？

回答以上问题，我们需要了解市场需求和供给及相关知识。供给与需求是经济学中

常用的两个词。它们是使市场经济运行的力量，决定了每种物品的产量和出售的价格。如果想知道任何一项事件或政策将如何影响经济，那么就应该先考虑它将如何影响供给和需求。本章中，我们从需求和供给入手，分析价格和数量之间的关系，介绍影响需求和供给的因素及其他相关知识。

一、需求的基本内容

（一）需求的定义

需求是指在某一特定时期内，在每一价格水平上消费者愿意而且能够购买的商品量。

理解需求概念，应把握好以下几点。

1）需求不同于需求量。需求量是在某一既定的价格下，消费者愿意而且能够购买的商品数量。例如，某一品牌的空调，在价格为 2 600 元/台时，2017 年 6 月某地市场的需求量为 1 000 台；在 7 月价格降至 2 400 元/台时，需求量为 1 200 台，在 8 月价格降至 2 200 元/台时，需求量为 1 450 台；在 9 月价格降至 2 000 元/台时，需求量为 1 750 台；在 10 月价格降至 1 800 元/台时，需求量为 2 100 台。而需求是不同价格下所对应的不同需求量的统称，如上述空调每一价格所对应的需求量的统称为空调的需求，也就是说需求是一个多量组合，而需求量是一个单量。

2）需求必须同时具备两个条件：一是消费者必须具有购买意愿；二是具有支付能力。意愿是需求的前提，支付能力是需求的核心，两者缺一不可。

3）受供给、相关商品价格或消费者预期等因素的影响，需求量不一定等于实际购买量。

（二）需求的影响因素

消费者对某种商品的需求主要受以下几个因素的影响。

1. 商品本身的价格

一般来讲，需求量的多少与商品本身价格的高低成反比，商品本身价格越高，需求量越小；商品本身价格越低，需求量越大。例如，苹果价格上涨，人们对苹果的需求量就会减少，原来希望购买 2 千克的，现在只购买 1 千克。

2. 相关商品的价格

相关商品之间的关系有两种：互补关系和替代关系。互补关系是指两种商品互相补充共同满足人们的同一种需求，如录音机与磁带、汽车与汽油；替代关系是指两种商品可以互相代替来满足同一种需求，如鸡蛋与鸭蛋、茶与咖啡。商品之间的不同关系，可以影响相关商品价格，从而引起某种商品需求变动。对于互补品，一种商品的价格与其互补品的需求量呈反方向变动。例如，一种商品（如汽油）的价格上涨，消费者对另一种商品（汽车）的需求就会减少；反之亦然。对于替代品，一种商品的价格与其替代品的需求量呈同方向变动。因为作为理性的消费者总在追寻用最小的成本来满足同一欲望。例如，一种商品（如鸡蛋）的价格上涨，消费者对另一种商品（鸭蛋）的需求就会增加，反之亦然。

3. 消费者的收入水平及社会收入分配的平等程度

收入水平上升、社会收入分配平等程度的提高，都会导致需求增加；反之，收入水平下降、社会收入分配不平等，都会导致需求减少。例如，进入 21 世纪以来，人们的生活水平比 20 世纪八九十年代有了很大的提高，人们对彩电、空调等家电的需求也明显增加。

4. 消费者偏好

消费者对某种商品的偏爱程度会对该商品的需求量产生影响，偏爱程度越高，需求量越大；相反，偏爱程度越低，需求量越小。当许多人对某一商品产生相同的偏爱倾向时，就形成了某种消费风尚，将促使消费者在商品价格未发生变化的情况下增加或减少对该商品的需求。例如，中国人较西方国家的人更偏爱喝茶，中国人均茶叶的需求量大于西方国家人均茶叶的需求量。

5. 消费者对未来的预期

如果消费者预期某种商品价格将上涨，就会做出增加当前购买量的决定，致使当前需求增加；如果消费者预期某种商品价格将下降，就会做出减少当前购买量的决定，致使当前需求减少。同样，如果消费者预期未来收入水平提高，就会导致当前需求的增加，反之亦然。例如，某消费者预期自己将面临失业的威胁，就会减少一些非生活必需品的开销，致使当前需求减少。

6. 其他

其他影响需求的因素包括人口数量变动、人口结构变动、政府的经济政策等。一般来讲，人口数量的增减会使需求发生同方向变动。人口结构的变动主要影响需求的结构，政府会通过采取一些鼓励需求或抑制需求的政策来调节需求。例如，人口老龄化的国家，时髦服装、滑雪等刺激性运动项目的需求会减少，而保健品和老年常用药的需求会增加。

（三）需求函数

需求函数是指在某一特定时期内市场上某种商品的各种可能需求量和决定这些需求量的因素之间的关系。我们将影响需求量的各种因素作为自变量，用 $a,b,c,d,\cdots,n$ 表示，将需求量作为因变量，用 D 或者 Q_{d} 表示，则需求函数为

$$D = f(a,b,c,d,\cdots,n)$$

为了简化分析，可以假定影响需求的其他因素不变，仅分析商品本身价格与需求量之间的关系，并用 P 表示价格，则需求函数可以表示为

$$D = f(P)$$

如果某商品需求量与价格之间是线性关系，即需求曲线为一条直线，那么，这种需求函数就是线性需求函数，其公式为

$$D = \mathrm{a} - \mathrm{b}P$$

式中，a，b 为数值为正的常数。

如果某商品需求量与其价格之间是非线性关系，即需求曲线不是一条直线，那么，需求函数就是非线性需求函数，其公式为

$$D = \mathrm{a}P^{-\alpha}$$

式中，a，α 为数值为正的常数。

（四）需求表

需求表是表示某种商品的各种价格与其所对应的需求量之间关系的表格。表 2-1 将空调的价格与每一价格对应的空调的需求量联系起来，构成了空调的需求表。

表 2-1　空调的需求表

每台价格/元	2 600	2 400	2 200	2 000	1 800
需求量/台	1 000	1 200	1 450	1 750	2 100

（五）需求曲线

需求曲线是某种商品价格与需求量之间关系的图形表示形式，即表示商品价格与需求量之间关系的曲线。可依据空调的需求表绘制空调的需求曲线，如图 2-1 所示。

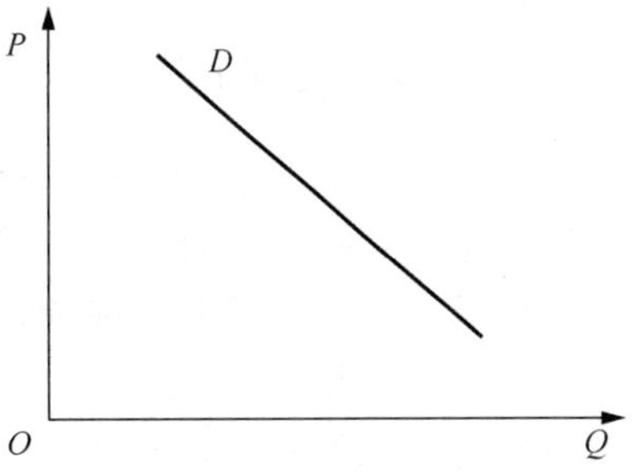

图 2-1　空调的需求曲线

在图 2-1 中，横轴 Q 代表需求量，纵轴 P 代表价格，D 为需求曲线。需求曲线向右下方倾斜，表明需求量与价格呈反方向变动。需求曲线的形状可能是曲线，也可能是直线。

（六）个人需求与市场需求

市场需求是消费者全体对某种商品需求的总和。从理论上讲，将每一价格水平上的所有个人或家庭的需求量逐一相加，便可得到每一价格水平上的市场需求，因而个人需求的总和就构成了该商品的市场需求。

设某苹果市场上有 A、B、C 3 个消费者，如表 2-2 所示，它表明在不同价格水平时 3 个消费者愿意而且能够购买的苹果量。苹果价格为 1 元/千克时，A 的月需求量为 10 千克，B 的月需求量为 6 千克，C 的月需求量为 4 千克；当价格上涨为 2 元/千克时，A

的月需求量为9千克，B的月需求量为5千克，C的月需求量为3千克。这种个人需求差异产生的原因可能来源于以下几个方面：一是A、B、C 3个消费者对苹果的喜爱程度不同；二是他们拥有的可支配货币量不同；三是他们对未来收入与苹果市场价格变动的预期不同。为方便分析问题，假设整个苹果市场只有A、B、C 3个消费者，将A、B、C 3个消费者的个人需求水平叠加就得到了市场需求。

表2-2 个人需求与市场需求表

苹果的价格 /（元/千克）	A的需求量 /（千克/月）	B的需求量 /（千克/月）	C的需求量 /（千克/月）	市场需求 /（千克/月）
1	10	6	4	20
2	9	5	3	17
3	8	4	2	14
4	7	3	1	11
5	6	1	0	7

二、需求定理

（一）需求定理的含义

需求定理是指在其他因素不变的情况下，某种商品的需求量与该商品的价格存在负相关关系。也就是说在其他条件不变的情况下，某商品的需求量与价格之间呈反方向变化，商品价格上涨，需求量减少；商品价格降低，需求量增加。

（二）需求定理的例外

需求定理同人们的日常经验是相吻合的，但对以下特殊商品并不适用：一是炫耀性商品，这类商品炫耀身份，当其价格下降到不足以炫耀身份时，购买量就会减少；二是特殊情况下商品，这些商品原本很普通，但在价格剧烈波动时，就不遵从需求定理了，如股票，在价格剧烈波动时，人们“买涨不买跌”；三是吉芬商品，是指随价格上升需求量反而增加的商品，其变化显然违背需求规律。

知识链接

需求定理的例外

1. 吉芬商品

在经济学中，需求定理是指在其他条件相同时，一种商品价格上升，该商品需求量减少。这是人所共知的道理，也符合理性人行事的假定。但是，1845年在爱尔兰大饥荒时期，出现了一种奇怪的现象：马铃薯的价格在上升，但其需求量也在持续增加。英国经济学家吉芬观察到了这种与需求定理不一致的现象，因而这种现象就被经济学界称为“吉芬之谜”，而具有这种特点的商品被称为吉芬商品。

“吉芬之谜”已经被经济学家解开，并且被看作需求定理的一种例外。对于所有商品来说，在替代效应中，商品数量都是与价格呈反方向变动的，而且在大多数情况下，收入效应的作用小于替代效应的作用，需求定理一直有效。但是，在少数特定情况下，某些低档商品的收入效应作用要大于替代效应的作用。正是如此，经济学中将商品分为正常商品和低档商品两大类。正常商品的需求量与消费者的收入水平呈同方向变动；而低档商品相反。试想一下，1845 年爱尔兰大饥荒使大量的家庭陷入贫困，马铃薯这样的仅能维持生活和生命的低档品，无疑会在大多数贫困家庭的消费支出中占据较大比重，马铃薯价格的上升更会导致贫困家庭实际收入水平大幅度下降。在这种情况下，变得更穷的人们为了生存下来，就不得不大量地增加对低档商品的购买而放弃正常商品，对于马铃薯这种低档商品来说，已经没有比它更便宜的替代品了，这样发生在马铃薯需求上的收入效应作用大于替代作用，从而造成马铃薯的需求量随着马铃薯价格的上升而增加的特殊现象。一种商品只有同时具备“低档品”和“收入效应大于替代效应”这两个条件时，才可以被称为吉芬商品。

需要注意的是：①不要把吉芬商品与马铃薯绑在一起。吉芬商品可能是马铃薯，但马铃薯不一定总是吉芬商品；②吉芬商品的产生需要一种极端的社会条件，如在贫困、封闭的年代与地域，居民消费量非常大的劣等产品有可能成为吉芬商品。正如张五常所说：“如果市场是完全竞争的，则不会出现吉芬商品。”

2. 炫耀性商品

有统计表明，中国内地目前的富有群体拥有大约 1.5 万亿美元的资产，而且财富还将进一步集中。他们正是创造中国奢华消费“繁荣”表象的主体。因此，花 200 万元置办婚礼者有之，吃 36 万元满汉全席者有之，吃 18 万元“黄金宴”者有之，喝上万元一瓶 XO 和路易十三者有之，买标价 1 188 万元的宾利轿车者有之。

在我国大型城市中，这些具有很强传染性的“奢华消费病”有蔓延之势。北京大学社会学系教授郑也夫分析说，“奢华消费病”的出现有深层的社会原因。之前人们的物质生活长期匮乏，所以格外重视物质，甚至常拿物质来炫耀。北京师范大学社会心理学博士辛志勇认为，富裕人群的膨胀，导致高档消费行为在各地迅速增多。当高消费群体增多时，出于从众、攀比和身份需要，人们逐渐从接受、购买到养成习惯，终致奢华消费者的数量骤增。辛志勇认为，“这是一种消费心理不成熟的表现，这种消费心理有待健全”。奢华消费实际上是一种炫耀性消费。

（资料来源：王静，2009. 经济学基础[M]. 北京：科学出版社.）

三、需求量的变动与需求的变动

（一）需求量的变动

需求量的变动是指在决定需求量的其他因素不变的条件下，只是由商品本身价格变动所引起的消费者愿意而且能够购买的商品数量的变动。

需求量的变动表现为同一需求曲线上的点的移动，如图 2-2 所示。当价格为 P_1 时，需求量为Q_1，当价格由P_1下降到P_2时，需求量由Q_1增加到Q_2，在需求曲线上表现为从a点向b点移动。向左上方移动是需求量的减少，向右下方移动是需求量的增加。

（二）需求的变动

需求的变动是指在商品本身价格不变的条件下，由其他因素的变动所引起的消费者愿意而能够购买的商品数量的变动。需求的变动表现为需求曲线的平行移动，如图 2-3 所示。在商品价格P_0保持不变的情况下，当收入减少时，需求由Q_0减少到Q_1，需求曲线由D_0移动到D_1；当收入增加时，需求由Q_0增加到Q_2，需求曲线由D_0移动到D_2。需求曲线向左移动时，需求减少，在不同价格水平下需求量都会减少；需求曲线向右移动时，需求增加，在不同价格水平下需求量都会增加。

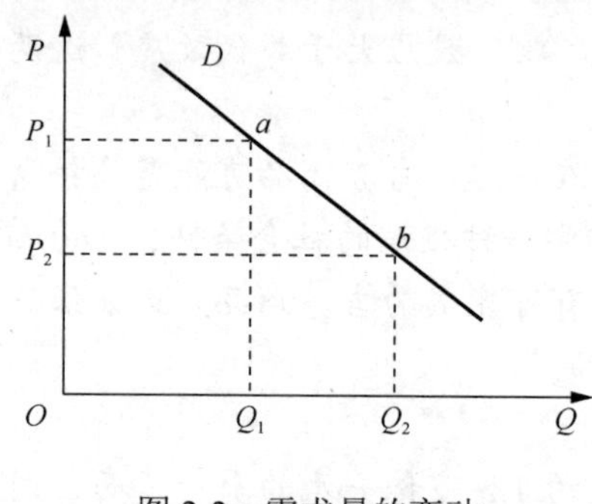

图 2-2　需求量的变动

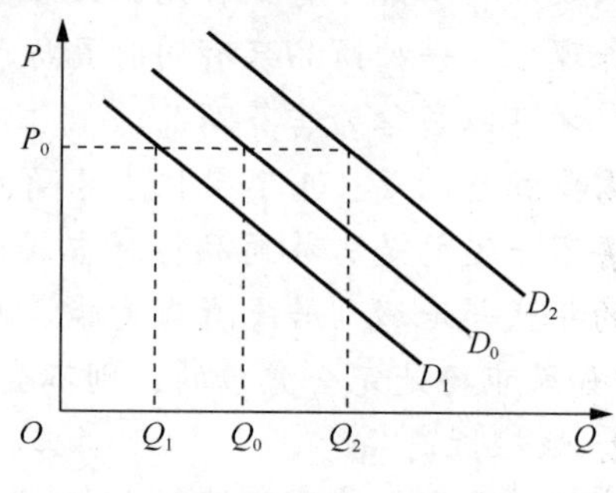

图 2-3　需求的变动

总之，需求量的变动与需求的变动的诱发因素不同，变化表现形式也不同，而且需求的变动会引起需求量的变动，而需求量的变动不一定引起需求的变动。例如，当苹果的价格上涨时，若其他条件不变，改变的只是苹果的需求量，苹果的需求并不产生变动。明确二者区别，有利于正确理解政府的微观经济政策。

第二节　供给定理

引导案例

从供给看彩电的价格

20 世纪 80 年代初时，彩电相当紧俏。尽管国家控制着彩电的价格，但与当时的收入水平相比，彩电的价格还是相当高的。买彩电凭票，据说有的彩电厂把彩电票作为奖金发给工人，每张票卖到好几百元。20 世纪 90 年代之后，彩电供求趋于平衡，再以后就是彩电卖不出去，爆发了降价风潮，拉开了中国彩电价格战的序幕。回顾这一段历史

我们可以认识到决定价格的另一种因素——供给的规律。

（资料来源：梁小民，2005. 微观经济学纵横谈[M]. 北京：生活・读书・新知三联书店.）

根据给定的案例材料，请同学们分析一下：彩电的供给如何影响彩电的价格？商品的供给规律是怎样的？

通过学习以下内容，我们就会了解供给理论及其应用。

一、供给的基本内容

供给表现为生产者的选择形成过程。生产者是市场上的卖方，供给是增添市场上商品的一种力量。

某日南方某冷饮公司打算比平日多生产和销售 15 000 份冰激凌。原因可能是冰激凌的售价提高了，也可能是牛奶、糖等原材料的价格降低了。就结果来看都是多销售 15 000 份冰激凌，似乎没有什么区别。经济学家则会告诉你，前一种原因导致的结果叫“供给量增加”，后一种原因导致的结果叫作“供给增加”。有了前面对需求的分析，现在不难理解经济学家为什么这样区分了。

供给分析与需求分析虽然立场相反、内容不同，但在形式上具有对称性。因此在熟识了需求分析的基础上，供给分析可以大大简化。

（一）供给的定义

供给量是指厂商在一定时期内，在某一特定价格水平下愿意且有能力出售的某种商品或服务的数量。即厂商在一定时期内在一定价格条件下，生产者愿意并可能为市场提供某种商品或服务数量。

厂商出售一定数量的商品所愿意接受的最低市场价格叫作供给价格。供给由一系列相互对应的供给量与供给价格组成，体现了厂商在多种因素影响下对某种商品的供给状态。

（二）供给（量）的影响因素

影响某种商品供给量的因素，就是商品自身价格。

影响某种商品供给的因素是除商品本身价格以外的其他因素，概括起来主要有以下几种。

1）厂商的经营战略（以 S_t 表示）。在经济学中，一般假设厂商的目标是利润最大化，即厂商供给多少取决于这些供给能否给厂商带来最大的利润。如果厂商的经营战略是产量最大化，或销售收入最大化，或社会道义目标，那么供给就会受到这种因素影响。

2）生产要素的价格（以 P_t 表示）。生产要素的价格下降，会使产品的成本减少，从而在生产价格不变的情况下增加利润，导致厂商增加供给量；反之，生产要素的价格上升，会使产品的成本增加，从而在生产价格不变的情况下减少利润，导致厂商减少供给量。

3）生产技术的变动（以 T_e 表示）。在资源既定的条件下，生产技术的提高会使资源得到更充分的利用，从而使供给增加。

4）其他商品的市场价格（以 P_o 表示）。如果厂商使用同一种资源生产两种商品，若其中一种商品的市场价格升高，则会使厂商减少另一种商品的供给量；反之，若其中一种商品的市场价格降低，则会使厂商增加另一种商品的供给量。

5）厂商对未来价格的预期（以 P_e 表示）。商品的当前供给量与厂商的预期价格存在负相关关系：当厂商预期某产品的未来价格将上涨时，就会大量囤积，从而减少这种商品的当前供给量；反之，当厂商预期某产品的未来价格将下降时，必然大量抛售，从而增加这种商品的当前供给量。

6）产品的收入弹性。当国民经济处于稳步增长时期时，厂商愿意增加收入弹性高的商品的产销量，而减少收入弹性低的商品的产销量；反之，当国民经济处于持续负增长时期时，厂商会减少收入弹性高的商品的产销量，而增加收入弹性低的商品的产销量。

7）自然条件。很多农产品的供给量还受自然条件的制约，在不同的年份（丰收年和歉收年），它们的供给都会有所不同。

8）政府的经济政策。如果政府采用鼓励投资与生产的政策（如减免税、补贴、提供经营便利设施或条件等），可以刺激生产，增加供给量；反之，如果政府采用限制投资与生产的政策（如增税、减少补贴、增加限制条件等），则会抑制生产，减少供给量。

（三）供给函数

供给函数就是用函数关系来表示影响供给的因素与供给量之间的关系。符号含义如前所示，供给函数可以表示为

$$Q_s = f(P, S_t, P_t, T_e, P_o, P_e, \cdots)$$

（四）供给表

最常见的供给表是表示商品的价格与供给量之间对应关系的表。供给表可反映供给量与其他因素之间的关系，如供给量与生产要素价格之间的关系。

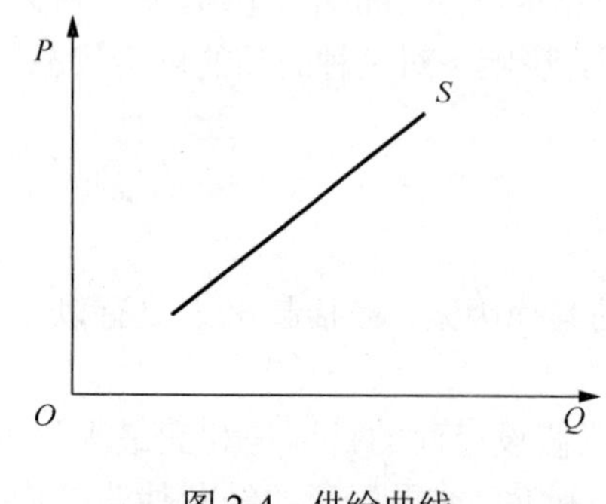

图 2-4　供给曲线

（五）供给曲线

供给曲线是表明商品价格与供给量之间关系的一条曲线。它是一条向右上方倾斜的线，它的斜率为正值，价格与供给量之间存在同方向变化的关系，如图 2-4 所示。

二、供给定理

（一）供给定理的含义

供给定理是指在其他因素不变的条件下，某种产品的供给量与该产品的价格存在正相关关系：价格越高，供给量就越多；价格越低，供给量就越少。

（二）供给定理的例外

在经济生活中，有些商品的供给并不遵从供给定理：一是供给量固定且可重复使用或转手的商品，如城市规划区内的土地面积、电影院里的座位、已经去世的艺术家的作品等，它们不会因价格升降而改变供给量。二是数量有限且不可重复消费的商品，消费一单位的商品其数量便减少一单位，其减少趋势不受价格升降影响。三是供给量会随价格变动而反转的商品，如个人劳动力的供给量，其个人向社会提供的劳动时间随报酬率上升，先增加然后减少。

三、供给量的变动与供给的变动

（一）供给量的变动

供给量的变动是指其他因素不变，由某种商品价格的变动引起的厂商对这种商品供给量的变动。在图形中，供给量的变动表现为在同一条供给曲线上点的移动，如图 2-5 所示。

（二）供给的变动

供给的变动是指某种商品的自身价格不变，由其他因素变动引起的该商品供给量的变动。在坐标图中，供给变动表现为供给曲线本身的移动：供给增加，供给曲线向右水平移动；供给减少，供给曲线向左水平移动，如图 2-6 所示。

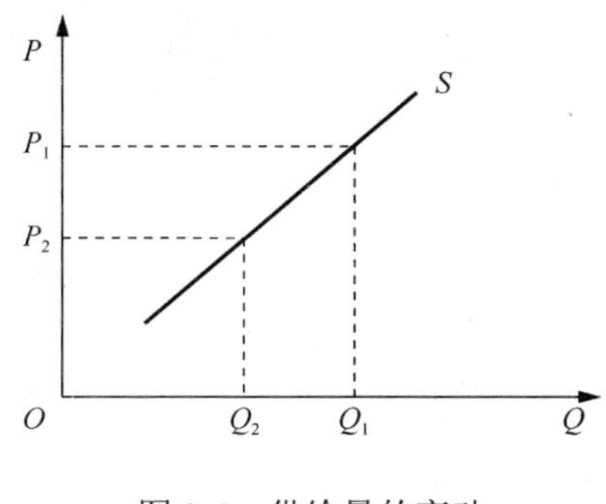

图 2-5　供给量的变动

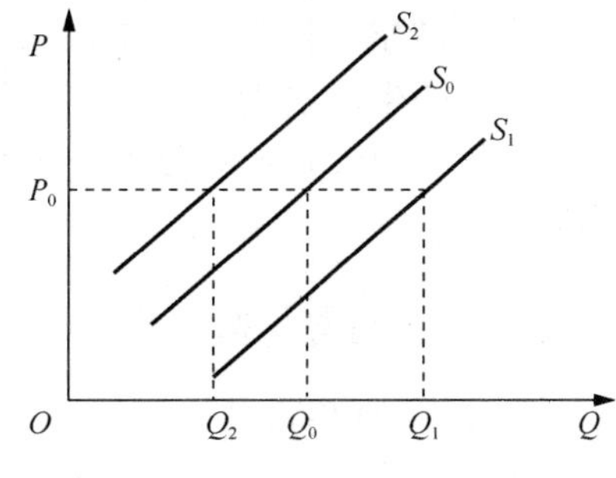

图 2-6　供给的变动

第三节　均衡价格理论

引导案例

商品的价格是如何决定的

每个人每一天都要和市场上的商品打交道，在你进入商店购买的时候，有没有思考过：这件商品为什么卖这个价钱？

假如你看中一件衣服，向售货员询问价格的时候，售货员开价200元，你连连摇头又故作迟疑："太贵，太贵，100元吧!"售货员说："如果你有诚意，180元成交。"你仍然摇头并说："我很有诚意，这样吧，120元。"售货员又摇头……最后，你们终于以150元的价格成交。

这样一件衣服讨价还价的过程值得分析：200元是售货员开出的价格，这个价格是卖者满意的价格，但是买者不满意。100元是顾客开出的价格，这个价格是买者满意的价格但是卖者不满意。所以，这些是只顾及一方利益的价格，只有最后的成交价150元，才是双方都可以接受的价格，是顾及买卖双方的利益而达成的价格。这150元就是经济学中的均衡价格。

（资料来源：豆丁网. 有改动）

一、均衡价格的形成

（一）市场均衡

经济学中的均衡，是指经济中各种对立的、变化的经济力量处在一种均衡静止的状态。均衡总是有条件的，如果条件变化了，那么原来的均衡就会随之变化。从动态视角观察，社会经济的发展就是旧均衡破坏和新均衡建立的连续过程。

均衡可以分为暂时均衡、短期均衡和长期均衡。暂时均衡，是指市场某商品供给与需求瞬间达到的均衡。短期均衡，是指在生产技术不变的条件下，根据市场需求状况，在一定限度内调整一种生产要素，从而使市场供求一致的均衡。长期均衡，是指较长的时间内，所有的生产要素都能调整，使产量适应市场需求变化的均衡。暂时均衡、短期均衡、长期均衡的区别不能仅看处于均衡状态的时间的长短，主要还是看是否对所有生产要素进行调整。

（二）均衡价格与均衡产量

均衡价格P^*是指供给与需求相等时的价格，也就是供给量等于需求量，同时供给价格等于需求价格时的价格。从性质上看，均衡价格是买卖双方都愿意接受的市场价格；均衡价格是出清市场中商品的价格，即在这个价格下，成交了的商品从市场上离开。因此，均衡价格又称出清价格。

均衡产量是指供给与需求相等时的交易量，也就是供给量等于需求量，同时供给价格等于需求价格时的交易量。从性质上看，均衡交易量是在均衡价格条件下双方都愿意接受的交易量，故又称为均衡交易量、均衡产销量。

市场均衡要同时满足以下条件：

供给量=需求量=均衡产量

供给价格=需求价格=均衡价格

公式表达为

$$Q_s = Q_d = Q^*$$
$$P_s = P_d = P^*$$

也就是解方程组：

$$Q_s = Q_d$$
$$Q_s = f(P)$$
$$Q_d = f(P)$$

将需求曲线和供给曲线整合在一个坐标图上，就可以看出均衡价格和均衡交易量是如何被确定的。纵轴 P 表示价格，横轴 Q 表示商品数量（需求或供给），需求曲线 D 与供给曲线 S 相交于 E 点。E 点是均衡点，决定了均衡价格 P^*，均衡产量 Q^*，如图 2-7 所示。

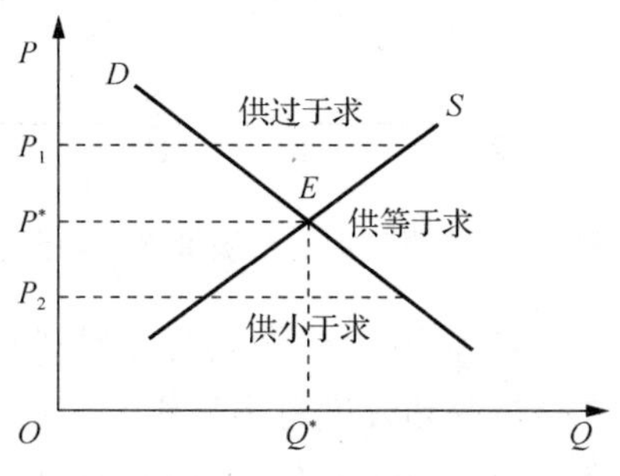

图 2-7　均衡价格的形成

均衡价格是通过市场供求关系的自发调节而形成的。

当市场价格波动到 P_1 时，出现供过于求，市场供求关系失衡。商家的产品在市场上滞销。当库存费用过大时，商家就要降价销售；当市场上所有的商家都降价销售时，市场价格就要整体下降，直至降到均衡点的价格为止。当市场价格波动到 P_2 时，出现供小于求（即供不应求），市场供求关系失衡。对于消费者来说，市场上商品紧俏，为争得商品，他们愿意用比过去、比别人更高的价格购买，于是形成普遍的抬价局面，直至达到均衡点的价格水平。

市场均衡是相对静止的，但并非永远不变。当供给与需求出现变动时，均衡就要遭到破坏，市场价格就会偏离均衡价格。在偏离均衡点后，会出现如上面描述的自动恢复均衡的趋势，直至达到新的均衡。

对于均衡价格的理解，应注意以下 3 点：第一，均衡价格是由于需求与供给这两种力量的作用而使价格暂时处于一种相对静止、不再变动的状态。第二，决定均衡价格的因素是需求和供给，不存在主次之分。因此，需求和供给的变动都会影响均衡价格的变动。第三，市场上各种商品的均衡价格是最后的结果，其形成过程是在市场的背后进行的。

二、均衡价格的变动

市场均衡不是永远不变的。任何影响供给的因素或影响需求的因素发生变动，市场均衡都会发生变动，由一个均衡点转移到另一个新的均衡点。导致市场均衡变动的情形有 3 种。

1）供给不变，需求变动引起的市场均衡的变动。在供给不变的情况下，当需求增加引起需求曲线向右平移时，均衡价格上升，均衡产量增加；当需求减少引起需求曲线向左平移时，均衡价格降低，均衡产量减少，如图 2-8 所示。

2）需求不变，供给变动引起的市场均衡的变动。在需求不变的情况下，当供给增加引起供给曲线向右平移时，均衡价格下降，均衡产量增加；当供给减少引起供给曲线向左平移时，均衡价格上升，均衡产量减少，如图 2-9 所示。

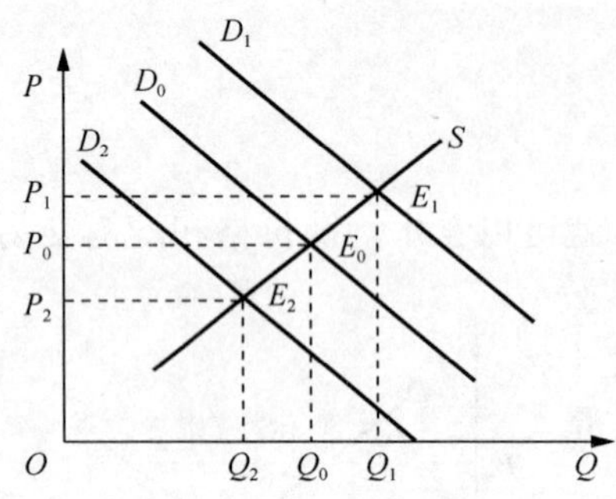

图 2-8　需求变动对均衡价格和均衡产量的影响

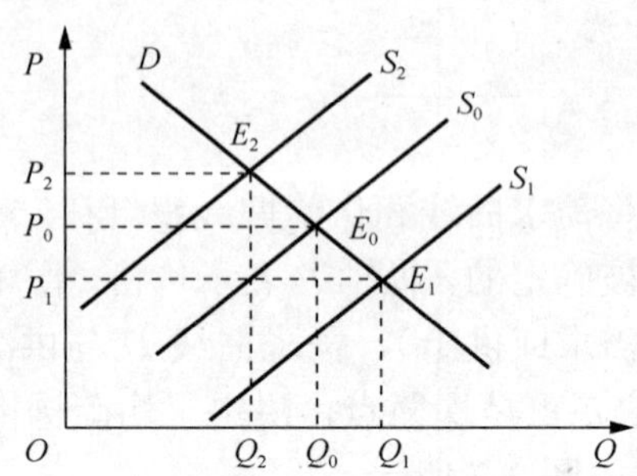

图 2-9　供给变动对均衡价格和均衡产量的影响

3）需求、供给同时变动引起的市场均衡的变动。这是前两种情形的组合。其变动方向与变动幅度有多种组合，如变动方向相同变动幅度也相同、变动方向相同但变动幅度不同、变动方向相反而变动幅度相同、变动方向相反且变动幅度也不相同。这样会产生不同的均衡价格与均衡产销量变化，导致新的均衡点位置不同。图 2-10 为供给、需求同时变动对均衡价格和均衡产量的影响。

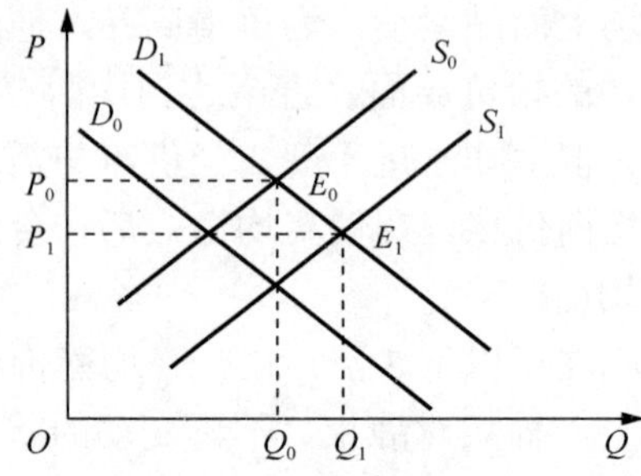

图 2-10　供给、需求同时变动对均衡价格和均衡产量的影响

三、供求定理

供求定理可简单地表述为，均衡价格与需求同方向变动，但与供给反方向变动；均衡产量与需求和供给都为同方向变动。

供给、需求单方变化时会出现 4 种情形；双方同时变动时，由于变动方向、幅度的不同会出现 12 种情形。因此，供给、需求的变化总共出现 16 种情形，如表 2-3 所示。

表 2-3　供求变动表

序号	假设条件			供求变动状况	P 趋势	Q 趋势
1	单方变动	供给不变		需求增加	↑	↑
2				需求减少	↓	↓
3		需求不变		供给增加	↓	↑
4				供给减少	↑	↓
5	双方变动	反向	幅度相等	需求增加等于供给减少	↑	—
6				需求减少等于供给增加	↓	—
7			幅度不等	需求增加大于供给减少	↑	↑
8				需求增加小于供给减少	↑	↓
9				需求减少大于供给增加	↓	↓
10				需求减少小于供给增加	↓	↑
11		同向	幅度相等	需求增加等于供给增加	—	↑
12				需求减少等于供给减少	—	↓
13			幅度不等	需求增加大于供给增加	↑	↑
14				需求增加小于供给增加	↓	↑
15				需求减少大于供给减少	↓	↓
16				需求减少小于供给减少	↑	↓

注：“↑”表示增加、上升；“↓”表示减少、下降；“—”表示不变。

四、均衡价格理论的应用

微观经济学的核心是要论证价格机制的完善性，证明市场经济体系本身能运行自如。事实上，价格机制的调节作用并不像理论所讲的那样完善，如某些生活必需品严重短缺时，价格会大幅度提高，在此价格水平上收入水平低的家庭便难以维持最低水平的生活，从而不利于社会稳定。因而，政府有必要通过制定微观经济政策来克服这些负面作用。政府常用的价格政策主要有限制价格政策和支持价格政策。

（一）限制价格政策

限制价格政策又称最高限价政策，是指政府为了限制某些生活必需品的物价上涨而规定的这些商品的最高价格，限制价格低于市场均衡价格。如图 2-11 所示，某商品由供求关系所决定的均衡价格为 P_0，均衡产量为 Q_0，但在这一价格水平时，部分生活贫困的人将负担不起，因而政府对这一部分商品实行限制价格政策，限制价格为 P_1，$P_1 < P_0$，此时商品实际供给量为 Q_s，需求量为 Q_d，供给量小于需求量，产品供给短缺 $Q_s < Q_d$，出现供不应求现象。

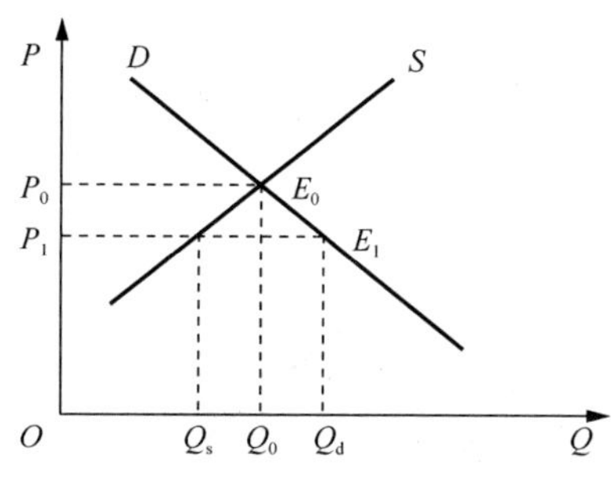

图 2-11　限制价格带来的影响

1. 限制价格政策的作用

限制价格政策的作用以住房的限制价格为例来说明。

1）导致住房供给严重不足。在计划经济体制下，决定住房供给的并不是价格，而是国家计划。所以，住房不足的基本原因不能完全归咎于房租低。但应该指出，除了计划失误外，房租过低也是原因之一。房租过低，甚至比住房的维修费用还少，造成了住房部门资金严重不足，建房困难。

2）寻租活动、黑市和寻租。为了进一步完善我国住房保障制度，加快解决中低收入家庭的住房困难问题，国家曾出台了以建立健全公正公平的廉租房、经济适用房分配制度，让中低收入家庭能够买得起、住得上。但是，房地产开发商销售机制不完善，以及各地政府对高、中、低收入人群划分不明确，导致出现寻租活动、黑市现象和寻租腐败。寻租活动主要体现在不符合购买条件的高收入家庭通过一些途径获得经济适用房或者廉租房，一些真正需要房子的中低收入家庭却“望房兴叹”。我国人口收入结构呈现金字塔形，中低收入家庭占总数的70%～80%，导致申请经济适用房和廉租房的人多但房源少，出现“僧多粥少”的现状，加上房地产开发商和房屋所有者追求利润最大化，在一定程度上导致黑市现象出现。除了寻租活动和黑市现象，经济适用房政策的实施也滋长了寻租腐败。

解决住房问题的出路包括：一是进一步调查了解居民的收入及分布情况，实行住房分类供应；二是立足长远考虑住房建设问题，着眼于和谐社会的建设；三是建议推行限价低利商品房。

2. 限制价格政策的利弊

根据上述实例，对于限制价格政策的优势可以概括如下：限制价格有利于社会平等的实现，有利于社会的安定。但这种政策长期实行会引发严重的不良后果。

1）价格水平低不利于刺激生产，从而会使产品长期存在短缺现象。

2）价格水平低不利于抑制需求，从而会在资源短缺的同时又造成严重的浪费。

3）限制价格之下所实行的配给，会引起社会风尚败坏，产生寻租活动、黑市现象和寻租腐败。

正因为以上原因，经济学家反对采用限制价格政策，一般只在战争或自然灾害等特殊时期使用。

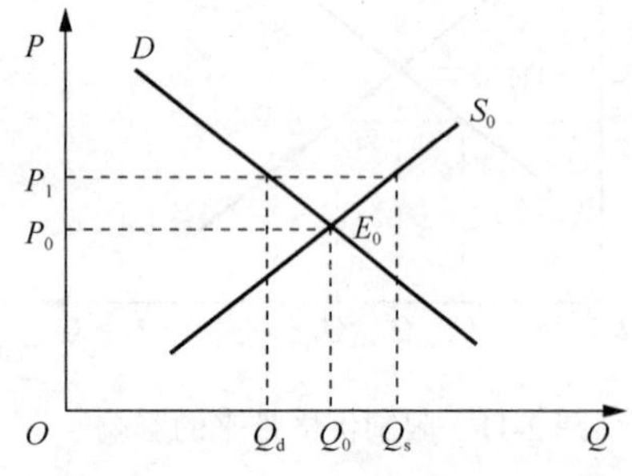

图 2-12 支持价格带来的影响

（二）支持价格政策

支持价格政策又称最低限价政策，是政府为了扶持某一行业的发展而规定的该行业产品的最低价格。支持价格高于市场均衡价格。如图 2-12 所示，该行业某商品由供求关系所决定的均衡价格为P_0，均衡数量为Q_0，政府为了扶持该行业的发展而制定的支持价格为P_1，$P_1 > P_0$，此时供给量为Q_s，需求量为Q_d，供给量大于需求量，产品出现过剩。为了防止价格下跌，政府就要收购剩余产品，因而支持价格政策的实施增加了政府财政支出。

1. 支持价格政策的作用

支持价格政策的作用可以以农产品支持价格为例来说明。

许多经济和自然条件较好的国家，由于农产品过剩，为了克服农业危机，往往采取农产品支持价格政策，以调动农民的生产积极性，稳定农业生产。农产品支持价格一般采取两种形式：一种是缓冲库存法，即政府或其代理人按照某种平价收购全部农产品，在供大于求时增加库存或出口，在供小于求时减少库存或出口，以平价进行买卖，从而使农产品价格由于政府的支持而稳定在某一水平上。另一种是稳定基金法，即政府按某种平价收购农产品，在供大于求时维持一定的价格水平，在供小于求时使价格不至于过高。但不建立库存，不进行存货调节，在这种情况下，收购农产品的价格是稳定的，同样可以起到支持农业生产的作用。

美国根据平价率来确定支持价格。平价率是指农场主销售农产品所得收入与购买工业品支付的价格之间的比率关系。法国是建立政府、农场主、消费者代表组成的农产品市场管理组织来制定支持价格。欧洲共同体（现为欧洲联盟）于 1963 年成立欧洲农业指导委员会和保证基金，用于农产品的收购支出和补贴出口。

如果不使用支持价格政策，将导致这样的结果：一是存货调节。当市场上产品供大于求，产品价格低时，生产者把部分产品作为库存储藏起来，不投入市场，从而不形成供给，这就会使供给减少，价格上升。反之，当市场上产品供给小于需求，价格高时，生产者把原来的库存投入市场，这就在产量无法增加的情况下增加了供给，从而使价格下降。这种自发的存货调节机制，对市场起到稳定的作用，但也为投机倒把提供了方便。二是地区套利。在现实中，市场往往是地区性的。这样在总体上供求平衡时，也可能出现地区性不平衡。这种地区间供求不平衡所引起的价格差就产生了跨地区套利活动。这种活动就是把供大于求而价格低的地区的产品，运到供小于求而价格高的地区。只要这种价格差大于运输费用，这种投机活动就不会停止。这种投机活动有利于市场机制更好地发挥作用，也有利于经济稳定，是市场经济本身的一种“内在稳定器”。支持价格政策对于经济发展的稳定和制止投机活动有着极其重要的意义。

2. 支持价格政策的利弊

支持价格政策的优势主要有以下几个方面：第一，稳定生产，减缓经济危机的冲击。第二，通过对不同产业产品制定不同的支持价格，可以调节产业结构，使之适应市场变动。第三，实行对农产品生产的支持价格政策，可以扩大农业投资，促进农业劳动生产率的提高。支持价格政策的劣势表现在，支持价格政策会使财政支出增加，使政府背上沉重的包袱，降低政府对宏观经济的调节作用。

不论是限制价格政策还是支持价格政策，都是政府利用国家机器的力量对商品供求实行的价格管制，限制价格是远远低于均衡价格的商品最高价格，支持价格一般是高于均衡价格的最低价格。前者的长期实行会造成商品持续的严重供不应求，后者的长期实行会造成商品的持续的供过于求，二者都会对市场供求关系的正常实现造成不利的影响。政府为了在实行价格管制的条件下，维持社会稳定，就必须对社会商品供求实行管制，由此就导致经济学上一个基本定理的产生与存在：实行价格管制的国家必然导致对商品供求实行数量管制。

本 章 小 结

需求和供给是组成市场的两个互相对立的基本力量，它们相互依存，相互作用，共同决定价格及其变动。需求和供给都属于期望概念。函数、表格、图形是表述需求与供给的简洁、有效方式，需求和供给的影响因素、需求和供给的变动、需求规律、供给规律是学生必须吃透并能灵活运用的经济学知识。

市场均衡的两个条件："供给量=需求量"和"供给价格=需求价格"，必须同时成立，缺一不可。均衡价格的形成过程就是市场机制的自动均衡过程。供求与价格相互作用构成最精巧高效的配置经济资源的经济机制，是市场力量的根源。市场均衡是相对的，是会发生变动的；供求规律支配着市场均衡的变动。

本章中出现大量图形，学生一定要努力掌握。要求能够准确理解图形，领会其中蕴含的经济学原理，认识图形的特征，对图形能够进行经济学解释，进一步运用图形分析法解决生活中所遇到的经济问题，以及本专业其他相关课程所涉及的经济学问题。对于函数，要在理解的基础上记住，能够讲出函数中有关变量、系数、结构的经济学含义，并灵活应用。

案 例 分 析

刘建的烦恼

上个月，刘建将年近 70 岁的岳父母接到了他在苏州工业园区的家中，二老对苏州的风景赞不绝口，又经常帮着刘建夫妇做点家务，一家人其乐融融。可是老人们对小夫妻在生活中的一些做法不太认同，如剩饭剩菜说扔就扔，热水器 24 小时开着，出门打车，当然还有就是老喜欢下馆子。

上个星期天，小夫妻俩陪同两位老人去观前街玩。在观前街上逛了两个多小时，大家都很累了，刘建提议到茶馆里坐坐，喝杯茶，休息一会儿。老岳母认为太浪费，想在街边坐坐，反正自己也带着水呢。无奈，大家休息了一会儿，就准备去博物馆参观。看到大家都走累了，路边又正好有好几辆人力车，刘建准备雇两辆，岳父坚决不同意，并很严肃地对刘建说："你现在有钱了，会剥削人了啊？"刘建无语，一家子只能挤上公交车。当然在博物馆的参观也就兴致索然了。

回到家后，刘建觉得很有必要和两位老人好好聊聊，主要议题就是浪费的观念问题。刘建说："爸、妈，现在的社会和以前不太一样了，如咱们坐出租车，国家有税收收入提高公共事业，司机有收入可以吃穿用，而司机的吃穿用又提高了社会需求，激活经济。又如，今天我们如果到茶馆喝茶，我们享受到了片刻的宁静，茶馆老板得到了收入，茶馆的员工也能得到薪水，如果所有消费者都像我们一样在路边坐坐，茶馆就只能倒闭，员工就要失业。同理，您如果同意坐人力车的话，这是一件三赢的事情，对于您二老来讲可以得到休息，轻松看风景，对于我和小俐来讲可以尽一份孝心，对于人力车夫来讲十几分钟可以赚到 20 元也不错，比他们回农村种地收入高多了。20 元对于我们来说不算什么，可对于来苏州打工的农民们，意味着房租、饭钱、孩子的学费。如果都像您这样不'剥削'的话，广大农民什么时候才能脱贫致富啊？还有我们给您二老买的衣服，您始终不舍得穿，身上还穿着十年前的单位制服，都像您这样节省的话，商店、服装厂、纺织厂、棉农可都活不下去了。"

两位老人被刘建说得一愣一愣的，想反驳但又觉得刘建说得有道理。

问题：刘建说得对吗？如何用经济学的理论去解释这个现象呢？我们究竟应该节俭还是浪费？

实训项目设计

实训项目一：

辩论会（房产调控政策对房产价格有什么影响）

背景资料：近年来，我国各地房产价格上升趋势不减，为保障房地产市场的健康运行，2018 年 6 月，住房和城乡建设部等六部委共同发文《关于在部分城市先行开展打击侵害群众利益违法违规行为治理房地产市场乱象专项行动的通知》，针对近期房地产市场乱象，通过部门联合执法，重点打击投机炒房行为和房地产"黑中介"，治理房地产开发企业违法违规行为和虚假房地产广告，进一步整顿和规范房地产市场秩序，健全房地产市场监管机制，切实维护人民群众合法权益。

请大家从经济学的角度讨论：政府干预政策对房地产价格会有哪些影响？

实训项目二：

市场调研（家电的价格调查）

请各位同学进行一次持续的市场调查，了解某一个家电产品在上市以后的价格变动情况，并尝试分析其原因，制作一份调查报告。

业务技能自测

第三章
弹性理论及其运用

【知识目标】

1. 理解和掌握弹性的概念
2. 理解和掌握需求的价格弹性、收入弹性和交叉弹性的含义及计算
3. 理解和掌握供给弹性的含义及其影响因素

【能力目标】

能够运用弹性理论来分析和解释“谷贱伤农”“薄利多销”等经济现象

第一节　需求价格弹性

引导案例

降价促销会不会亏损

每年临近岁末，一些百货商场就会出现“买 400 减 200”“买 600 减 300”“买 800 减 400”，或是“买 400 送 200”“买 600 送 300”“买 800 送 400”等促销活动。消费者出现“哄抢”商品，甚至不惜用数个小时排队购买商品的现象。之后，其他商场也会推出类似的活动，且促销力度有过之而无不及。为什么消费者会“哄抢”比较便宜的商品？为什么其竞争对手对此反应强烈？商品的价格和销售量之间有什么关系？又有哪些因素影响价格？现实生活中，我们经常看到百货商场中衣服、皮鞋等商品大幅度降价促销，但从未见过大米、食盐等商品大幅降价促销，这是为什么？

价格的变动会引起供给量和需求量的变动，但不同商品的需求量和供给量随着价格变动的反应程度不同。一些消费，如国外旅游消费，对于价格的变动十分敏感。而另一些消费，如食品、电力等必需品的消费，对价格的变动的敏感度几乎为零。这些问题可以运用弹性理论来分析，弹性理论正是说明价格变动与需求量或供给量变动之间的量的对应关系，弹性理论是价格理论的一个重要组成部分。弹性分为需求弹性和供给弹性。需求弹性又分为需求价格弹性、需求收入弹性、需求交叉弹性。

一、弹性、需求价格弹性的含义与计算

（一）弹性

1. 弹性的定义

弹性是物理学和机械学上的一个名词，是指某些物体具有在外力作用下发生形变，当外力撤销后能恢复到原来的大小和形状的性质。在经济学中，弹性是指一个变量相对于另一个变量发生的一定比例的改变的属性。弹性的概念可以应用在所有具有因果关系的变量之间，作为原因的变量通常称作自变量，受其作用发生改变的变量称作因变量。当经济变量之间存在函数关系时，弹性被用来表示作为因变量的经济变量的相对变化对于作为自变量的经济变量的相对变化的反应程度。也就是说，弹性是指在经济变量之间存在函数关系时，因变量对自变量变化的反应程度，其大小可以用两个变化量的百分比表示。

2. 弹性的计算公式

弹性的大小可以用两个变量变动的比例之比，即弹性系数表示。在经济学中，弹性系数的一般公式为

$$弹性系数=\frac{因变量的变动比例}{自变量的变动比例}$$

在理解弹性概念时一定要注意，弹性是就自变量和因变量的相对变动而言的，因此，弹性系数与自变量和因变量的度量单位无关。

设两个经济变量之间的函数关系为 $y=f(x)$，Δx、Δy 分别表示变量 x、y 的变动量，E 表示弹性系数，则公式为

$$E=\frac{\frac{\Delta y}{y}}{\frac{\Delta x}{x}}=\frac{\Delta y}{\Delta x}\cdot\frac{x}{y}$$

（二）需求价格弹性

经济学中的弹性以需求弹性为基础，需求弹性概念用于描述需求曲线的特性，即用于描述价格变动对需求量的影响，也就是价格变动时需求量扩张的范围。

1. 需求价格弹性的定义

需求价格弹性通常被简称为需求弹性、价格弹性。需求价格弹性是指在一定时期内某种商品的价格变动的比率所引起的需求量变动的比率，或者说某商品需求量的变化率与该商品自身价格变化率之比，反映了需求量的相对变动对于该商品价格的相对变动的反应程度。

2. 需求价格弹性的计算公式

需求价格弹性一般用需求弹性系数来表示。需求弹性系数是商品需求量的变动率与价格变动率之比。设需求函数为 $Q=f(P)$，ΔQ、ΔP 分别表示需求量 Q 和价格 P 的变动量，E_d 表示需求价格弹性系数，则公式为

$$E_d=\frac{\frac{\Delta Q}{Q}}{\frac{\Delta P}{P}}=\frac{\Delta Q}{\Delta P}\cdot\frac{P}{Q}$$

在通常情况下，因为商品的需求量和价格反向变动，所以需求价格弹性系数为负值。为使需求价格弹性系数便于比较，在实际分析中，一般取其绝对值（或在其公式前加负号）。

【例 3-1】 某商品的价格在由 20 元/件降到 15 元/件时，需求量由 20 件增加到 40

件。试确定商品的需求价格弹性系数。

解：在本题中 $P=20$，$\Delta P=15-20=-5$，$Q=20$，$\Delta Q=40-20=20$，这时取 ΔP 的绝对值，则该商品的需求价格弹性系数为

$$E_{\mathrm{d}}=\frac{\Delta Q}{|\Delta P|}\times\frac{P}{Q}=\frac{20}{|-5|}\times\frac{20}{20}=4$$

若将例 3-1 倒过来，即该商品价格由 15 元/件上升为 20 元/件，需求量由 40 件减少到 20 件，求该商品的需求价格弹性系数。

解：本题中 $P=15$，$\Delta P=20-15=5$，$Q=40$，$\Delta Q=20-40=-20$，这时取 ΔQ 的绝对值，则该商品的需求价格弹性系数为

$$E_{\mathrm{d}}=\frac{|\Delta Q|}{\Delta P}\times\frac{P}{Q}=\frac{|-20|}{5}\times\frac{15}{40}=1.5$$

3. 在理解需求价格弹性时要注意的问题

1）在需求量与价格两个变量中，价格是自变量，需求量是因变量。所以，需求价格弹性就是指价格变动所引起的需求量变动的程度，或者说需求量变动对价格变动的反应程度。

2）需求价格弹性系数是价格变动的比例与需求量变动的比例的比值，而不是价格变动的绝对量与需求量变动的绝对量的比值。

3）需求价格弹性系数的数值可以是正值，也可以是负值。对于任何一种正常商品来说，需求价格弹性系数都是负数，因为价格与需求量成反比。但在实际运用时，为了计算和分析方便，一般取其绝对值。

4）同一条需求价格曲线上不同点的弹性系数大小并不相同，这是由曲线上每点的价格及需求量不同造成的。

二、需求价格弹性的分类及影响因素

（一）需求价格弹性的分类

不同商品的需求价格弹性是不同的，或者说不同商品对价格的敏感程度是不同的，根据它们的弹性系数绝对值的大小可以分为 5 类，如表 3-1 所示。

表 3-1 5 类需求价格弹性的比较

分类	名称	公式	含义	图形	商品
1	无限弹性	$\lvert E_{\mathrm{d}}\rvert\to\infty$	价格微小变动，需求无限增加	P O Q	理论上存在

续表

分类	名称	公式	含义	图形	商品
2	富有弹性	$1<\|E_d\|\to\infty$	需求量变动百分比大于价格变动百分比	P O Q	计算机、高档家用电器、西装、首饰等
3	单位弹性	$\|E_d\|=1$	需求量变动百分比等于价格变动百分比	P O Q	普通衣服
4	缺乏弹性	$0<\|E_d\|<1$	需求量变动百分比小于价格变动百分比	P O Q	柴米油盐、香烟、啤酒、常用药品等
5	无弹性	$\|E_d\|=0$	无论价格如何变动，需求量不变	P O Q	胰岛素

（二）需求价格弹性的影响因素

在实际中，影响需求价格弹性的因素有以下几种。

1. 消费者对商品的需要程度

一般来说，生活必需品的需求价格弹性小，即使价格上升需求也很难缩减，属于需求缺乏弹性的类型，如食品、燃料、服装和药品等。奢侈品富有弹性，如国外旅游、名牌时装等，奢侈品在价格上升时就很容易用其他消费来代替。

2. 商品的可替代程度

拥有替代品的物品比没有替代品的物品的需求价格弹性要大，即易被其他商品所替代的商品富有弹性，如某种点心；反之，不易被其他商品所替代的商品缺乏弹性，如食盐。

3. 商品本身用途的广泛程度

一种商品的用途越广泛，需求价格弹性越大，如水、电；一种商品的用途越少，弹性越小，如鞋油。

4. 商品的消费支出占消费者预算总支出的比重

商品的消费支出占消费者预算总支出的比重越大的商品，需求价格弹性越大，如汽车、住房；反之，在消费者预算支出中所占比例小的商品，其弹性小，如火柴、食盐、铅笔、肥皂等。

5. 商品使用的时间长短

使用时间越长的耐用消费品，其需求价格弹性越大，如电视机；反之，使用时间越短的非耐用消费品，弹性越小，如报纸。

当然，一种商品的需求价格弹性是各种影响因素综合作用的结果，要根据具体情况做全面分析。

三、需求价格弹性与总收益

当某种商品的价格变动时，该商品的需求价格弹性的变化与生产者销售该商品得到的收益变动密切相关。这是因为生产者的总收益与消费者的总支出相等，即价格和需求量的乘积。价格变动引起需求量的变动，从而引起消费者支出或生产者收益的变动。当商品的需求价格弹性不同时，价格变动所引起的总支出或总收益的变动是不同的。需求价格弹性与总收益的关系一般可分为以下 3 种情况。

第一种情况：当商品为富有弹性类型，即$|E_d|>1$时，价格降低会增加总收益，相反，价格提高会减少总收益，即商品的价格和总收益呈反方向变动。这是因为，当商品需求富有弹性时，价格下降所引起的需求量增加率大于价格的下降率，这意味着价格下降所造成的总收益减少量必定小于需求量增加所带来的总收益增加量，所以，价格下降最终带来的是总收益增加；同理，价格提高将最终带来总收益减少。在现实中，生产者应对这类商品实行“薄利多销”的营销手段，即降低商品价格可增加总收益。

【例 3-2】 某品牌电视机过去的销售价格为 2 000 元，市场需求量为 500 000 台，如今销售价格下调到 1 800 元，市场需求量为 650 000 台，请计算：

1）该品牌电视机的需求价格弹性系数为多少？

2）如果今后该品牌电视机的销售价格再下降 5%，其需求量和总收益将如何变化？

解：

1）需求价格弹性系数为

$$E_d=\frac{\Delta Q}{\Delta P}\times\frac{P}{Q}$$

式中，已知 $P=2\,000$（元），$Q=500\,000$（台），$\Delta P=2\,000-1\,800=200$（元），$\Delta Q=500\,000-650\,000=-150\,000$（台），则

$$E_d=\frac{-150\,000}{200}\times\frac{2\,000}{500\,000}=-3$$

即该电视机的需求价格弹性系数为 −3，通常取其绝对值为 3。

2）由 $E_d=\frac{\Delta Q}{\Delta P}\times\frac{P}{Q}$ 可知：

$$\frac{\Delta Q}{Q}=E_d\times\frac{\Delta P}{P}$$

式中，已知 $E_d=-3$，$\Delta P/P=-5\%$，则

$$\frac{\Delta Q}{Q}=-3\times(-5\%)=15\%$$

变动后的需求量为

$$Q_2=Q\times\frac{\Delta Q}{Q}+Q=650\,000\times15\%+650\,000=747\,500\text{（台）}$$

即价格下调后，需求量增加了 747 500 台。

总收益的增加量为

$$\Delta R=Q_2P_2-QP=747\,500\times1800\times(1-5\%)-650\,000\times1800=108\,225\,000\text{（元）}$$

如果 $E_d>1$，那么该商品涨价会减少销售收入。

第二种情况：当商品为需求缺乏弹性，即 $|E_d|<1$ 时，价格降低会减少总收益，相反，价格提高会增加总收益，即商品的价格和总收益呈同方向变动。这是因为，当商品需求缺乏弹性时，价格下降所引起的需求量增加率小于价格的下降率，这意味着需求量增加所带来的总收益增加量并不能全部抵消价格下降所造成的总收益减少量，所以，价格下降最终带来的是总收益减少；同理，价格提高将最终带来的是总收益增加。在现实中，“谷贱伤农”就说明了这个道理。因为农产品一般为需求缺乏弹性商品，降低农产品价格则会导致农民的总收益减少。

第三种情况：当商品为需求单位弹性，即 $|E_d|=1$ 时，价格无论是降低还是提高，都不会引起总收益变动。这是因为，当商品为需求单位弹性时，价格变动所引起的需求量变动率和价格变动率相等，这意味着价格变动所带来的总收益增加量或减少量刚好抵消需求量变动所带来的总收益减少量或增加量，所以，无论价格是降低还是提高，最终带来的都是总收益固定不变。

第二节 供给价格弹性

引导案例

“火箭蛋”还能飞多久

它不是石头，里面也没蹦出个孙悟空，却能以“火箭”冠名！2018 年，“火箭蛋”重出江湖，引起大家对鸡蛋等一系列农产品价格的关注。从 2018 年的伏夏到中秋前，我国鸡蛋现货价格均出现一波上涨。其原因首先是伏夏高温导致了蛋鸡生产受到影响，歇伏情况增加，进而减少了鸡蛋产量。其次，每年的中秋前 2 个月左右，食品工业生产逐步从淡季转为旺季，带动了食品鸡蛋的需求增加，鸡蛋价格易涨难跌。过高的鸡蛋价

格影响了居民购买鸡蛋的意愿，超市鸡蛋销售速度放缓。

（资料来源：佚名，2018. “火箭蛋”还能飞多久[EB/OL].(2018-08-16)[2018-10-13]. https://baijiahao.baidu.com/s?id=1608911882272053416&wfr=spider&for=pc.）

如果某超市搞促销活动，鸡蛋的价格在4.7元/斤（1斤=0.5千克）的基础上每斤降价1元，消费者的需求反应会怎样？某商场也在搞促销活动，一款白金项链原价5 000元/条，现价4 999元/条，消费者的需求反应怎样？两种商品有什么区别？

一、供给价格弹性的含义与影响因素

（一）供给价格弹性的含义

供给价格弹性，是指供给量变动对价格变动的反应程度，即供给量变动率与价格变动率之比。供给价格弹性的大小可以用供给价格弹性系数来表示，其弹性系数等于供给量变动的百分比与价格变动的百分比的比值，以E_s表示供给价格弹性系数，则供给价格弹性系数的计算公式为

$$E_s = \frac{\frac{\Delta Q}{Q}}{\frac{\Delta P}{P}} = \frac{\Delta Q}{\Delta P} \cdot \frac{P}{Q}$$

以上公式只是概念化的公式，通常不用于具体计算。具体计算要视所给条件，选择点弹性或弧弹性计算方法。

根据供给规律，价格与供给呈同方向变动关系，故供给价格弹性系数为正。从形式上看，供给价格弹性公式与需求价格弹性公式完全相同，但在运用时要注意它们性质上的区别。

（二）影响供给价格弹性的因素

1. 生产时期的长短

市场上价格发生变化若影响供给量的增减，都必须经过一段时间来调整生产要素，改变生产规模。从价格的变化到供给量的变化有一个过程，存在一个时滞，时间越短，供给价格弹性越小；时间越长，供给价格弹性越大。

2. 生产的难易程度

一般而言，容易生产而且生产周期短的产品对价格的反应快，其供给价格弹性大。反之，不易生产且生产周期长的产品对价格变动的反应慢，其供给价格弹性也就小。

3. 生产要素的供给价格弹性

从一般理论上讲，供给取决于生产要素的供给。因此，生产要素的供给价格弹性大，产品供给价格弹性也大；反之，生产要素的供给价格弹性小，产品的供给价格弹性也小。

4. 生产所采用的技术类型

一般来说，技术水平高、生产过程复杂的产品，其供给价格弹性小，而技术水平低、生产过程简单的产品，其供给价格弹性大。

二、供给价格弹性的分类

根据弹性系数的大小，供给价格弹性可分为 5 类，如表 3-2 所示。

表 3-2　5 类供给价格弹性比较

序号	名称	公式	含义	图形	商品
1	无限弹性	$E_s \to \infty$	价格微小变动，供给无限增加	P O Q	理论上存在
2	富有弹性	$1 < E_s < \infty$	供给量变动百分比大于价格变动百分比	P O Q	可大批量生产的产品
3	单位弹性	$E_s = 1$	供给量变动百分比等于价格变动百分比	P O Q	礼品类商品
4	缺乏弹性	$0 < E_s < 1$	供给量变动百分比小于价格变动百分比	P O Q	手工艺品
5	无弹性	$E_s = 0$	无论价格如何变动，供给量不变	P O Q	毕加索名画

第三节　其他弹性的概念

引导案例

北京与杭州的恩格尔系数

恩格尔系数是国际上通用的衡量居民生活水平高低的一项重要指标，也是衡量一个家庭或一个国家富裕程度的主要标准之一。1978～2015 年，北京城市居民家庭恩格尔系数由 58.7%下降到 22.4%，下降了 36.3 个百分点。2011 年上半年杭州市区居民家庭食品类人均支出为 8 355 元，同比增长 7.2%，恩格尔系数为 36.9%，比上年同期提高 0.8 个百分点。

一般来说，在其他条件相同的情况下，恩格尔系数较高，表明家庭收入较低，该国较穷。反之，恩格尔系数较低，表明家庭收入较高，该国较富裕。

思考：相对于其他同等经济发达城市，杭州的恩格尔系数相对偏高，是什么原因导致的？

一、需求收入弹性

（一）需求收入弹性的定义

需求收入弹性是指因收入变动而引起的需求相应的变动，反映了需求量变化率对收入变化率的反应程度。

（二）需求收入弹性的计算

以 E_I 代表需求收入弹性系数，Q 代表需求量，ΔQ 代表需求量的变动量，I 代表收入，ΔI 代表收入的变动量，则需求收入弹性系数的计算公式为

$$\text{需求收入弹性系数}E_\text{I}=\frac{\text{需求量变动的百分比}}{\text{收入变动的百分比}}=\frac{\Delta Q/Q}{\Delta I/I}=\frac{\Delta Q}{\Delta I}\cdot\frac{I}{Q}$$

有些商品的需求收入弹性比较大，$E_\text{I}>1$，称为富有收入弹性，这表示消费者收入增加使该商品的消费量有更大幅度的增加，如高档消费品；有些商品的需求收入弹性比较小，$0<E_\text{I}<1$，称为缺乏收入弹性，这表示消费者收入增加使该商品的消费量的增加幅度比较小，如生活必需品；有些商品的需求收入弹性是负值，$E_\text{I}<0$，这表示消费者收入增加使该商品的消费量反而减少，如低档消费品。

二、需求交叉弹性的定义及体现的商品关系

（一）需求交叉弹性的定义

需求交叉弹性是指因其他商品的价格变动而引起的某商品需求的变动率，表示需求量的变化率对其他商品价格变化率的影响程度。其计算公式为

$$E_{XY}=\frac{\frac{\Delta Q_X}{Q_X}}{\frac{\Delta P_Y}{P_Y}}=\frac{\Delta Q_X}{\Delta P_Y}\cdot\frac{P_Y}{Q_X}$$

（二）需求交叉弹性体现的商品关系

商品之间的关系可以分成 3 类。第一类是独立品，是指消费者只要消费这种商品就能得到满足，而不需要其他商品的消费与之配套，如教科书与面包的消费，两者就没有

明显的直接关系。第二类是互补品，是指消费者在消费某一种商品时，需要别的商品作为补充，如汽车和汽油、乒乓球和乒乓球拍等，这些商品需要配套使用，才能满足人们的需求。某一物品价格的上升，会降低其互补品的需求。第三类是替代品，是指一个商品提供的效用与另一个商品提供的效用相当，如洗衣粉和肥皂，如果一种物品的价格上升会增加替代品的需求。

需求交叉弹性的弹性系数可以为正值，也可以是负值。需求交叉弹性的弹性系数不同，体现的商品关系也不同。若需求交叉弹性系数为负值，则这两种商品为互补关系，其绝对值越大，互补关系越密切；若需求交叉弹性系数为正值，则这两种商品为替代关系，其绝对值越大，替代关系就越强；若需求交叉弹性系数为零，则这两种商品之间没有关系，是独立品。

研究需求交叉弹性对企业的竞争决策具有非常重要的意义。企业要想在竞争中取得胜利，必须拥有自己无可替代的产品，才不会因别的企业扩大产出而缩小自己的市场份额；同时，要生产出能替代别的企业的、更为出色的产品，才能不断扩大自己的市场份额。

本章小结

弹性分析是经济学重要的分析之一，可用于研究分析需求量的变动或供给量的变动对其影响因素变动的反应敏感程度。要视具体给定条件，选择弹性系数的点弹性或弧弹性计算方法。需求弹性和供给弹性都可以依据其影响因素而形成各种弹性类型，如需求价格弹性、收入弹性、交叉弹性、供给价格弹性等。

本章内容出现了大量图形，学生一定要努力掌握。要求能够准确理解图形，领会其中蕴含的经济学原理，认识图形的特征，对图形能够进行经济学解释，进一步运用图形分析法解决生活中所遇到的经济问题，以及其他相关课程所涉及的经济学问题。对于函数，要在理解的基础上记忆，能够讲出函数中有关变量、系数、结构的经济学含义，并灵活应用。

案例分析

石油输出国组织准备拧紧油龙头

21 世纪以来，石油输出国组织 7 种市场监督原油一揽子平均油价和油价期货市场价格一路下跌，并跌到了每桶 25 元以下这个欧佩克内部参考价。造成国际石油市场价格下跌的主要原因是最近石油市场的供求关系发生了变化：一方面，国际经济增长放慢，尤其是美国经济低迷和亚欧天气转暖，市场对石油的需求量减少；另一方面，伊拉克的石油出口量近期恢复到较正常的水平，即每天达 210 万桶。美国能源部、美国石油学会公布的数字显示，美国的石油和产品油库存大幅上升，已达到 2.907 4 亿桶，比上年同期增加了 800 万桶。由于国际石油需求减少，库存增加，价格下降，石油输出国组织采取减少石油的供给量，以保持石油价格控制在所定目标：每桶 25 美元的水平。石油输出国组织两次减少不包括伊拉克在内的十个成员的原油日开采配额达 250 万桶，使国际石油成功地控制在所定目标：每桶 25 美元的水平上。与此同时，石油输出国组织各成员一致同意共同努力将石油产量限制在每天 2 420 万桶的水平。他们还决定如果石油价格出现“疯涨”，他们将增加本国的石油产量，相反，如果国际市场对石油的需求进一步下降，他们也会进一步限制石油的产量，减少供给。

（资料来源：李超，刘永义，2007. 经济学基础[M]. 武汉：武汉大学出版社.）

思考：

1）石油输出国组织拧紧油龙头的这一行为，对于消费者有什么影响？

2）根据这一案例描述一下石油供求变动与石油价格变动之间的关系。

实训项目设计

实训项目一：

如果你是一家企业的经营者，现在为了增加收入需要采取一些措施，你将采取提价方式还是降价方式？为什么？

实训项目二：

根据需求弹性理论分析“薄利多销”和“谷贱伤农”这两种经济现象。

业务技能自测

第四章
消费者行为理论

【知识目标】

1. 了解效用、边际效用、无差异曲线的概念
2. 理解边际效用递减规律及其含义
3. 重点掌握边际效用分析法和无差异曲线分析法

【能力目标】

1. 能在现有收入条件下进行最优选择
2. 能运用收入效用与替代效用来解释实际问题

第一节 边际效用递减规律

引导案例

一个富人与一个穷人在一起聊天

一个富人与一个穷人在一起聊天。富人不无遗憾地说："我活了大半辈子，山珍海味都吃过，却从没吃过一样好吃的东西。"

穷人说："我虽然穿得破烂、住得简陋，但天天都能吃到好吃的东西。"

富人忙问："这东西哪里有？我马上差人买去，不怕价钱贵！"

穷人说："这东西买不到，一定要自己去寻找。空身上路，一直往前走，到第二天傍晚，你就能找到了。"

富人依言前行。途中，因为累和饿，富人曾起过无数次返回的念头，但一想起前面有"好吃的东西"，便又咬着牙继续赶路。终于熬到了次日傍晚，呈现在富人面前的却是一面荒凉的山坡。富人满山坡地寻找，就是看不见"好吃的东西"。在这面被夕阳映得通红的山坡上，除了稀软的泥巴，就是坚硬的石头。

富人无比懊丧地坐在地上，头晕，目眩，腰酸，腿软，肚子里咕咕作响，喉咙口像伸着一只手，要从外面抓东西往里面填。忽然，富人发现不远处有一潭水，在月色星辉下，像黑绸子似的闪着诱人的亮光。富人踉踉跄跄地走过去，俯下身子，"咕咚、咕咚"喝了个痛快。在他的记忆中，他从没喝过这么好的水，比酒香，比蜜甜，比……没什么能比！

（资料来源：佚名，2016. 一个富人与一个穷人在一起聊天[EB/OL].(2016-02-27)[2018-04-23]. http://www.wenzhangba.com/xinqingsuibi/201602/84854.html.）

这个故事说明了效用完全是个人的心理感觉。不同的偏好决定了人们对同一种商品效用大小的不同评价。通过学习本节内容，同学们会对效用有一个全面的认识。

消费者每天都要就如何配置稀缺的金钱和时间做出无数个抉择。早晨是应该用来吃早餐，还是应该用来睡懒觉；傍晚是用来读书，还是用来拜访朋友；是买一辆新的自行车，还是修理旧的自行车等。当消费者平衡各种各样的需求时，就是在做出决定自己生活方式的各种选择。本章将进一步考察需求，探讨消费者选择和消费者行为背后的基本机理。

一般来说，商品的价格取决于需求和供给，需求产生于消费，而供给决定于生产。因此，要说明需求和供给的决定就应该联系生产和消费。消费是由消费者（居民）进行的，生产是由生产者（厂商）进行的。本章所要说明的就是作为需求主体的消费者的行为方式及其规律性。

一、效用、总效用与边际效用

（一）效用

1. 效用的概念

效用是指商品满足人的需求的能力，或者消费者在消费某种商品或服务时所得到的满足程度。效用是消费者对商品或服务满足自己需求的能力的主观心理评价，一件商品或一种服务有没有效用及效用的大小，全凭消费者的主观感受，对于它的判断没有客观的标准。所以，消费者偏好的强弱与效用的大小呈正相关关系，如果消费者特别偏好于消费某种商品或服务时，他认为获得的满足程度高，那么就意味着该种商品或服务的效用大；反之，如果消费者不偏好于消费某种商品或服务时，他就认为获得的满足程度低，该种商品或服务的效用小；如果消费者消费某种商品或服务时感受到了痛苦，该种商品或服务是负效用。

效用和需求都是消费者对商品或服务的主观感觉，但效用和需求的不同之处在于，需求产生在商品或服务消费之前，而效用是消费者对商品或服务进行消费后的主观评价。效用是对需求的满足，效用和需求都是一种心理感觉。在研究消费者行为时，是在需求是既定的假设下来研究效用最大化的。

2. 理解效用的注意事项

对效用概念的理解要注意以下 3 点。

1）效用是对物品或服务的一种主观心理感觉。效用本身不包括是非的价值判断，一种商品或服务有无效用，只看它能否满足人们的偏好，而不考虑这一偏好的好与坏。这一概念强调的是消费者在消费某种物品或服务时的主观感受。

2）效用因人、因时、因地而异。对不同的人而言，偏好不同，同种物品或服务所带来的效用不同；甚至对同一个人而言，同一物品或服务在不同的时间与地点由于偏好不同，效用也不同。例如，同一件棉衣，在冬天或寒冷地区给人带来的效用很大，但在夏天或热带地区也许只能带来负效用。但必须强调的是，效用是一种因人、因时、因地的相对比较，因为偏好没有衡量的标准，所以也没有绝对的衡量标准来计量效用。

3）效用与使用价值不同。使用价值是物品本身所具有的属性，它是由物品本身的物理或化学性质决定的。使用价值是客观存在的，是不以人的感受为转移的。而效用虽然要取决于使用价值，但它更强调消费者在消费某种物品时所带来的满足程度这种感受的主观性。

知识链接

萨缪尔森的幸福公式

诺贝尔经济学奖得主保罗·萨缪尔森提出了著名的幸福公式：幸福=效用/需求。从公式中我们可以得知：

第一，幸福与效用成正比，与需求成反比。也就是说，在需求既定的条件下，效用越大越幸福；在效用既定的条件下，需求越小越幸福。

第二，需求无限大，幸福会趋于零；需求是零，幸福也是零。没有需求也就没有幸福。

第三，效用与主观感受有关，所以幸福也和主观感受有关。幸福就是感受，是精神方面对消费物品的享受和满足；幸福的感觉和消费物品的数量与价格不成比例。例如，农民工每天能吃到肉和蛋，按时领到工资就感到幸福；腐败的人整天享用山珍海味也不满足。

第四，人们对物的享受和个人的身体条件有关。有好玩的地方你走不动；有好的风景你看不见；有好听的音乐你听不见；有好吃的食物你没有胃口，吃喝玩乐对你没有效用，何谈幸福？所以，健康最重要，拥有健康的人最幸福。

第五，效用与时间存在正相关关系，时间越长，效用越大。人的生命越长，享受就越多，所以长寿的人也最幸福。

（资料来源：佚名，2018. 萨缪尔森的幸福公式[EB/OL].(2018-06-27)[2018-08-09]. https://wenku.baidu.com/view/1b8aa631964bcf84b9d57bf5.html.）

3. 效用的特征

1）同一物品对不同消费者具有不同效用，其效用大小缺乏可比性。例如，香烟对吸烟者来说是有效用的，但是对禁烟主义者来说是无效用的，甚至是负效用。

2）同一物品对同一消费者来说，其效用具有可比性。例如，消费者会因大量掌握某一物品，而降低对该物品的主观评价；相反，当对这一物品的占有量较少时，消费者就会提高对该物品的主观评价。

3）同一物品的效用会因时间、地点等环境的变化而有所不同。例如，冰淇淋在夏季给大家带来的效用很大，但到了冬季它就基本失去了效用。

4）效用是无法或不易衡量的。效用涉及的影响因素多，人的心理因素又是不断变化的，而且在商品群中效用可以相互替代和增减。例如，在食物中，北方人认为面粉的效用大，而南方人认为大米的效用大。

（二）总效用和边际效用

1. 总效用的定义及计算

总效用是指消费者在一定时期内从消费一定量某种物品或服务中所得到的总满足程度。总效用用 TU 表示，假定消费者对一种商品或服务的消费数量为 Q，则总效用函数为

$$\mathrm{TU} = f(Q)$$

根据上述对效用的理解，总效用是消费者消费所有物品或服务所获得的效用的总和。

2. 边际效用的定义及计算

边际效用是经济学中重要的一个概念，它是指在一定时期内消费者消费某种物品或服务的数量每增加一单位时所增加的满足程度，即每增加一单位物品或服务消费时所增加的效用。在这里，边际的含义是增量，是指自变量增加所引起的因变量的增加量。用数学公式表示为

$$\mathrm{MU_X} = \frac{\Delta \mathrm{TU_X}}{\Delta Q_\mathrm{X}}$$

式中，$\mathrm{MU_X}$ 为 X 商品的边际效用；$\Delta\mathrm{TU_X}$ 为 X 商品的总效用增量，ΔQ_X 为 X 商品消费的增加量。在边际效用中，自变量是某物品的消费量，而因变量是效用，消费量变动所引起的效用的变动即为边际效用。

（三）基数效用论和序数效用论

不同人的偏好可能是完全不同的，有些人爱喝啤酒，有些人只喝可乐；有些人总是西装革履，有些人总是休闲便装。偏好如此千差万别，如何将它作为研究对象呢？经济学要研究消费者的偏好并不是要解释为什么某些人会有某些特殊的偏好，而是要指明所有理性的消费者的偏好所具有的一些共同特征和基本假设。在衡量满足消费者偏好的程度时，经济学家都将它转化为对效用的度量上。在效用的度量上，西方经济学家根据消费者偏好能否排序、消费者偏好是否具有可传递性先后提出了基数效用和序数效用的概念，并在此基础上，形成了基数效用论的边际效用分析法和序数效用论的无差异曲线分析法。

1. 基数效用论

在 19 世纪末和 20 世纪初，西方经济学中普遍使用基数效用概念。基数（1,2,3,…）是可以加总求和的。基数效用论认为，效用可以具体衡量并加总求和，具体的效用量之间的比较是有意义的。所谓效用可以具体衡量，就是指消费者消费某一物品或服务所得到的满足程度可以用效用单位来衡量。所谓效用可以加总求和，是指消费者消费几种物品或服务所得到的满足程度可以加总而得出总效用。表示效用大小的计量单位被称作效用单位。因此，效用的大小可以用基数表示，正如长度单位可以用米表示一样。例如，对某消费者而言，看一场精彩电影的效用为 10 效用单位，吃一顿麦当劳的效用为 8 效用单位，则这两种消费的效用之和为 18 效用单位。

基数效用论是研究消费者行为的一种理论，基数效用论采用的是边际效用分析法。基数效用论的提出具有一定的假设条件，它假设效用是可以具体衡量的，边际效用递减规律和货币边际效用不变。如果没有这些假定条件，那么货币也是商品，因此货币必须服从边际效用递减规律。富人持有的货币量大于穷人，所以富人手中货币的边际效用小于穷人手中货币的边际效用，就会得出这样一个结论：如果把一元钱从富人那里转移到

穷人那里，整个社会的效用就会增加。

一些西方经济学家指出，基数效用论有各种缺点。例如，物品的效用很难用数字准确表示，即使知道了某一物品对甲的效用量，也并不知道它对乙的效用量，因为同一物品对不同的人来说，效用大小是不同的。还有某一物品的效用，不仅决定于这种物品的数量，还决定于相关物品数量变化。

2. 序数效用论

因为基数效用论有上述种种缺陷，洛桑学派的维尔弗雷多·帕累托提出了序数效用论，后来，约翰·R.希克斯在帕累托等研究的基础上，进一步发展和完善了序数效用论。

序数效用论是为了弥补基数效用论的缺点而提出来的另一种研究消费者行为的理论。自20世纪30年代至今，西方经济学中多使用序数效用概念。其基本观点是：效用作为一种心理现象无法计量，也不能加总求和，只能表示出满足程度的高低与顺序，因此，效用只能用序数（第一、第二、第三……）来表示。序数是指第一、第二、第三……序数只表示顺序或等级，是不能加总求和的。序数效用论认为，给偏好或效用排序完全是由主观意识决定的，而不管商品之间的差别和价格之间的差别。沿用上面的例子来说明：该消费者要回答的是偏好哪一种消费，是看一场精彩的电影，还是吃一顿麦当劳。如果他认为看一场精彩电影所带来的效用大于吃一顿麦当劳所带来的效用，那么就是看一场精彩电影的效用是第一，吃一顿麦当劳的效用是第二。

序数效用论用消费者偏好的高低来表示满足程度的高低。该理论建立在以下假定上：第一，完备性，是指消费者对每一种商品都能说出偏好顺序；第二，可传递性，消费者对不同商品的偏好是有序的、连贯一致的，若A大于B，B大于C，则A大于C；第三，不充分满足性，即“多比少好”的原则，消费者认为商品数量总是多一些好。就分析消费者行为来说，以序数来度量效用的假定比以基数来度量效用的假定所受到的限制要少，可以减少一些被认为是值得怀疑的心理假设。

序数效用论采用的是无差异曲线分析法。序数效用论弥补了基数效用论的不足，在西方经济学中得到了广泛的运用。

二、边际效用与总效用的关系、边际效用递减规律及其原因

（一）边际效用与总效用的关系

用表4-1来说明边际效用与总效用的关系。

表4-1　边际效用与总效用的关系

巧克力的消费量	总效用	边际效用
0	0	0
1	10	10
2	18	8

续表

巧克力的消费量	总效用	边际效用
3	25	7
4	30	5
5	30	0
6	25	−5

根据表 4-1 可以绘制图 4-1，以解释边际效用与总效用的关系。

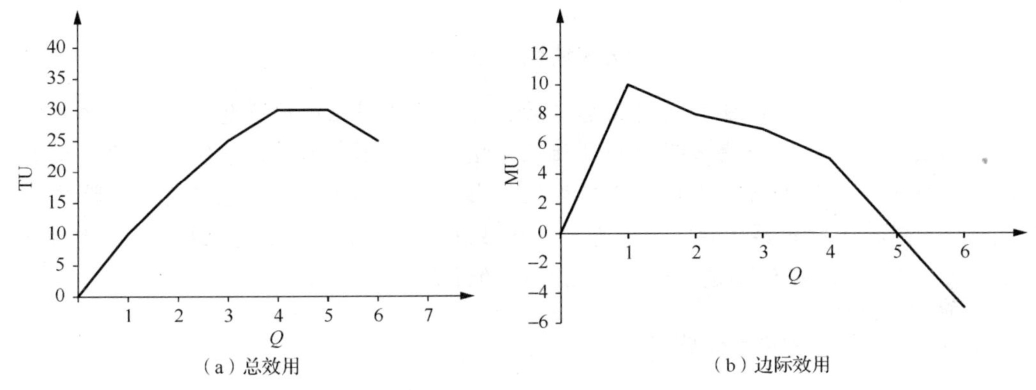

（a）总效用　（b）边际效用

图 4-1　边际效用与总效用的关系

从图 4-1 中可以看出，横轴 *Q* 代表 X 商品的数量，在图 4-1（a）中纵轴 TU 代表 X 商品的总效用，在图 4-1（b）中，纵轴 MU 代表 X 商品的边际效用。TU 线和 MU 线分别代表总效用曲线和边际效用曲线。从图 4-1 中可以看出，总效用曲线的变动趋势是先递增后递减；边际效用曲线的变动趋势是递减的。二者的关系：MU 为正值时，TU 线呈上升趋势；MU 为零时，TU 线达到最高点；MU 为负值时，TU 线呈下降趋势。也就是说，当 MU>0 时，TU 上升；当 MU<0 时，TU 下降；当 MU=0 时，TU 达到最大。

（二）边际效用递减规律

从表 4-1 和图 4-1 中可以看出，当消费的数量越来越多时，总效用的增加速度会越来越慢。总效用增加放缓，是因为边际效用是递减的。边际效用递减规律可以表述为，在一定时间内，在其他商品的消费数量保持不变的条件下，随着消费者对某种商品或服务消费量的增加，消费者从该商品或服务连续增加的每一消费单位中所得到的效用增量（即边际效用）是递减的，这种现象普遍存在，被称为边际效用递减规律。

从表 4-1 和图 4-1 中可知，当消费者消费 1 个单位的巧克力时所获得的总效用为 10 个效用单位，边际效用也是 10 个效用单位；当消费量增加到 2 个单位时获得的总效用为 18 个效用单位，边际效用是 8 个效用单位；当消费量增加到 3 个单位时获得的总效用为 25 个效用单位，边际效用是 7 个效用单位；当消费量增加到 4 个单位时获得的总效用为 30 个效用单位，边际效用是 5 个效用单位；当消费量增加到 5 个单位时获得的总效用没有增加，仍然为 30 个效用单位，边际效用是 0 个效用单位；而当消费量增加到 6 个单位时总效用不但没有增加，反而减少为 25 个效用单位，边际效用是−5 个效用单位，意思是指当消费者消费巧克力超过 5 个单位时，巧克力不但没有给消费者带来满足和享受，反而给该消费者造成了痛苦，边际效用为负。

边际效用递减规律也有例外。如果一个歌迷以拥有加思·布鲁克斯所灌制的所有 CD 而感到特别骄傲，那么每次他新增加一张 CD，边际效用可能会一直增加。

案例阅读

吃 3 块面包的感觉

富兰克林·罗斯福连任三届美国总统后，曾有记者问他有何感想。富兰克林·罗斯福一言不发，只是拿出一块三明治面包让记者吃，这位记者不明白总统的用意，又不方便问，只好吃了。接着富兰克林·罗斯福又拿出第二块，记者还是勉强吃了。紧接着富兰克林·罗斯福又拿出第三块，记者为了不撑破肚皮，赶紧婉言谢绝。这时富兰克林·罗斯福微微一笑："现在你知道我连任三届总统的滋味了吧。"

（三）边际效用递减规律的原因

边际效用递减规律普遍存在于一切物品或服务的消费中，那么为什么会产生边际效用递减呢？边际效用递减规律成立的原因，可以做如下解释。

1. 生理和心理的原因

随着相同消费品数量的连续增加，从人的生理和心理的角度讲，消费者从每一单位消费品中所感受到的满足程度和对重复刺激的反应程度是递减的，到最后甚至会出现反感或痛苦，就如同连续吃一种食物的感觉。

2. 物品本身用途的多样性

由于在一种商品具有几种用途时，消费者总是会根据其需求强度不同进行排队，先满足最重要的需求，再满足次一级的需求。一个理性的消费者总是将第一个单位的消费品用在最重要的用途上，第二个单位的消费品用在次重要的用途上，依次类推。这样，消费品的边际效用就会随着消费品用途重要性的递减而递减。例如，在仅有少量水的情况下（如在沙漠或航海中），人们十分珍惜地饮用，以维持生命，水的边际效用很大。随着水量的增加，水除了满足饮用外，还可以用来洗脸、洗澡和洗衣，水的重要性相对降低，边际效用相应减小。

三、消费者均衡

在消费者的收入和商品的价格既定的条件下，消费者可以用这些货币来购买各种物

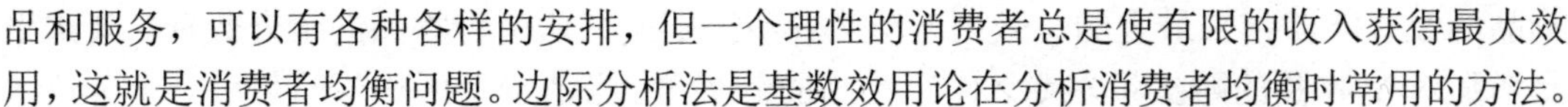

品和服务，可以有各种各样的安排，但一个理性的消费者总是使有限的收入获得最大效用，这就是消费者均衡问题。边际分析法是基数效用论在分析消费者均衡时常用的方法。

（一）消费者均衡的概念

消费者均衡是指消费者在既定收入的条件下，研究单个消费者如何将有限的货币收入分配在各种商品或服务的购买中，以获得最大的效用。也就是当消费者所要购买的商品或服务提供的总效用达到最大化时，就不再改变他的购买方式，这时消费者的需求行为达到均衡状态。

在研究消费者均衡时，有 3 个假设条件：第一，消费者的偏好是既定的，也就是消费者对各种物品或服务效用与边际效用的评价是既定的，不会发生变动。第二，消费者的收入是既定的，也就是说消费者用于购买物品或服务的收入是既定的，它隐含了货币的边际效用是不变的。只有货币的边际效用是不变的，才能用货币的边际效用去衡量其他物品或服务的效用。第三，物品的价格是既定的，也就是消费者想购买的各种物品或服务的价格是已知和既定的。

（二）边际分析法分析消费者均衡

1. 边际分析法对消费者均衡条件的文字表达

在消费者收入和商品价格既定的条件下，消费者用全部收入所购买的各种物品或服务所带来的边际效用，与为购买这些物品或服务所支付的价格的比例相等，或者说每一单位货币所得到的边际效用都相等。

2. 边际分析法表示消费者均衡的数学表达式

假定消费者用一定的收入 M，购买 X、Y 两种物品，两种物品的价格分别为 P_X 和 P_Y，购买数量分别为 Q_X 和 Q_Y，两种物品所带来的边际效用分别为 MU_X 和 MU_Y，每一单位货币的边际效用为 MU_I。那么消费者效用最大化的均衡条件可以表示为

$$P_XQ_X + P_YQ_Y = M \tag{4-1}$$

$$\frac{MU_X}{P_X} = \frac{MU_Y}{P_Y} = MU_M \tag{4-2}$$

式（4-1）是限制条件，说明消费者的收入是既定的，购买 X 物品与 Y 物品的支出不能超过收入，也不能小于收入。如果消费者的支出超过收入，消费者的消费行为是无法现实的；如果支出小于收入，就无法实现在既定收入条件下的效用最大化。

式（4-2）是均衡条件，说明消费者购买 X 物品与 Y 物品带来的边际效用与其价格之比相等，即每单位货币无论是购买 X 物品还是购买 Y 物品，所得到的边际效用都相等。

消费者之所以按照这一原则来购买商品并实现效用最大化，是因为在既定收入的条件下，多购买 X 物品就要减少 Y 物品的购买量。随着 X 物品购买量的增加，X 物品的边际效用就会递减，相应的 Y 物品的边际效用就会递增。为了使所购买的 X 物品、Y

物品的组合能够带来最大的总效用，消费者不得不调整这两种物品的组合数量，其结果是增加对Y物品的购买量，减少对X物品的购买量。当消费者所购买的最后一个单位X物品所带来的边际效用与其价格之比等于其所购买的最后一个单位 Y 物品所带来的边际效用与其价格之比时，也就是说，无论是购买哪种物品，每一单位货币所购买物品的边际效用都相等时，就实现了总效用最大化，即消费者均衡。两种物品的购买数量也就随之确定，不再加以调整。

【例 4-1】 设收入$M=100$元，X物品的价格$P_X=10$元，Y物品的价格$P_Y=20$元，X物品与Y物品的边际效用如表4-2所示，总效用如表4-3所示。

表 4-2　X 物品与 Y 物品的边际效用

Q_X	MU_X	Q_Y	MU_Y
1	5	1	6
2	4	2	5
3	3	3	4
4	2	4	3
5	1	5	2
6	0		
7	−1		
8	−2		
9	−3		
10	−4		

表 4-3　X 物品与 Y 物品的总效用

组合方式	MU_X / P_X 与 MU_Y / P_Y	总效用
$Q_X=10$，$Q_Y=0$	$-4/10\neq0/20$	5
$Q_X=8$，$Q_Y=1$	$-2/10\neq6/20$	18
$Q_X=6$，$Q_Y=2$	$0/10\neq5/20$	26
$Q_X=4$，$Q_Y=3$	$2/10=4/20$	29
$Q_X=2$，$Q_Y=4$	$4/10\neq3/20$	27
$Q_X=0$，$Q_Y=5$	$0/10\neq2/20$	20

从表4-3中可以看出各种组合都符合式（4-1），即各种组合都正好用完既定收入100元，但仅当$Q_X=4$，$Q_Y=3$时，才能满足$\frac{MU_X}{P_X}=\frac{MU_Y}{P_Y}$的条件，因此，也只有这种组合才能实现X物品与Y物品的总效用最大，即29效用单位，其他组合X与Y所带来的总效用都不是最大。

（三）消费者剩余

消费者剩余是指消费者愿意对某物品所支付的价格与它在市场上实际支付的价格

之间的差额。简而言之，消费者剩余=需求价格-实际价格。之所以存在消费者剩余，是因为需求曲线向下倾斜，意味着消费者购买的第一单位商品比最后一单位商品对他具有更大的效用和价值，他本来愿意为第一单位和比较靠前的那些商品支付更多的钱，但是由于存在普遍市场价格，他不必这样做，于是有了消费者剩余。

需要注意的是，首先，消费者剩余只是消费者一种心理感觉，也就是说，即便消费者获得了较大的消费者剩余，也并不意味着他获得了实际的收入。其次，一般生活必需品的消费者剩余较多，因为人们的需求价格往往较高，而实际价格往往较低。例如，消费者一般对生活饮用水、食盐、大米、食用油等消费品的效用评价普遍较高，因为这些商品是人类赖以生存的基础物资，所以其需求价格也较高，但国家往往对这类商品的价格进行严格控制以达到稳定社会的效果，即其实际价格并不高。因此，这类商品的消费者剩余较大。最后，消费者剩余的存在说明垄断所带来的社会福利的损失，以及公平分配所带来的社会福利的增加，这些内容在后面的章节会进行深入讨论。

第二节　序数效用论

引导案例

宝石和木碗

一个穷人家徒四壁，只得头顶着一只旧木碗四处流浪。一天，穷人到一艘渔船上去做帮工。不幸的是，渔船在航行中遇到了特大风浪，被大海吞没了。船上的人几乎全被淹死了。穷人抱着一根大木头，才幸免于难。穷人被海浪冲到一个小岛上，岛上的酋长看见穷人头顶的木碗，感到非常新奇，便用一大口袋最好的宝石换走了木碗，还派人将穷人送回了家。一个富翁听到了穷人的奇遇，心中暗想："一只木碗都能换回这么多宝贝，如果我送去很多可口的食品，该换回多少宝贝！"富翁装了满满一船山珍海味，找到了穷人去过的小岛。酋长接受了富人送来的礼物，品尝之后赞不绝口，声称要送给他最珍贵的东西。富人心中暗自得意。一抬头，富人猛然看见酋长双手捧着的"珍贵礼物"，不由得愣住了，因为它居然是穷人用过的那只旧木碗！

（资料来源：梁小民，2014. 西方经济学基础[M]. 3版. 北京：北京大学出版社.）

一、消费者无差异曲线

（一）消费者偏好

1. 消费者偏好的定义

消费者偏好是指消费者对不同商品及其组合的喜好程度。这种喜好程度的差别决定了不同商品组合效用的顺序。若消费者对两种消费品组合的偏好程度是相同的，则可以说两个组合的效用水平无差异，通常用无差异曲线表示。

2. 消费者偏好的假设条件

消费者偏好的 3 个基本假设条件如下。

1）完备性，消费者对任意两个商品 A、B 都可以做出比较：A>B 或 A<B 或 A=B。对于特定的一个消费者总可以在任何两个商品之间比较更偏好哪一个。例如，苹果和橘子，要么更喜欢吃苹果，要么更喜欢吃橘子，要么就一样喜欢或一样不喜欢。

2）传递性，A>B，B>C，则一定有 A>C。假设有 3 种汽车（宝马 X3、福特 Focus、奇瑞 QQ），如果某一个特定的消费者喜欢宝马 X3 胜过福特 Focus，而在福特 Focus 与奇瑞 QQ 的选择中更喜欢福特 Focus，那么根据传递性可知，该消费者在宝马 X3 与奇瑞 QQ 的比较中，更喜欢宝马 X3。

3）一致性，“多比少好”原则，如果 A 和 B 的区别仅在于其中一种商品的数量不同，那么消费者总是偏好于数量较多的那个组合。例如，消费者张某在某超市购买了 300 元的商品。根据超市当月的促销活动，消费额超过 200 元的消费者可以凭小票领取礼品，礼品可以分为两种，但都是洗漱袋：一种是装有一瓶海飞丝洗发水的洗漱袋，另一种是装有两瓶相同类型的海飞丝洗发水（除数量外，其他方面均相同）。一般作为理性消费者均会选择后者，这就体现了一致性，即“多比少好”的原则。

（二）无差异曲线

1. 无差异曲线的定义

无差异曲线也称等效用线，是用来表示两种商品的不同数量的组合给消费者带来的效用完全相同的一条曲线。假定现有 X 与 Y 两种商品，两者的组合方式如表 4-4 所示，各种组合方式能给消费者带来相同的效用，可以绘制出一条无差异曲线，如图 4-2 所示。

表 4-4　两种商品的组合方式

组合方式	X 商品	Y 商品
A	5	30
B	10	18
C	15	13
D	20	10
E	25	8
F	30	7

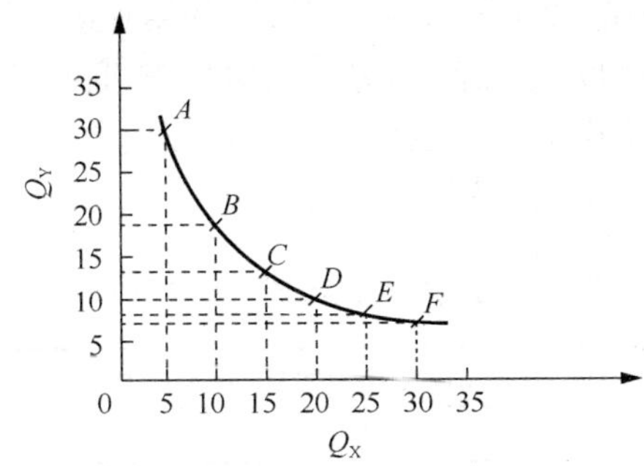

图 4-2 两种商品消费量组合无差异曲线图

2. 无差异曲线的特征

无差异曲线一般有如下特征。

1）无差异曲线是一条向右下方倾斜的线，斜率是负的。曲线向右下方倾斜，说明在消费者获得的总效用保持不变的情况下，一种商品的消费数量的增加必然带来另一种商品的消费数量的减少。如图 4-2 所示，当无差异曲线上的点由 A 移到 F 的时候，表示 X 商品的数量在减少，Y 商品的数量在增加。

2）同一平面上可以有无数条无差异曲线。同一条无差异曲线上的不同点所代表的不同消费组合给消费者带来的效用是相同的，但不同的无差异曲线上的不同消费组合给消费者带来的效用是不同的。离原点越近的无差异曲线代表的满足程度越低，效用越低；反之越高。因为高位的无差异曲线的商品组合量大。

3）任意两条无差异曲线不会相交。可以用反证法推导。如果相交就意味着其他点也都相交，也就是说，两条无差异曲线是重合的，否则与第二个特征相矛盾。若两条无差异曲线有一个交点，则两条无差异曲线上所有点的效用均相等，即两条无差异曲线重合。

4）无差异曲线凸向原点。无差异曲线在图形的表达上凸向原点，这是由商品边际替代率递减规律决定的。我们在下面的内容中将做出详细的解释。

二、边际替代率

边际替代率是消费者在保持效用水平不变的前提下，为增加一单位某种商品的消费所放弃的另一种商品的消费数量。

边际替代率的值是减少的一种商品的消费量与增加的另一种商品的消费量之比。公式表示为

$$\mathrm{MRS}_{xy} = -\Delta y / \Delta x$$

在维持效用水平不变的前提下，消费者为增加每一单位的某种商品所要放弃的另一种商品的消费数量是递减的，这就是所谓的边际替代率递减规律。

在表 4-4 中，随着 X 商品数量的增加，其边际效用递减；而随着 Y 商品数量的减少，其边际效用反而在增加。所以 X 商品的边际效用与 Y 商品的边际效用的比值将不断减小，即商品的边际替代率是递减的，因而无差异曲线的斜率的绝对值是递减的。表 4-5 中的计算也证实了边际替代率递减规律的存在。

表 4-5　X 和 Y 商品消费量变化 MRS

变动情况	$-\Delta x$	$-\Delta y$	MRS_{xy}
A—B	5	12	2.4
B—C	5	5	1
C—D	5	3	0.6
D—E	5	2	0.4
E—F	5	1	0.2

三、消费者均衡

无差异曲线表示消费者对两种物品不同组合的偏好，但是消费者最后的实际购买量还受到消费者自身收入及商品价格水平的约束。消费者最后的消费组合是基于商品价格和收入既定条件下做出的购买决策。在经济学中，我们通常用消费者预算线来解释这一问题。

（一）消费者预算线的含义

消费者预算线又称消费可能线或等支出线，它表示在消费者收入和商品价格一定的条件下，消费者用全部收入所能购买的两种商品的各种可能性组合。它是消费者均衡实现的限制条件。一般可以用方程表示为 $P_X Q_X + P_Y Q_Y = M$ 。该方程表示的是 X 商品和 Y 商品的购买量与消费者收入之间的关系。

假设某消费者欲购买 X 商品和 Y 商品，且 $P_X = 20$ 元/件，$P_Y = 10$ 元/件，且该消费者共有 500 元货币用于购买这两种商品，我们可以据此列出消费者可能购买到的 X 商品和 Y 商品的数量组合如表 4-6 所示。

表 4-6　X 商品和 Y 商品消费数量组合

组合方式	X 商品	Y 商品
A	0	50
B	5	40
C	10	30
D	15	20
E	20	10
F	25	0

在图 4-3 中，假若消费者将 200 元货币全部购买 Y 商品，则表现为 A 点；相反，假若将 200 元货币全部购买 X 商品，则表现为 F 点。消费者可能购买到的两种商品的最大数量组合是消费者预算线上的各点坐标的数量组合。消费者预算线是消费者行为的限制条件。

图 4-3 消费者预算线

（二）消费者预算线的移动

消费者预算线是在消费者收入和商品价格既定的条件下绘制出来的。如果消费者的收入和商品的价格改变了，那么消费者预算线就会移动。

1. 商品价格不变，消费者收入变化

如果商品价格不变，而消费者收入增加，那么消费者预算线平行向右上方移动，即预算水平增加；反之，消费者收入减少，消费者预算线平行向左下方移动，即预算水平减少。如图 4-4（a）所示，消费者收入增加，消费者预算线 AB 平行向右上方移动到 A_1B_1；消费者收入减少，消费者预算线 AB 平行向左下方移动到 A_2B_2。

2. 消费者收入不变，商品价格变化

在消费者收入不变的情况下，两种商品价格的变动分为两种情形。如果消费者收入不变，而两种商品的价格同比例上升或下降，那么其结果与上面讲到的商品价格不变，消费者收入变化相同。如果消费者收入不变，而两种商品的价格中一种商品价格（如 Y 商品）不变，另一种商品价格（如 X 商品）上升或下降，那么消费者预算线移动如图 4-4（b）所示。Y 商品价格不变，X 商品价格上升，消费可能线 AB 向内移动到 AB_2；X 商品价格下降，消费可能线 AB 向外移动到 AB_1。

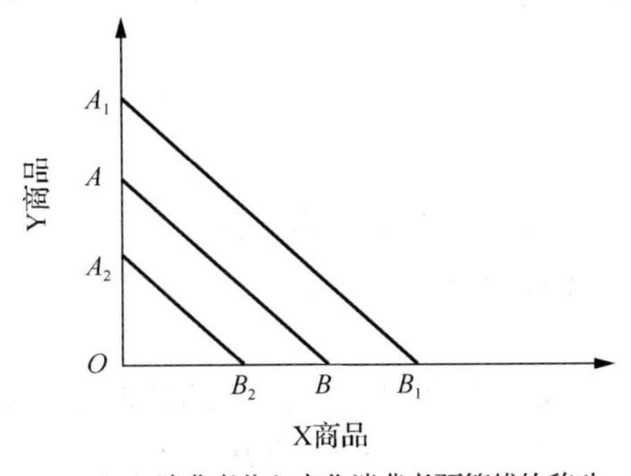

（a）消费者收入变化消费者预算线的移动

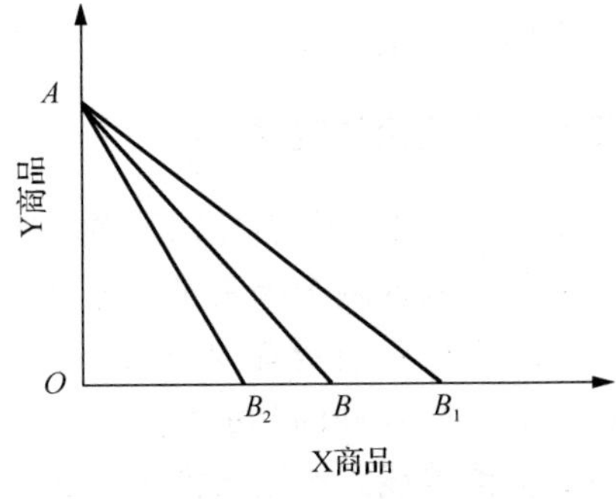

（b）商品价格变化消费者预算线的移动

图 4-4 消费者预算线的移动

（三）序数效用论下消费者均衡的实现

在介绍了无差异曲线及消费者预算线的基础上，序数效用论将无差异曲线与消费预算线合在一个图上进行分析。在收入既定的情况下，消费者预算线必定与无数条无差异曲线中的一条相切于一点；在这个切点上，就实现了消费者均衡，即效用最大化。这个切点就是消费者均衡点。

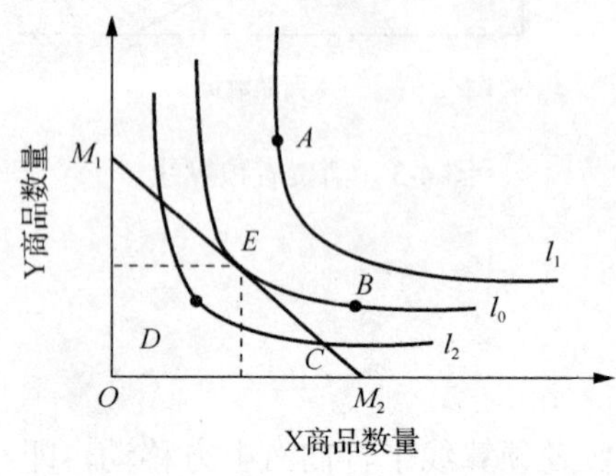

图 4-5 序数效用论下消费者均衡实现

如图 4-5 所示，消费者预算线 M_1M_2 分别与 3 条无差异曲线相离、相切与相交。为什么我们认为 E 点就是均衡点呢？

1）假设 A 点是均衡点。消费者均衡点一定要满足两个条件：一是消费者将所有的钱都花完；二是实现商品的数量组合的最大，也就是效用的最大化。很明显，虽然 A 点所在的无差异曲线 l_1 的效用水平高于 l_0，但 A 点在预算线 M_1M_2 以外，也就是即便消费者花完所有的钱也不能达到该效用水平。因此，A 点不符合条件。

2）假设 B 点是均衡点。B 点与 A 点同样存在一个问题，即不是消费者现有收入水平可以达到的，且较之于 A 点，B 点的效用水平更低。因此，B 点不符合条件。

3）假设 C 点是均衡点。虽然 C 点在消费者预算线 M_1M_2 上，即满足了消费者将所有货币花完的条件，但 C 点并未实现效用最大化的条件，因为同样的消费者预算线上的 E 点的效用水平处于 l_0 水平，明显高于 C 点所在的 l_2 水平。

4）假设 D 点是均衡点。D 点在消费者预算线 M_1M_2 以内，很明显，D 点未将所有的货币花完，不满足条件，D 点并且也未实现效用最大化，因为 D 点的效用水平处于 l_2 水平，明显低于 C 水平。

5）假设 E 点是均衡点。我们很容易发现，E 点既满足了消费者将所有货币花完的条件，也满足了效用最大化的条件，是现有预算线 M_1M_2 上所能达到的最大效用，因此满足消费者均衡的条件。

四、消费者行为理论的应用

在前面的分析中，我们是以消费者收入与商品价格不变作为前提的，但实际上商品价格和消费者收入这两个因素都在不断变化，这对消费者均衡会产生很大的影响。

（1）商品价格对消费者均衡的影响

我们已知，在两种商品的价格 P_X、P_Y，以及消费者总支出既定的情况下，可以得出一条消费者预算线。设这条消费者预算线是图 4-6 中的 AB_1。若 P_Y 不变，X 商品的价格下降，依次从 P_{X1} 下降到 P_{X2}、P_{X3}、P_{X4}，则消费者预算线的纵截距不变，但它的横截距依次从 OB_1 增大到 OB_2、OB_3、OB_4。相应地，消费者均衡点，也从 E_1 移到 E_2、E_3、

E_4。可以看出，随着 X 商品价格的下降，消费者对两种商品的消费量做了相应的调整，在既定货币支出的情况下，达到了较高的效用水平。图 4-6 中的消费者均衡点 E_1、E_2、E_3、E_4 连接起来，便成为一条价格消费曲线。它表示在总支出和 Y 商品的价格不变的条件下，X 商品的价格变化时消费者均衡点的变化轨迹。根据图 4-6 中 X 商品价格变化时，消费者对 X 商品的购买量的变动情况，我们可以画出一条对 X 商品的需求曲线。从图 4-6 中可以看出，依据价格消费曲线，可以确定在不同的 X 商品的价格条件下消费者对 X 商品的购买量。然后以纵轴表示 X 商品的价格，以横轴表示 X 商品的需求量，在这个坐标图上标出和各种 X 商品价格相应的需求量，便形成了一条对 X 商品的需求曲线，图 4-6 就反映了需求曲线和价格消费曲线之间的关系。

（2）消费者收入对消费者均衡的影响

当商品价格不变，消费者收入水平变化时，其总支出水平也会发生变化，与此相应的消费者预算线也会发生平行的移动。图 4-7 显示了随着消费者收入的提高，消费者预算线也逐步从 A_1B_1 平行外移到 A_2B_2、A_3B_3 的位置。这些消费者预算线和无差异曲线的切点也从 E_1 变到 E_2、E_3。如果消费者收入的增加是连续的话，可以得到一系列的消费者均衡点，把 E_1、E_2、E_3 这些均衡点连接起来，便形成一条收入消费曲线（ICC），它表示消费者收入变动引起的消费者均衡点变动的轨迹，如图 4-7 所示。

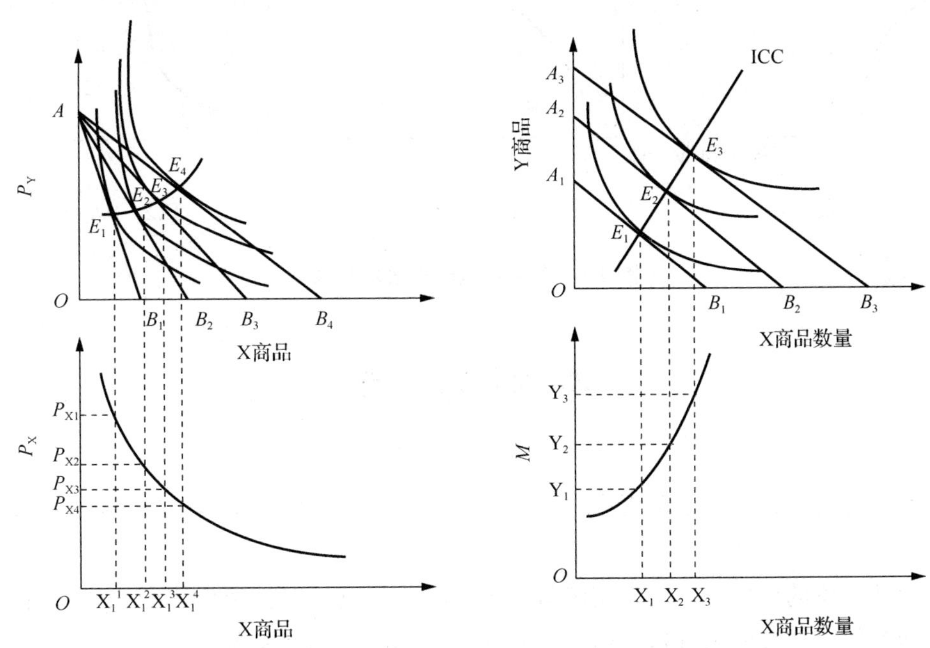

图 4-6　价格消费曲线和需求曲线　　　图 4-7　收入消费曲线和恩格尔曲线

一般情况下，消费者收入增加后，会使他对两种商品的消费量都增加，图 4-7 中的情况便是如此。但也可能有这样的商品，当消费者的收入提高时，对这种商品的需求量反而减少了，如低档商品。

根据收入消费曲线，我们可以推导出收入需求曲线。它反映了人们的货币收入量与某种商品的需求量之间的函数关系。因为德国统计学家和经济学家恩斯特·恩格尔曾专门研究过消费者的收入与某种商品的需求量之间的关系，所以收入需求曲线又被称为恩格尔曲线。图 4-8 显示了从收入消费曲线推导出恩格尔曲线的情况。我们用纵轴代表收入水平，横轴代表对 X 商品的需求量，在这个坐标图上标出与各种收入相对应的 X 商品的需求量，这些点的轨迹便是恩格尔曲线。根据需求收入弹性系数的大小，恩格尔曲线可能呈现出不同形状。当收入增加时，对某种商品的需求量也增加，如果需求收入弹性系数 $E_m < 0$，那么恩格尔曲线的形状如图 4-8（a）所示，低档品的情况便是如此。如果需求收入弹性系数 $E_m > 1$，那么恩格尔曲线的形状如图 4-8（b）所示，如奢侈品的情况。若收入需求弹性系数 $0 < E_m < 1$，那么表明随着收入增加，对这种商品的需求量也增加，但没有收入增加得快，此时恩格尔曲线的形状如图 4-8（c）所示，一般的生活必需品的情况便是如此。

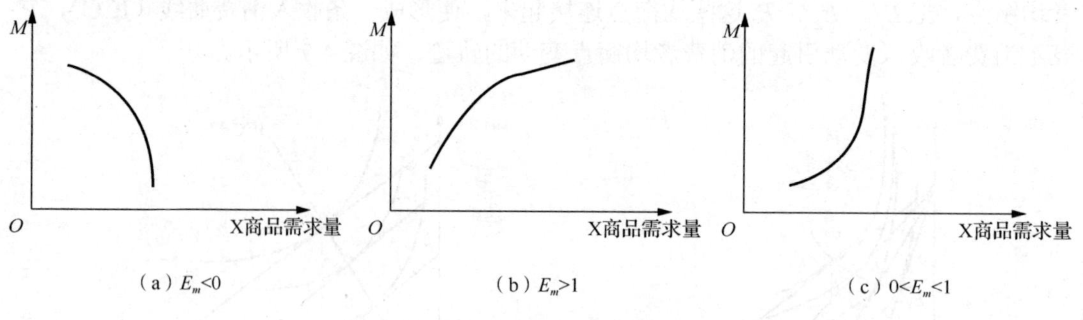

（a）$E_m<0$　　（b）$E_m>1$　　（c）$0<E_m<1$

图 4-8　各种形状的恩格尔曲线

本 章 小 结

消费者行为理论研究消费者在一定预算约束之下，如何做出购买决策，使其效应最大化。

基数效用论的运用中，以消费者效用最大化为原则，对消费者均衡加以分析。

序数效用论通过图形分析，着重掌握无差异曲线与消费者预算线的应用。

通过本章的学习，可以通过数学计算和图形推导来了解消费者行为背后的原因。

案 例 分 析

案例一

一个农民的 5 袋谷物

一个农民在原始森林中建了一座小木屋，独自在那里劳动和生活。他收获了 5 袋谷物。这些谷物要用到第二年秋天，但不必留有剩余。他是一个善于精打细算的人，因而安排了一个在一年内使用这些谷物的计划。第一袋谷物是他维持生存所必需的。第二袋是在维持生存之外来增强体力和精力的。此外，他希望有些肉可吃，所以留第三袋谷物来饲养鸡、鸭等家禽。他爱喝酒，于是他将第四袋谷物用于酿酒。对于第五袋谷物，他觉得最好用它来养几只他喜欢的鹦鹉，这样可以解闷儿。显然，这五袋谷物的用途不同，其重要性也是不同的。假如以数字来表示的话，维持生存的那袋谷物的重要性可以确定为 12，其余的依次确定为 10、8、6、4。现在要问的问题是，如果一袋谷物遭受了损失，如被小偷偷走了，那么他将失去多少效用？

假如损失了一袋谷物，这位农民面前只有一条唯一合理的道路，即用剩下的四袋谷物供应最迫切的四种需要，而放弃最不重要的需要，或者说是放弃边际效用。边际效用由谁来决定呢？欧根·冯·庞巴维克发现，边际效用量取决于需要和供应之间的关系。要求满足的需要越多越强烈，可以满足这些需要的物品量越少，那么得不到满足的需要就越重要，因而物品的边际效用就越高；反之，边际效用和价值就越低。

思考：

1）分析消费者在实现个人所获得的效用最大化时要依据的原则。

2）综合上例，联系自身谈谈个人如何实现效用的最大化。

案例二

20 世纪 80 年代中期，日本电视剧《血疑》在我国曾风靡一时。女主人公幸子和父亲大岛茂的故事使不少人感动。精明的商家从中发现了市场机遇。上海一家服装厂推出了幸子裙，北京一家服装厂推出了大岛茂风衣。但结果很不一样，上海的厂家大获其利，北京的厂家却亏本了。

思考：请运用所学知识分析其原因。

实训项目设计

趣味游戏竞赛："喝可乐大奖赛"

1）把全班学生分为2组，男生女生数量均衡。

2）在有限时间里举行"喝可乐大奖赛"，游戏规则：在有限的时间里，两组队员比赛喝可乐，喝掉可乐数量较多的一方获胜。

3）游戏结束后，教师请大家讨论喝可乐过程中的感受："第一杯感觉很冰爽，大家争着喝，第二杯，第三杯，第四杯已经不想喝了，第五杯开始硬喝……"启发大家讨论总结"边际效用递减规律"。

4）教师归纳学生讨论的观点，并进行点评。

业务技能自测

第五章
生产者行为理论

【知识目标】

1. 理解生产函数、总产量、平均产量、边际产量、等产量线、等成本线的含义
2. 了解等产量线和等成本线的运用
3. 理解收益与利润最大化原则

【能力目标】

1. 能够说明总产量、平均产量、边际产量的相互关系
2. 能够利用图像和函数实现生产者均衡
3. 能够准确地说明处于不同阶段的厂商采用何种方式生产有利：扩大规模、减小规模还是规模保持固定

第一节 生产函数

引导案例

“无花边费用”业务模式

“无花边费用”是指在航空服务中剔除了免费提供餐点等服务，从而节省了餐点成本和航空乘务员的人力成本。廉价航空公司似乎成了航空业“低成本、高利润”的代名词。截至2016年，全球共有176家廉价航空公司，在航空业市场上的占有率约为30%。其中，欧洲廉价航空公司有78家、亚洲有43家、美洲有36家、非洲有10家、大洋洲有9家。

2016年，前瞻产业研究院预计未来5～10年我国廉价航空将有跨越式发展，在中国航空市场占比将有30%～40%，至2023年，廉价航空市场规模将达2 000亿元。这一过程中，“互联网+廉价航空模式”将起到极为关键的作用。

廉价航空拥抱互联网有利于进一步降低成本，并提高非航收入。在降低成本方面，廉价航空公司摆脱机票代理商依赖后，建立直销平台，能省下大笔人力成本与租金；此外互联网营销有利于廉价航空公司打响品牌，极大地增强会员的活跃度、黏性，从而带动市场增长。

（资料来源：佚名，2016. 廉价航空发展现状及趋势分析[EB/OL].(2016-08-01)[2018-07-25]. http://www.sohu.com/a/108520853_115559.）

在研究生产者行为之前，我们首先要弄清楚什么是生产者，什么是生产者行为。一般而言，生产者又称企业，是指经济中能做出生产决策的经济主体。生产者使用生产要素，并支付相应的成本，这种投入是有限的，这就是生产者生产行为的限制条件。生产者把有限的投入分配于各种生产要素的购买上，以获得产量和利润的最大化，这就是生产者生产行为的目的。因此，每一个生产者的行为都取决于两方面的因素：一是生产者的主观态度，即生产者通过生产行为希望达到的目标——产量最大或利润最大；二是生产的客观能力，即生产者生产商品的有限的投入。

一、生产者及其行为目标

厂商行为理论主要分析生产者行为。厂商行为理论也叫生产者行为理论，主要研究生产者在既定的产量下如何实现成本最小，或在既定的成本下如何达到产量最大。厂商行为理论在研究生产者行为时假定生产者都是具有完全理性的经济人，其生产的目的都是实现利润最大化。厂商行为理论包括生产理论、成本收益理论和市场结构理论。

生产理论主要研究投入的生产要素与产量的物质技术关系，即如何在生产要素既定时使产量最大，或者在产量既定时使投入的生产要素最少。学习生产理论有助于理解厂商的技术与投入，理解厂商如何调整自己的生产行为。在了解了生产理论之后，将进一步探讨企业成本问题。

成本收益理论主要是研究成本与收益之间的经济关系，即利润最大化的前提是扣除成本后的收益要达到最大化。厂商总是在对成本及各种生产要素分析的基础上决定供给的，这部分的学习有助于理解厂商是如何决策的。

市场结构理论主要研究不同结构市场上厂商如何达到短期均衡和长期均衡，所以又叫厂商均衡理论。

（一）企业的分类

企业也叫厂商，是指拥有生产要素，并能够将劳动、资本和土地等不同生产要素集合起来，生产出商品和服务并通过出售这些商品和服务获得利润的组织。企业是生产的主体，它包括业主制企业、合伙制企业和公司制企业 3 种经营组织形式。

1. 业主制企业

业主制企业或称个体业主制企业，是最原始的企业组织形式。它是指只有一个产权所有者，业主直接经营，享有经营所得，并对企业的一切债务负有无限责任的企业。业主制企业的优点是结构简单，规模小，创建手续简单，产权明确，可以自由转让；缺点是财力有限，抗风险能力弱，承担无限责任。

2. 合伙制企业

合伙制企业是以两个或两个以上业主的个人财产为基础建立起来的，具有无限责任的企业。合伙人对企业合作经营，分享企业所得，共同承担债务责任。合伙制企业的经营规模、偿债能力都优于业主制企业，但法定程序复杂，面临解体的危险性高。

3. 公司制企业

公司制企业是指依法设立，具有法人资格，并以营利为目的的企业。而个体业主制企业、合伙制企业都属于自然人企业，不具备法人资格。法人相对于自然人来说，是一个具有独立财产并能够独立承担民事责任的组织机构。公司制企业主要有无限责任公司、有限责任公司、两合公司、股份有限公司、股份两合公司 5 种基本类型。在我国目前主要有有限责任公司和股份有限公司两种形式。

（二）企业的目标

在市场经济中，企业作为生产者与居民（家庭）作为消费者共同组成了市场活动的主体，承担着满足产品市场需求的责任，是市场经济的基本细胞。在市场经济条件下，厂商具有批量生产、筹集资金和组织生产要素的重要功能。企业可以通过专业化的机器、厂房、装配线和劳动分工实现高效率的批量生产，以区别于手工业的零星生产；现代市场经济中企业生产需要大量的资金，而这些资金大部分来自于企业的利润或金融市场融资；企业经理既是组织生产，引入新思想、新产品或新工艺，并做出企业决策的人，又是对企业的经营成果承担责任的人。

尽管企业的经营组织形式不同，但在经济学中都假设企业是合乎理性的经济人，提供产品的目的在于追求最大的利润。当然，在现实中，企业的目标可能是多种多样的，如销售量最大化、市场占有率最大化、企业价值、社会责任等非利润目标。这些非利润目标或多或少都与利润有关，利润最大化是企业进行生产的一个根本原则，也是经济学分析企业行为的一个基本出发点。

二、生产要素

生产是生产者对各种生产要素进行组合、加工，以制成符合消费者需求的产品的行为，生产也就是把投入变为产出的过程。厂商进行生产的过程就是从生产要素的投入到产品产出的过程，这个过程要受到生产要素和技术水平的制约。

生产者发生作用行为的客体是生产要素。生产要素是指生产者在进行社会生产经营活动时所需要的各种社会资源，这些资源可以分为劳动、资本、土地、企业家才能、技术等内容，而且这些内容随着时代的发展也在不断地发展变化。在西方经济学中，生产要素一般被分为劳动、土地、资本和企业家才能 4 种基本类型。劳动（L）是指生产者在生产过程中提供的体力和智力的总和，即生产者所提供的服务，它包括体力劳动和脑力劳动。土地（N）不仅是指一般意义上的土地，还指生产者在生产过程中所使用的各种未经人类劳动创造的自然资源，是由大自然作用而形成的，具有遍在性的自由物品，包括土地和地上、地下的一切自然资源，如江河湖泊、森林、海洋、矿藏等。资本（K）是指生产者在生产过程中所使用的资金，包括资本（实物形态）和货币资本（货币形态）。资本的实物形态又被称为投资品或资本品，如厂房、机器、动力燃料、原材料等；资本的货币形态通常称为货币资金。企业家才能（E）是指企业家组织建立和经营管理企业的才能，以及创新和承担风险的能力。劳动、土地和资本 3 种生产要素都容易衡量和计算，但企业家才能难以估算。

三、生产函数

生产要素的数量和组合与它所生产的产品之间存在着一定的依存关系和生产技术的制约，这种依存关系和生产技术的制约可以用生产函数表示。生产函数表示在一定时期内，在技术水平不变的情况下，生产中所使用的各种生产要素的数量与所能生产的最大产量之间的关系。

生产函数可以用数理模型、图表或图形表示。换句话说，生产函数不仅表示一定技术条件下投入与产出之间的关系，而且是一种生产技术的制约。例如，在考虑成本最小化问题时，必须要考虑到技术制约，而这个技术制约正是由生产函数给出的。以

$X_1, X_2, \cdots, X_n$ 顺次表示某产品生产过程中所使用的 n 种生产要素的投入数量，Q 表示所能生产的最大产量，则生产函数可以写成以下的形式：

$$Q = f(X_1, X_2, \cdots, X_n)$$

在经济学分析中，通常用 L、K、N、E 分别代表劳动、资本、土地和企业家才能 4 种生产要素，则生产函数为

$$Q = f(L, K, N, E)$$

在分析生产要素与产量的关系时，一般把土地作为固定的生产要素，企业家才能又难以具体估算。因此，生产函数可以简写为

$$Q = f(L, K)$$

在研究劳动和资本两种生产要素与产量的关系时，较著名的生产函数是柯布-道格拉斯生产函数。柯布-道格拉斯生产函数是由美国经济学家 C. W. 柯布和 P. H. 道格拉斯于 20 世纪 30 年代提出来的。柯布-道格拉斯生产函数以其简单的形式表达了劳动和资本两种生产要素对产量的影响，它在经济理论的分析和应用中都具有一定的意义。柯布-道格拉斯生产函数的表达式为

$$Q = AL^{\alpha} K^{1-\alpha}$$

式中，A 为科学技术进步，通常设为常数；L 为劳动力数量；K 为资金数量；α 为劳动力的产出弹性（即劳动在总产量中的贡献份额）；$1-\alpha$ 为资本的产出弹性（即资本在总产量中的贡献份额），其中 $0 < \alpha < 1$。

在理解生产函数时，一定要注意两点：第一，生产函数反映的是在既定的生产技术条件下投入和产出之间的数量关系，如果生产技术水平变化，那么原有生产函数就会变化，从而形成新的生产函数；第二，生产函数反映的是某一特定生产要素投入组合在现有技术条件下能且只能产生的最大产出。

四、生产函数的分类

生产函数可以按照以下标准加以分类。

1）按照投入生产要素的个数来划分，生产函数可以分为一种可变要素投入生产函数和多种可变要素投入生产函数。一种可变要素投入生产函数是研究在产品既定和技术水平不变的条件下，一种生产要素投入固定不变（通常是资本），而另一种生产要素改变（通常是劳动）与可能生产的最大产量间的关系，通常又称作短期生产函数。多种可变要素投入生产函数是研究在足够长的时间内，两种或两种以上的生产要素投入都可以变动，甚至所有的投入都可以变动的条件下，生产要素改变与可能生产的最大产量间的关系，通常称为长期生产函数。

2）按照技术系数来划分，生产函数主要分为固定配合比例生产函数和可变配合比例生产函数。固定配合比例生产函数，也称为里昂惕夫生产函数，是指生产某种产品所需要的技术系数是固定技术系数。可变配合比例生产函数，是指生产某种产品所需要的各种生产要素的配合比例是可变技术系数，这种可变技术系数的生产函数称为可变配合

比例生产函数。

3）按照生产要素是否能够调整来划分，生产函数可分为短期生产函数和长期生产函数。这里的“短期”和“长期”不是指一个具体的时间跨度，而是指厂商调整其全部生产要素所需要的时间长度。短期生产函数和长期生产函数的划分并非按照具体的时间长短。对于不同的产品，短期生产函数和长期生产函数的具体时间的规定是不同的。例如，变动一个大型炼油厂的规模可能需要5年，则其短期和长期的划分以5年为界，而变动一个小超市的规模可能只需要1个月，则其短期和长期的划分仅为1个月。

第二节 短期产量

生产技术水平与产量

当企业生产技术既定时，任何一组生产要素的投入数量决定着能够生产出产品的数量。例如，一家生产电视机的企业打算这个月生产10 000台电视机，在现有的生产技术水平下，需要多少生产工人，购买多少原材料和半成品，需要动用几条生产线等是能确定的。显然，改变生产技术将改变生产要素投入数量和产量之间的关系。同样是100名工人，采用手工打磨的奔驰汽车的年产量可能只有几百辆，而采用现代化的生产线后，一年可以生产几十万辆。

那么，在短期内厂商如何进行生产决策才能使产出规模最优呢？通过学习本节的内容，就能对这个问题进行解答了。

一、总产量、平均产量、边际产量及其关系

在短期内，受固定要素的限制，厂商的生产规模是给定的。这时，假定只有一种生产要素（如劳动投入量）可变，研究这种投入生产要素的最优使用量（即这种使用量能使企业利润最大），就属于单一可变投入要素的最优利用问题，即从短期角度出发研究生产问题。这里涉及总产量、平均产量和边际产量3个概念。

总产量（TP），是指在资本投入量既定条件下由可变要素劳动投入所生产的产量总和。表达式为

$$\mathrm{TP} = \mathrm{AP} \times L$$

平均产量（AP），是指平均每个单位劳动所生产的产量。表达式为

$$\mathrm{AP} = \frac{\mathrm{TP}}{L}$$

边际产量（MP），是指每增加或减少一单位劳动投入量所增加的产量。表达式为

$$MP = \frac{\Delta TP}{\Delta L}$$

总产量、平均产量和边际产量的关系可以通过表 5-1 和图 5-1 来反映。

表 5-1 总产量、平均产量和边际产量的关系

资本量（K）	劳动投入量（L）	总产量（TP）	平均产量（AP）	边际产量（MP）
10	0	0	0	0
10	1	8	8	8
10	2	18	9	10
10	3	24	8	6
10	4	28	7	4
10	5	30	6	2
10	6	30	5	0
10	7	28	4	−2
10	8	24	3	−4

在图 5-1 中，横轴 L 代表劳动量，纵轴 Q 代表总产量、平均产量和边际产量。TP 为总产量曲线，AP 为平均产量曲线，MP 为边际产量曲线。通过表 5-1 和图 5-1 可以看出，总产量、平均产量和边际产量之间的关系具有以下特点。

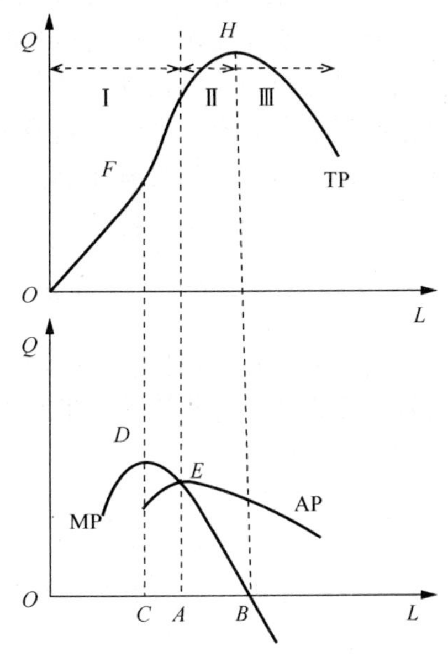

图 5-1 总产量、平均产量和边际产量的关系

1）在资本量不变的情况下，随着劳动投入量的增加，最初总产量、平均产量和边际产量都是递增的，但各自增加到一定程度以后就分别递减。所以总产量曲线、平均产量曲线和边际产量曲线都呈现先上升而后下降趋势。

2）边际产量先达到最高点后递减时穿过平均产量的最高点，使边际产量曲线与平均产量曲线相交于平均产量曲线的最高点。在相交点的左侧，平均产量是递增的，边际产量大于平均产量（MP>AP）；在相交点的右侧，平均产量是递减的，边际产量小于平均产量（MP<AP）；在相交时，平均产量达到最大，边际产量等于平均产量（MP=AP）。例如，某排球队队员的平均身高是 1.80 米（平均量），新加入的一名队员身高为 1.85 米（边际量），则全队的平均身高就会增加；反之，如果新加入的一名队员身高是 1.75 米（边际量），则全队的平均身高就会下降。

3）当边际产量为正数时（MP>0），总产量就会增加；当边际产量为零时（MP=0），总产量停止增加，并达到最大；当边际产量为负数时（MP<0），总产量就会减少。

二、边际收益递减规律

边际收益递减规律是采用边际分析法来研究一定生产规模中只改变一种可变生产要素的投入量影响产量变化的规律。

（一）边际收益递减规律的定义

边际收益递减规律又称收益递减规律或报酬递减规律，是指在技术水平不变的条件下，对一种可变生产要素的生产函数来说，边际产量表现出的先上升而最终下降的规律。

边际收益递减规律解释的是，在技术水平不变的情况下，当把一种可变的生产要素投入另外一种或几种不变的生产要素中时，最初这种生产要素的增加会使产量增加，但当它的增加超过一定限度时，增加的产量将会递减，最终还会使产量减少。

（二）边际收益递减规律的原因

在产品的生产过程中，不变要素投入和可变要素投入之间存在着一个最佳组合比例。由于不变要素投入量总是存在的，随着可变要素投入量逐渐增加，生产要素的组合逐渐接近最佳组合比例，可变要素的边际产量递增。当生产要素的组合达到最佳组合比例时，可变要素的边际产量达到最大值。此后，随着可变要素投入量继续增加，生产要素的组合逐渐偏离最佳组合比例，可变要素的边际产量递减。边际报酬递减规律决定了边际产量曲线先升后降的特征。

（三）边际收益递减规律的特点

1）边际收益递减规律发生作用的前提是技术水平不变，即指生产中所使用的技术没有发生重大变革。若技术水平发生了变化，就等同于生产函数发生了改变，边际收益递减规律就不能成立。

2）边际收益递减规律中，生产使用的生产要素可以分为可变生产要素与不变生产要素两类，即技术系数是可变的。也就是说，边际收益递减规律假定至少有一种生产要素的数量保持不变，而只连续增加一种生产要素，即只有一种生产要素可变，在可变要素投入增加到一定程度后才出现。它不适用于所有要素的数量都等比例增加的情况，也就是说边际收益递减规律不适用于固定配合比例生产函数。

3）在其他生产要素不变时，一种生产要素增加所引起的产量或收益的变动经历 3 个阶段。第一阶段：产量递增阶段，即这种可变生产要素的增加使产量或收益增加，这是因为在开始的时候不变的生产要素没有得到充分利用，这时增加可变的生产要素，可以使不变的生产要素得到充分利用，从而使产量递增。第二阶段：边际产量递减阶段，即这种可变生产要素的增加仍可使总产量增加，但增加的比率，即增加的每一单位生产要素的边际产量是递减的，这是因为，在这一阶段时，不变生产要素已经接近于充分利

用，可变生产要素的增加已经不能像第一阶段那样使产量迅速增加。第三阶段：产量减少阶段，即这种可变生产要素的增加使总产量减少，这是因为，此时不变生产要素已经得到充分利用，再增加可变生产要素只会降低生产效率，减少总产量。

边际收益递减规律是一条可以被广泛遵守的经验性规律，是从科学实验和生产实践中得出来的，是我们研究一种生产要素合理投入的出发点。以农业为例，在增加劳动投入后产出会大大增加——田地更加精耕细作，灌溉设施更加合理利用。但是，不断增加的劳动所能增加的产量会越来越少。一天中的第三次除草和第四次给机器上油只能增加很少的产出。最后，当大量劳动力涌向农田时，产出几乎不会再增加，过多的耕作者甚至会毁坏农田。在农业中，农民连续给一块土地施肥所带来的产量也是递减的。在工业部门生产中，劳动力增加过多，就会使生产效率降低。企业进行的“减员增效”，也是按照边际收益递减规律办事的具体体现。但是，边际收益递减规律也有例外情况，可能不适用于所有的产量水平，最初的劳动投入可能实际上表现出边际产量的递增。尽管有例外，但边际收益递减规律仍然是一条适用于大多数场合的规律。

三、生产三阶段

在确定一种生产要素的合理投入时，可以根据可变生产要素的总产量曲线、平均产量曲线和边际产量曲线之间的关系，将可变生产要素的投入量划分为 3 个区域，如图 5-1 所示。设边际产量曲线与平均产量曲线相交点在横坐标上为 *A* 点，边际产量曲线与横轴相交于 *B* 点。

第 I 区域是劳动投入量 *L* 从零增加到 *A* 点这一阶段。这时平均产量一直在增加，边际产量大于平均产量，这说明，在这一阶段，相对于不变的资本量而言，劳动投入量不足，所以劳动投入量的增加可以使资本得到充分利用，从而使产量递增。由此看来，劳动投入量最少要增加到 *A* 点为止，否则资本无法得到充分利用。其特点包括以下几个方面：TP 保持递增趋势；AP 由零递增至最高点；MP>0，并且 MP>AP；MP 出现了最大值时，已经呈递减趋势；当 MP 等于 AP 的最高点时，第一阶段结束。

第 II 区域是劳动投入量 *L* 从 *A* 点增加到 *B* 点的阶段。这时平均产量开始下降，边际产量递减。由于边际产量仍然大于零，总产量仍在增加。在劳动投入量增加到 *B* 点时，总产量可以达到最大。其特点包括以下几个方面：TP 继续保持递增趋势，AP 下降；AP>MP，并且 MP>0；当 MP=0 时，TP 达到最大值，第二阶段结束。

第 III 区域是劳动投入量 *L* 从 *B* 点开始增加到无限大界定的区间。这时边际产量为负数，总产量减少。其特点包括以下几个方面：TP 由最高点依次递减；AP 一直保持递减趋势；MP<0，第三阶段结束。

显然，第 I 区域和第 III 区域都不是一种生产要素的合理投入范围，因为在第 I 区域，边际产量大于平均产量，增加劳动投入量不仅可以增加总产量，还可以提高平均产量。而在第 III 区域，边际产量小于零，增加劳动投入量，会使总产量减少。

由此看来，劳动投入量的增加在超过 *B* 点之后是不利的，劳动量的增加应在第 II 区域为宜，即第Ⅱ区域是生产要素的合理投入区域，也就是厂商选择最优投入量的区域和厂商进行短期生产的决策区域。在第Ⅱ区域的起点处，劳动的平均产量曲线和劳动的边际产量曲线相交，即劳动的平均产量达到最高点。在第Ⅱ区域的终点处，劳动的边际产量曲线和横轴相交，即劳动的边际产量等于零。但劳动投入量究竟应在第Ⅱ区域的哪个点上，要视厂商的目标和其他因素而定。首先，如果厂商的目标是使平均产量达到最大，那么劳动投入量增加到 A 点即可。如果厂商的目标是总产量最大，那么劳动投入量增加到 B 点即可。其次，如果厂商的目标是利润最大化，那就必须结合成本、产品价格等因素进行分析。因为平均产量为最大时，并不一定是利润最大；总产量为最大时，利润也并不一定最大。

第三节　长期生产函数

引导案例

邮政局要引进自动分拣机吗

近年来，我国邮政行业实行信件分拣自动化，引进自动分拣机代替工人分拣信件。假设某邮局引进一台自动分拣机只需要一人管理，每日可以处理 10 万封信件。如果人工分拣，处理 10 万封信件需要 50 个工人。人们就要问：是采用自动化的高科技手段进行生产，还是继续采用密集型生产方法生产？一般人会说，当然是采用自动化分拣机。但是，企业是以追求利润最大化为生产目标的。假设一台分拣机的价格为 400 万元，使用寿命为 10 年，每年的折旧费用为 40 万元。现在假设利率每年为 10%（利息 40 万元），分拣机每年的维修费与人工费用为 5 万元。这样算起来使用分拣机的成本就是 85 万元。假设每年每个工人的工资为 1.4 万元，则 50 个工人共 70 万元，即使用人工分拣的成本为 70 万元。很显然，作为理性的企业来说，它应该选择人工的方式来分拣信件，而不是采用自动化的分拣机。道理很明显，采用人工的方式分拣信件可以给企业带来更多的利润。

（资料来源：金雪军，2004. 西方经济学（案例）[M]. 杭州：浙江大学出版社.）

由此看来，厂商在长期可以对各种生产要素进行调整，使厂商的生产达到最优化。那么，厂商在长期如何进行生产决策，才能使生产达到最优化？

一、等产量线与边际技术替代率

边际收益和边际产量递减是指，当所有其他投入保持不变时，即厂商局限于当前规模时，产出对于单一投入增加的反应。但是，在很多情况下，人们对增加所有投入的后果感兴趣，当所有的投入都可以变动，即厂商可以改变工厂规模时，要考虑到长期生产函数和规模经济。

在长期中，厂商的一切生产要素都是可变的，不再分为不变要素投入和可变要素投入，而是所有的要素投入都可以改变，即长期内所有生产要素投入都是可变要素投入。长期生产函数在生产理论中，通常以两种可变生产要素的生产函数来考察长期生产，考察在长期中两种生产要素的合理投入，也就是确定多大的生产规模是最适宜的。假定生产者使用劳动和资本两种可变生产要素生产一种产品，则两种可变生产要素的长期生产函数为$Q = f(L,K)$。在长期中，技术系数是可变的。也就是两种（或多种）生产要素按照原来的技术系数增加，即生产规模扩大。

（一）等产量线

生产理论中的等产量线与前面已经学习过的效用理论中的无差异曲线很相似。

等产量线，也叫等产量曲线，是表示在技术水平不变的条件下，两种生产要素的不同数量的组合可以带来相等产量的一条曲线，即表示某一固定数量的产量可以用所需要的各种生产要素的不同组合生产出来的曲线。以 Q 表示既定的产量水平，则与等产量线相对应的生产函数为$Q = f(L,K)$。

假设只有劳动和资本两种生产要素，它们生产等量产品的可能组合有 4 种，如表 5-2 所示。

表 5-2　等产量的劳动和资本的可能组合

组合方式	劳动投入量（L）	资本投入量（K）	生产的产品量（Q）
A	1	6	600
B	2	4	600
C	3	3	600
D	6	1	600

根据表 5-2 可绘制出图 5-2。

在图 5-2 中，横轴 L 代表劳动投入量，纵轴 K 代表资本投入量，Q 代表等产量线，在同一条等产量线上的任何一点上，劳动投入量 L 与资本投入量 K 不同数量的组合给生产者所带来的产量都是相同的。

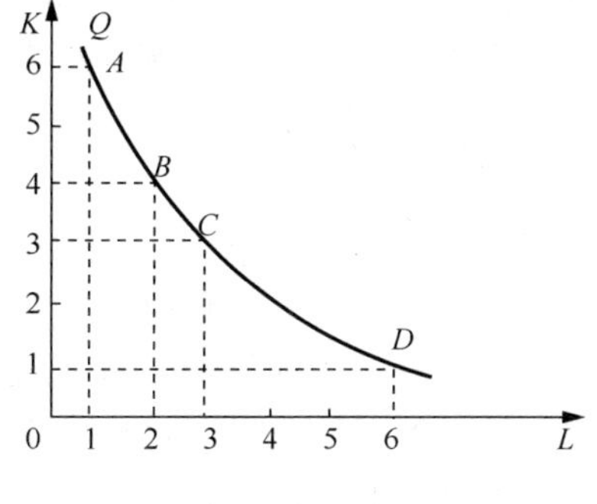

图 5-2　等产量线

等产量线与无差异曲线的几何特点相似，只不过是无差异曲线表示效用，是主观的；而等产量线表示产量，是客观的。等产量线具有如下特点。

1）在合理的要素组合阶段，等产量线上每一点的斜率均为负。这说明，生产者为了达到相同的产量，在生产要素可以相互替代的阶段，如果增加一种生产要素的投入，就必须减少另一种生产要素的投入。

2）在同一平面图上有无数条等产量线。每一条等产量线代表不同的产量水平。离原点越远的等产量线代表的产量水平越高，离原点越近的等产量线代表的产量水平越低。

3）在同一坐标平面上，任意两条等产量线不能相交。因为在交点上两条等产量线代表了相同的产量水平，这与不同的等产量线代表不同的产出水平相矛盾。

4）等产量线是一条向右下方倾斜并凸向原点的曲线，这是由边际技术替代率递减造成的。

（二）边际技术替代率

边际技术替代率是指在维持产量水平不变的条件下，增加一单位的某种生产要素投入量时所减少的另一种生产要素的投入量。边际技术替代率的计算公式为

$$\mathrm{MRTS}_{LK}=-\Delta K/\Delta L$$

式中，MRTS_{LK} 为劳动对资本的边际技术替代率；ΔL 为在保证产量不变的前提下增加的劳动投入量；ΔK 为替换出的资本数量。在产量不变的前提下，增加一种要素投入就要减少另一种要素的投入，因此边际技术替代率应为负值。为了方便起见，在其前面加负号，将其数值取正。

在同一条等产量线上，产量是固定的。那么，一种生产要素的减少所引起的产量的减少必然由另一种生产要素的增加而引起的产量增加所弥补。因此，一单位的某种生产要素的减少所引起的产量减少（即边际产量）与这种要素的减少量的乘积必然等于另一种生产要素的边际产量与该要素的增量的乘积，即

$$\mathrm{MP}_L\times\Delta L+\mathrm{MP}_K\times\Delta K=0$$

所以，有

$$\mathrm{MRTS}_{LK}=-\frac{\Delta K}{\Delta L}=\frac{\mathrm{MP}_L}{\mathrm{MP}_K}$$

在等产量线图中，可以做一条从原点出发与横轴成45°角的射线，这条射线与等产量线 Q 的区别在于：由等产量线图的坐标原点引出的射线代表两种可变生产要素投入量的比例固定不变情况下的所有组合方式，射线的斜率等于固定不变的两要素投入量的比例。这种射线表示要素投入量的不变比例的组合和可变的产量之间的关系。等产量线表示要素投入量的可变比例的组合和不变的产量之间的关系。

二、等成本线

在生产要素市场上，厂商对生产要素的购买支出构成了厂商的生产成本。成本问题是厂商追求利润最大化时必须考虑的一个问题。

生产理论中的等成本线与效用理论中的预算线十分相似。等成本线，也叫企业预算线，是一条表明在生产者的成本与生产要素价格既定的条件下，生产者所能购买到的两种生产要素数量最大组合的线。等成本线表明了厂商进行生产的限制条件，即它所购买的生产要素所花费的成本支出，既不能大于也不能小于厂商所拥有的货币成本。如果大于货币成本，生产就是不现实的，如果小于货币成本，就无法实现产量最大化。

如果 P_L 代表劳动的价格，Q_L 代表劳动的购买量，P_K 代表资本的价格，Q_K 代表资

本的购买量，M 代表货币成本。则等成本线可以写成

$$P_L Q_L + P_K Q_K = M$$

假设 M=20 000 元，P_L =500 元、P_K =400 元，则 Q_L =0 时，Q_K =50；Q_K =0 时，Q_L =40。

根据预算方程，连接 A、B 两点的直线就是企业预算线，如图 5-3 所示。

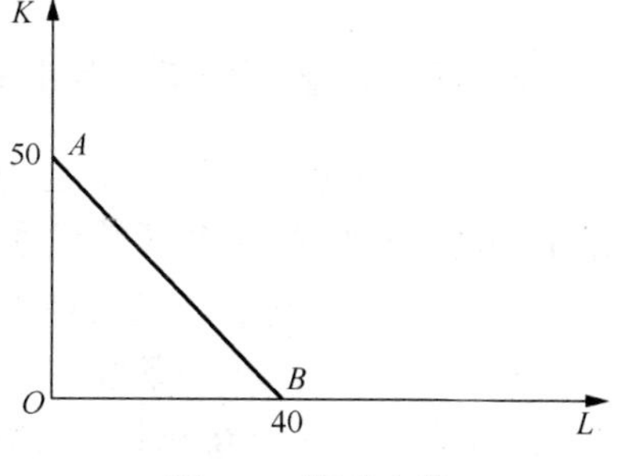

图 5-3 等成本线

在图 5-3 中，在等成本线 AB 上的任何一点都是在货币成本与生产要素价格既定的条件下，能购买到的劳动与资本的最大数量的组合。

等成本线的方程 $P_L Q_L + P_K Q_K = M$ 可以写成

$$Q_K = \frac{M}{P_K} - \frac{P_L}{P_K} \cdot Q_L$$

所以，等成本线斜率的绝对值 OA/OB=（总成本/P_K）/（总成本/P_L）= P_L/P_K。等成本线斜率的绝对值等于两种生产要素价格的比率，因此，只要生产要素价格给定不变，任何一条等成本线的斜率都相同。

等成本线的变动与企业预算线的变动类似。如果厂商的货币成本和生产要素价格改变，等成本线就会变动。如果生产者的货币成本变动（或者生产要素价格变动），那么等成本线就会平行移动。货币成本增加，等成本线向右上方平行移动；货币成本减少，等成本线向左下方平行移动。

三、生产要素最优组合

在长期中，所有的生产要素的投入数量都是可以变动的，任何一个理性的生产者都会选择最优的生产要素组合进行生产。最优的生产要素组合，也就是生产者均衡，是把等产量线与等成本线结合在一起，研究生产者如何选择最优的生产要素组合，从而实现既定成本条件下的最大产量，或者实现既定产量条件下的最小成本。

假定在一定的技术水平条件下，厂商用两种可变生产要素（劳动和资本）生产一种产品，且劳动和资本的价格（P_L 和 P_K）已知。

1. 既定成本条件下的最大产量

假定厂商用于购买劳动和资本这两种生产要素的全部成本 M 是既定的，所以只有一条等成本线。把厂商的一组等产量线和唯一相应的等成本线画在同一个平面坐标系中，就可以确定厂商在既定成本条件下实现最大产量的最优要素组合点，即生产的均衡点。

在图 5-4 中，有一条等成本线 AB 和三条等产量线 Q_1 、Q_2 和 Q_3 。唯一的（既定的）等成本线 AB 与等产量线 Q_2 相切于 E 点，该点即生产者均衡点，此时劳动投入量和资本投入量分别为 L_1 和 K_1 。即在成本既定的条件下，劳动投入量和资本投入量分别为 L_1 和 K_1 时，厂商获得最大的产量。任何更高的产量，如 Q_3 ，在既定成本条件下都是无法实现的。任何更低的产量，如 Q_1 ，在既定成本条件下都是低效率的。

通过分析可以看到，为了实现既定成本条件下的最大产量，厂商必须选择最优的生产要素组合，即达到生产者均衡。生产者均衡的条件是代表既定成本的等成本线与它可能达到的最高等产量线相切，表示厂商应该通过对两要素投入量的不断调整，使花费在两要素上的最后一单位的货币成本所带来的边际产量相等。

2. 既定产量条件下的最小成本

假定厂商用劳动和资本这两种生产要素生产出来的产量 Q 是既定的，所以等产量线是唯一的。将厂商的多条等成本线和唯一相应的等产量线画在同一个平面坐标系中，就可以确定厂商在既定产量条件下实现最小成本的最优要素组合点，即生产者均衡点。

在图 5-5 中，有一条等产量线 Q 和三条等成本线 AB、A_1B_1 和 A_2B_2。唯一的等产量线 Q 与等成本线 A_1B_1 相切于 E 点，该点即生产者均衡点或最优要素组合，此时劳动投入量和资本投入量分别为 L_1 和 K_1。等成本线 AB 虽然与既定的等产量线 Q 相交于 R、S 两点，但其代表的成本过高（因为等成本线 $AB > A_1B_1$）。等成本线 A_2B_2 虽然代表的成本较低，但它与既定的等产量曲线 Q 既无交点又无切点，它无法实现等产量线 Q 所代表的产量。所以，只有在切点 E，才是既定产量条件下实现最小成本的要素组合。

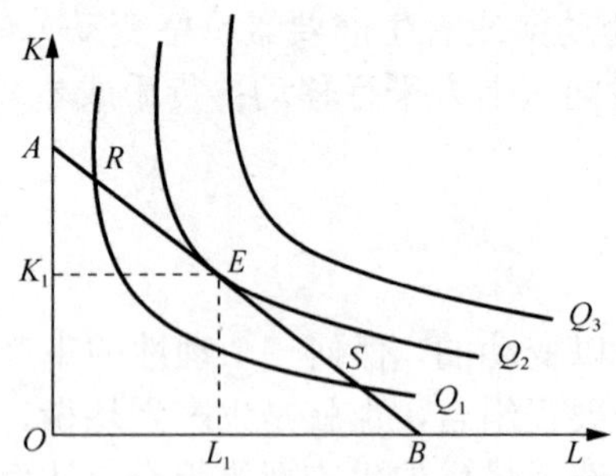

图 5-4　既定成本条件下产量最大时的最优生产要素组合

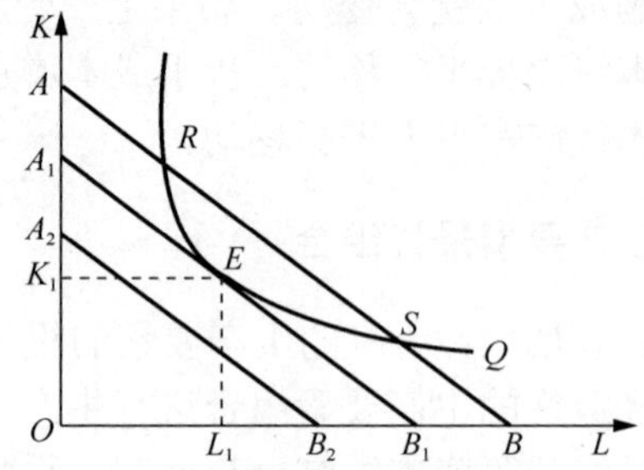

图 5-5　既定产量条件下成本最小时的最优生产要素组合

通过分析可以得出，既定产量条件下实现最小成本的均衡条件是，代表既定产量的等产量线与它可能达到的最低等成本线相切。也就是说，在既定产量条件下，厂商实现最优生产要素组合的条件是，代表既定产量的等产量线与它可能达到的最低等成本线相切，表示厂商应该通过对两要素投入量的不断调整，使花费在两要素上的最后一单位的货币成本所带来的边际产量相等。所以，厂商在既定产量条件下实现最小成本与在既定成本条件下实现最大产量的两要素的最优组合原则是相同的。

知识链接

扣针厂工人的分工

亚当·斯密在《国富论》中，根据他对一个扣针厂的参观描述了一个例子。在扣针厂中，工人之间的专业化和引起的规模经济给亚当·斯密留下了深刻的印象。他写道："第一个人抽铁丝，第二个人拉直，第三个人截断，第四个人削尖，第五个人磨光顶端以便安装圆头；做圆头要求有两三道不同的操作；装圆头是一项专门的业务，把针涂白是另一项；甚至将扣针装进纸盒中也是一门职业。"

亚当·斯密认为，由于这种专业化，扣针厂每个工人平均每天生产几千枚扣针。他得出的结论是，如果工人选择分开工作，而不是作为一个专业工作团队，那他们肯定不能每人每天制造出 20 枚扣针，或许连一枚也造不出来。换句话说，由于专业化，大扣针厂可以比小扣针厂实现更高的人均产量和更低的平均成本。

亚当·斯密在扣针厂观察到的专业化在现实经济中普遍存在。例如，如果盖一座房子，既可以自己努力去做每一件事，又可以找建筑商，而建筑商聘请木匠、瓦匠、电工、油漆工和其他类型的工人。这些工人专门从事某种工作，这使他们比作为通用型工人时做得更好。实际上，运用专业化实现规模经济是现代社会像现在一样繁荣的一个原因。

（资料来源：周号月，2017. 分工与专业化[EB/OL].(2017-09-24)[2018-09-23]. https://wenku.baidu.com/view/e6c1a7a4ed3a87c24028915f804d2b160b4e86bf.html.）

第四节　规模经济与规模不经济

引导案例

倒下的"巨人"

巨人集团，曾经是一个红遍全国的知名企业，历经不到 2 年就成为销售额近 4 亿元、利税近 5 000 万元、员工达 2 000 多人的大企业。1993 年，随着计算机行业步入低谷，巨人集团开始向其他产业转移，先后涉足了房地产业、保健品业等行业，想通过多元化的经营策略来降低风险。但是由于资产规模的急剧膨胀，管理上出现了混乱，多元化的快速发展使巨人集团自身的弊端一下子暴露无遗，巨人大厦造成的财务危机及集团内部始终存在的管理隐患，使声名赫赫的巨人集团同样历经不到 4 年就泡沫般地破裂了。这个例子说明了经营规模是一把"双刃剑"，利用得好可以促进企业的发展，利用得不好就会变成成功的企业家的"滑铁卢"。

很多企业在发展过程中，往往倾向于追求"大"，然而"大"不一定就意味着企业的经济效益高。通过学习本节的内容，学生就会对这个问题做出很好的解释。

一、规模经济

1. 规模经济的定义

19 世纪末，英国经济学家阿尔弗雷德·马歇尔提出，工业革命带来高效大型机器设备的广泛应用，必然导致企业规模扩大。企业生产规模的扩大，有利于企业使用更先进的技术，实行更精细的分工、协作和专业化生产；也有利于企业产品零部件的标准化、通用化，生产经营的联合化和多样化，大量销售、大量采购和对产品进行综合利用等各种积极因素的充分发挥，从而产生规模效应，这就是所谓的规模经济。

2. 规模经济的分类

规模经济分为外在经济和内在经济两种。

（1）外在经济的定义与引发原因

外在经济是指整个行业生产规模扩大和产量增加后，给个别企业带来产量和收益的增加。引起外在经济的原因是，个别企业可以从整个行业的扩大中得到更加方便的交通辅助设施、更多的信息与更好的人才，从而使产量与收益增加。

（2）内在经济的定义与引发原因

内在经济是指企业在生产规模扩大时，由自身所引起的产量和收益的增加。引起内在经济的原因主要有以下几个方面。

1）可以使用更加先进的机器设备。机器设备这类生产要素有其不可分割性。当生产规模小时，无法购置先进的大型设备，即使购买了也无法充分发挥效用。只有在大规模生产中，先进的大型设备才能充分发挥其作用，使产量更大幅度地增加。

2）可以实行专业化生产。在大规模的生产中，专业分工可以更细，这样就会提高工人的技术水平，提高生产效率。

3）可以提高管理效率。各种规模的生产都需配备必要的管理人员，在生产规模小时，这些管理人员无法得到充分利用，而在生产规模扩大时，可以在不增加管理人员的情况下增加生产，从而提高管理效率。

4）可以对副产品进行综合利用。在小规模生产中，许多副产品往往被作为废品处理，而在大规模生产中，就可以对这些副产品进行再加工，做到“变废为宝”。

5）在生产要素的购买与产品的销售方面也会更加有利。大规模生产所需的生产要素多，产品也多，这样，企业就会在生产要素与产品销售市场上具有垄断地位，从而可以压低生产要素收购价格或提高产品销售价格，获取更多利润。

二、规模不经济

1. 规模不经济的定义

但是，生产规模也不是越大越好。企业规模扩大以后，对外与市场的协调成本越来越高，内部运行机制的协调难度越来越大，加上管理与指挥系统的复杂化，信息的上传下达速度减慢，使管理效率大大降低，边际收益下降，甚至会变成负值，出现规模不经济现象。

2. 规模不经济的分类

规模不经济分为外在不经济和内在不经济两种。

（1）外在不经济的定义与引发原因

一个行业的生产规模过大也会使个别企业的产量与收益减少，这种情况称为外在不经济。引起外在不经济的原因是，一个行业过大会使各个企业之间竞争更加激烈，各个企业为了争夺生产要素与产品销售市场，必须付出更高的代价。此外，整个行业的扩大，也会使环境污染问题更加严重、交通紧张，个别企业要为此承担更高的代价。

（2）内在不经济的定义与引发原因

内在不经济是指一个企业由于本身生产规模过大而引起产量或收益减少。引起内在不经济的原因主要有以下几个。

1）管理效率的降低。生产规模过大也会使管理机构因庞大而不灵活，管理上也会出现各种漏洞，从而使产量和收益减少。

2）生产要素价格与销售费用增加。生产要素的提供并不是无限的，生产规模过大必然大幅度增加对生产要素的需求，而使生产要素的价格上升。同时，生产规模过大，会使产品大量增加，销售困难增大，必然需要增设销售机构、增加销售人员，从而增加了销售费用。

报纸的发行是规模问题的一个很好的例证。一般情况下，省级以上有影响的报纸的发行量都比较理想，报纸的发行量越大，单份报纸的所摊费用就越少。但发行量也不能无限制地增大，因为报纸的主要收入是广告收入，一期报纸的广告收入是固定的，超过了一定的规模，就会出现单份报纸成本、发行和管理费用增多的现象，就会出现规模不经济。

三、适度规模

由以上分析来看，一个企业和一个行业的生产规模不能过小，也不能过大，即要实现适度规模。对一个企业来说，就是长期中劳动和资本两种要素的增加应该适度。生产规模的扩大应该正好使规模报酬递增，当达到最大这一状态时就不再增加生产要素，并使这一生产规模维持下去。对于不同行业的企业来说，适度规模的大小是不同的，并没有一个统一的标准。在确定适度规模时应该考虑以下几个因素。

1）行业的技术特点。一般来说，需要的投资量大、所用的设备复杂先进的行业，适度规模也就大。例如，冶金、机械、汽车制造、造船、化工等重工业行业，企业的生产规模越大经济效益越高。相反，需要投资少、所用的设备比较简单的行业，企业的适度规模也小。例如，服装、服务行业，生产规模小的企业能更加灵活地适应市场需求的变动，对生产更有利，所以适度规模也更小。

2）市场条件。一般来说，生产市场需求量大，而且产品标准化程度高的企业，适度规模也应该大，这也是重工业行业企业适度规模大的原因。相反，生产市场需求小，而且产品标准化程度低的企业的适度规模也应该小，所以，服装行业的企业的适度规模要小。

3）其他因素。当然，在确定适度规模时要考虑的因素还有很多。例如，在确定某一采矿企业的规模时，还要考虑矿藏量的大小。其他诸如交通条件、能源供给、原料供给、政府政策等，都是在确定适度规模时必须考虑到的。而且，各国各地由于经济发展水平、资源、市场等条件的差异，即使同一行业，规模经济的大小也并不完全相同。一些重要行业有国际通行的规模经济标准。例如，钢铁厂的规模经济为年产 600 万吨钢，彩色显像管厂的规模经济为年产量 200 万套，电冰箱厂的规模经济为年产 50 万～80 万台，当然，我国不一定套用这些标准。

应该注意的是，随着技术的不断进步，规模经济的标准也在变化。例如，在 20 世纪 50 年代，汽车厂的规模经济为年产 30 万辆，但到近年来这一规模经济已达年产几百万辆。重工业行业中普遍存在这种生产规模不断扩大的趋势。这是因为这些行业的设备日益大型化、复杂化和自动化，投资越来越多，因而只有在产量达到相当大数量时，才能实现规模经济。此外，规模经济也并不一定都采取集中的方式，在生产连续性强的工业中，集中是扩大规模的主要途径，但在商业中，实现规模经济并不是要盖越来越大的商场，而是进行连锁经营。连锁经营是由一个配送中心对一个城市、一个地区，甚至一个国家的众多连锁商店进行统一管理、储运和调配，从而节约流通成本，提高效益。所以，连锁经营是商业规模经营的主要形式，这也正是第二次世界大战后连锁经营发展迅速，成为主要商业经营形式的原因。

本章小结

企业的目标主要包括利润目标与非利润目标两类。

企业的生产过程是对各种生产要素进行组合并制成产品的过程。生产要素一般包括劳动、土地、资本和企业家才能 4 种。

生产函数是指在一定的技术条件下，生产要素的投入量与其最大产出量之间的对应关系。

微观经济学以生产者能否变动全部生产要素的投入量为标准，将生产函数分为短期生产函数和长期生产函数。

总产量是指投入一定量的生产要素所生产出来的全部产量；平均产量是指平均每一单位的生产要素所生产出来的产量；边际产量是指每增加一单位的生产要素所增加的产量。

边际收益递减规律：在技术水平不变的情况下，连续地把一种同质的生产要素投入一种或几种数量不变的生产要素中，最初这种要素投入会带来边际产量的递增，但当可变要素投入增加到一定限度时，边际产量开始递减。

等产量线是指在技术水平不变的情况下，生产同一产品的两种生产要素投入量的各种不同组合的轨迹。

等成本线是指在既定生产成本和生产要素价格的情况下，生产者所能购买到的两种生产要素最大数量组合的轨迹。

边际技术替代率是指在维持相同的产量水平时，减少的一种生产要素与增加的另一种生产要素的数量之比。边际技术替代率可表示为

$$\mathrm{MRTS}_{LK} = -\Delta K / \Delta L$$

生产要素的最优组合是指生产者在既定的成本下实现产量最大化，或者是在既定的产量下实现成本最小化。等产量线和等成本线可用于研究生产要素的最优组合问题。

案例分析

浙江企业特别是温州企业以“小型”“民营”“低成本”“劳动密集”而著称。这些特点在过去是优点，在今后还是优点。实践证明，“小”不一定弱，而且，从企业竞争的逻辑来说，能够成长成大企业的小企业终究是少数。浙江企业已经度过初创期。企业从小到大的成长过程，就是通过竞争不断培育自身竞争力的过程。中国经济已经进入一个以住宅、汽车、电子通信、城市基础设施建设等行业为龙头，带动钢铁、机械、建材、石化、能源等行业快速增长的阶段。在这些行业中，多数行业具有较强的规模经济要求，也就是说，投资就要建设大项目。企业最大的挑战在于从无到有，重点还在于从小到大。如果说企业在第一阶段取得成功的概率是百分之五十，那么在第二阶段取得成功的概率可能不到百分之一。

思考：

1）结合规模报酬理论，谈谈你对企业“小”不一定弱、“大”不一定强的理解。

2）根据适度规模理论，结合日常经验，给出服装业、钢铁业与饮食业企业规模从大到小的排序，并简要说明理由。

实训项目设计

边际收益递减规律

背景资料：边际收益递减规律是指在技术水平不变的情况下，连续地把一种同质的生产要素投入一种或几种数量不变的生产要素中。最初这种要素投入会带来边际产量的递增，但当可变要素投入增加到一定限度时，边际产量开始递减。

列举2～3个边际收益递减规律的例子。

业务技能自测

第六章 成本与收益理论

【知识目标】

1. 理解机会成本和经济利润的概念
2. 掌握短期成本分析与长期成本分析的区别
3. 熟悉短期成本的分类及其变动规律，长期成本的分类及其变动规律
4. 理解利润最大化原则

【能力目标】

1. 能够根据利润最大化原则确定厂商的生产产量
2. 能够分析企业如何实现利润最大化

第一节　成本与收益理论基础

引导案例

两份报表

小王用自有的 20 万元资金办了一家服装厂。一年后，会计送来了收支报表。当小王看报表时，他的一个朋友小李来了。作为一个经济学家，小李在看完报表后说，我的算法和你的会计不同。于是小李也列出了一份收支报表。这两份报表如表 6-1 所示。

表 6-1　会计的报表和经济学家的报表　　单位：万元

会计的报表		经济学家的报表	
销售收益	100	销售收益	100
设备折旧	3	设备折旧	5
厂房租金	3	厂房租金	3
原材料	60	原材料	60
电力	3	电力	3
工资	10	工资	10
贷款利息	15	贷款利息	15
—	—	小王应得的工资	4
—	—	自有资金的利息	2
总成本	94	总成本	102
利润	6	利润	−2

事实上，会计报表中的成本是实际支出的会计成本，经济学家报表中的成本是机会成本。表 6-1 中，两种成本差别体现在以下 3 点。

第一，机会成本包括小王自己办厂、不用向自己支付的工资。会计成本中没有这一项。我们假设小王上班时每年工资收入为 4 万元，自己办厂的机会成本之一就是放弃的这 4 万元收入。

第二，机会成本包括小王办厂自有资金所放弃的利息。会计成本中也没有这一项。这里假设把这笔钱存入银行，可获得 2 万元利息，这 2 万元也是机会成本之一。

第三，会计的报表与经济学家报表中都有设备折旧一项，但会计成本与机会成本的计算方法不同。会计是按线性折旧计算的，即全部设备为 15 万元，设备使用期限为 5 年，所以，平均每年设备折旧 3 万元。经济学家是按设备资产的现值来计算折旧的。小王上年买的设备，现在如果出售只值 10 万元，所以折旧，即设备资产价值的减少为 5 万元。这就是用机会成本来计算的折旧。这两种折旧差别为 2 万元。

（资料来源：梁小民，2000. 微观经济学纵横谈[M]. 3 版. 北京：生活 • 读书 • 新知三联书店.）

一、会计成本与机会成本

（一）定义

企业进行生产与经营的各种支出称为成本。众所周知，当企业把这些资源用于生产某种产品时，就放弃了这些资源的其他用途。因此，我们可以从两个不同的角度来考察成本：企业生产的实际支出，以及为了这种生产所放弃的东西。前者我们称为会计成本，后者称为机会成本。这两种成本对企业决策都十分重要。

企业生产与经营中的各种实际支出称为会计成本，因为这些支出一笔一笔地记在会计账簿中，所以称为会计成本。同时，因为这些支出是过去的支出，所以也称为历史成本；这种成本在企业中是显而易见的，称为显性成本。例如，支付给员工的薪金、购买原料与燃料等的支出及厂房设备的折旧费等。

机会成本是指当我们将一种资源用于一种用途时，就放弃了其他用途，同时放弃了从这些所放弃的其他用途中获得的最好收益。这个概念在分析企业成本时同样适用。

机会成本是做出一项决策时所放弃的其他可供选择的最好用途。例如，某人有 10 万元资金，可供选择的用途及各种用途可能获得的收入：开商店获利 2 万元，开饭店获利 3 万元，炒股票获利 3.5 万元，进行期货投机获利 4 万元。如果某人选择将 10 万元用于期货投机，则放弃的其他可供选择的用途是开商店、开饭店和炒股票。在所放弃的用途中，最好的用途是炒股票（可获利 3.5 万元）。所以，在选择进行期货投机时，机会成本就是炒股票的获利。或者说，选择进行期货投机获利 4 万元的机会成本是所放弃的炒股票时可能获利的 3.5 万元。

（二）注意事项

在理解机会成本时应该注意以下几个问题。

1）机会成本不同于实际成本，它不是做出某项选择时实际支付的费用或损失，而是一种观念上的成本或损失。在上面所举的例子中，某人做出进行期货投机选择时的机会成本是放弃炒股票，或者说获利 4 万元的机会成本是 3.5 万元。但这绝不意味着为了获利 4 万元，必须支出 3.5 万元，或实际损失了 3.5 万元。10 万元的资金只能在进行期货投机获利 4 万元与炒股票获利 3.5 万元中选择其中一个，这是因为资源是有限的——“鱼与熊掌不可兼得”，你选择了一个，就必须放弃另一个。在这种情况下，你做出一项选择时，机会成本并不是实际支出或损失，仅是观念上的损失，或放弃的另一种可能。

2）机会成本是做出一种选择时所放弃的其他若干种可能的选择中最好的一种。例如，在上例运用 10 万元资金的选择中，当选择了期货投机时，所放弃的用途有开商店、开饭店和炒股票 3 种，其中最好的一种用途是炒股票（在这 3 种可能选择的用途中获利最多），所以，运用 10 万元进行期货投机的机会成本是放弃炒股票，而不是其他。

3）机会成本并不全是由个人选择引起的，其他人的选择会给你带来机会成本，你

的选择也会给其他人带来机会成本。当然，我们一般在从个人的角度做出某项投资或其他决策时，所考虑的主要是自己的机会成本。

一般所说的机会成本也是这种含义，我们在做出任何决策时都要使收益大于或至少等于机会成本。如果机会成本大于收益，那么这项决策从经济的观点看就是不合理的。这就是说，在做出某项决策时，不仅要考虑获利的情况，还要考虑机会成本，这样，才能使投资最优化。例如，在决定修建一座特大型水电站时，我们不仅应该考虑这座水电站可以发多少电，带来多少其他收益，还应该考虑用同样的资金可以建设多少中小型水电站，这些中小型水电站能发多少电，带来多少其他收益。后者是前者的机会成本，只有前者的收益大于后者，即修建特大型水电站的机会成本小于收益时，这项投资才有利润。否则，如果后者的收益大于前者，即修建特大型水电站的机会成本大于收益，那么，这项投资的收益无论多大，从经济的角度看都是不合理的。

当然，在运用机会成本这一概念时要考虑到两个条件：第一，有多种投资可能性；第二，投资到任何地方都不受限制。如果这两个条件不具备，机会成本这个概念也就没有用了。

二、显性成本与隐性成本

企业的生产成本可以分为显性成本和隐性成本两个部分。

企业生产的显性成本是指厂商在生产要素市场上购买或租用他人所拥有的生产要素的实际支出。这些支出是在会计账目上作为成本项目记入账上的各项费用支出，即厂商对投入要素的全部货币支付。例如，某企业雇用了一定数量的工人，从银行取得了一定数量的贷款，并租用了一定数量的土地，为此，这个企业就需要向工人支付工资，向银行支付利息，向土地出租者支付地租，这些支出便构成了该企业用于生产的显性成本。从机会成本的角度讲，这笔支出的总价格必须等于这些生产要素的所有者将相同的生产要素使用在其他用途时所能得到的最高收入。否则，这个企业就不能购买或租用到这些生产要素，并保持对它们的使用权。

企业生产的隐性成本是指企业本身所拥有的且被用于该企业生产过程的那些生产要素的总费用。这些费用并没有在企业的会计账目上反映出来，所以称为隐性成本。例如，为了进行生产，一个企业所有者除了雇用一定数量的工人、从银行取得一定数量的贷款和租用一定数量的土地之外（这些均属于显性成本支出），还动用了自己的资金和土地，并亲自管理企业。一些西方经济学家指出，既然借用了他人的资本需付利息，租用他人的土地需付地租，聘用他人来管理企业需付薪金，那么，同理，企业所有者使用了自有生产要素就应该得到报酬。所不同的是，现在企业所有者是自己向自己支付利息、地租和薪金。所以，这笔价值就应该计入成本之中。这笔成本支出不如显性成本那么明显，故被称为隐性成本。隐性成本也必须从机会成本的角度按照企业自有生产要素在其他用途中所能得到的最高收入来支付，否则，企业会把自有生产要素转移出去，以获得更高的报酬。

经济学中的成本概念与会计学成本概念之间的关系，可以用下列公式表示：

会计成本=显性成本

生产成本=机会成本

机会成本=隐性成本+显性成本

三、会计利润与经济利润

经济学中的利润概念是指经济利润，是总收入减去总成本的差额。而总成本既包括显性成本又包括隐性成本。因此，经济学中的利润概念与会计利润也不一样。

隐性成本是指稀缺资源投入任一种用途中所能得到的正常的收入，如果在某种用途上使用经济资源所得的收入还抵不上这种资源正常的收入，该厂商就会将这部分资源转向其他用途以获得更高的报酬。因此，西方经济学中隐性成本又被称为正常利润。将会计利润减去隐性成本，就是经济学中的利润概念，即经济利润。企业所追求的利润就是最大的经济利润。可见正常利润相当于中等的或平均的利润，它是生产某种产品所必须付出的代价。因为如果生产某种产品连正常或平均的利润都得不到，资源就会转移到其他用途，该产品就不可能被生产出来。而经济利润相当于超额利润，亦即总收益超过机会成本的部分。

经济利润可以为正、负或零。在西方经济学中经济利润对资源配置和重新配置具有重要意义。如果某一行业存在着正的经济利润，那么该行业内企业的总收益超过了机会成本，生产资源的所有者会将资源从其他行业转入这个行业中。因为他们在该行业中可能获得的收益，超过该资源的其他用途。反之，如果一个行业的经济利润为负，那么生产资源的所有者会将资源从该行业退出。经济利润是资源配置和重新配置的信号。正的经济利润是资源进入某一行业的信号；负的经济利润是资源从某一行业撤出的信号；只有经济利润为零时，企业才没有进入某一行业或从中退出的动机。

上述利润与成本之间的关系可用下列公式表示：

会计利润=总收益-成本

正常利润=隐性成本

经济利润=总收益-机会成本=总收益-（显性成本+正常利润）

四、短期成本与长期成本

在分析生产技术效率时，需要说明短期与长期的区别。在短期中，企业不能根据自己所要达到的产量来调整其全部生产要素，这就是说它只能调整可变生产要素（劳动力、原料等），而不能调整固定生产要素（厂房、设备等）。短期成本就是用于这些可变生产要素的支出。

在长期中，企业可以根据自己要达到的产量来调整全部生产要素。在长期中，企业没有可变投入与固定投入之分，一切投入的生产要素都是可变的，所以，长期成本就是企业用于投入生产要素支出的所有费用。

短期成本与长期成本有不同的变动规律，在企业决策中有不同的意义。所以，我们下面分别分析短期成本与长期成本。

第二节 短 期 成 本

引导案例

工人与缝纫机的最优比例

某工厂拥有10台缝纫机，每台由1人操作，每天的产量为20件。如果需要每天生产200件，就要由10个工人操作10台缝纫机来完成。但如果企业的需要量减少到每天180件，那么，1名工人就可能会被解雇，同时，1台缝纫机也会被停止使用，这样工人和机器之间的比例仍保持不变。也就是说，当每天产量在20～200件变动时，工人和机器之间的比例关系可以保持不变。只有当产量大于200件时，成本才会上升。因为那时就需要加班加点，或用其他办法来使更多的工人与最多10台机器结合，从而导致工人与机器之间的最优比例被破坏。

在短期内，生产技术水平一定，在其他要素投入量不变的情况下，企业只能通过调整一种生产要素的投入量来调整企业的产出水平。能调整的要素投入的成本是可变成本，而不能调整的要素投入的成本是固定成本。各种生产要素的投入量（即可变成本和固定成本）之间有一个使产出最优的最佳配比。那么，企业在短期内如何安排要素的投入呢？

一、短期成本分类

短期成本是指企业在短期中进行生产的支出，可分为短期总成本（short-run total cost，STC）、短期平均成本（short-run average cost，SAC）、短期边际成本（short-run marginal cost，SMC）。

（1）短期总成本

短期总成本是短期内生产一定量产品所需要的成本总和。短期总成本分为固定成本与可变成本。

固定成本是指企业在短期内必须支付的不能调整的生产要素的费用。这种成本不随产量的变动而变动，是固定不变的。其主要包括厂房和设备的折旧及管理人员的工资。

可变成本是指企业在短期内必须支付的可以调整的生产要素的费用。这种成本随产量的变动而变动，是可变的。其主要包括原材料、燃料的支出及生产工人的工资。

如果以STC代表短期总成本，以SFC代表短期固定成本，以SVC代表短期可变成本，则有

$$STC=SFC+SVC$$

（2）短期平均成本

短期平均成本是短期内生产每单位产品平均需要的成本。短期平均成本分为短期平均固定成本（short average fixed cost，SAFC）与短期平均可变成本（short average variable cost，SAVC）。

平均固定成本是平均每单位产品所消耗的固定成本。

平均可变成本是平均每单位产品所消耗的可变成本。

如果用 SAC 代表短期平均成本，那么有

$$SAC=SAFC+SAVC$$

（3）短期边际成本

短期边际成本是短期内厂商每增加生产一单位的产品所增加的成本，则有

$$\mathrm{SMC}=\frac{\Delta \mathrm{STC}}{\Delta Q}$$

因为固定成本在短期内不随产量的变动而变动，所以短期边际成本实际上就是短期内增加产量所增加的可变成本。

在产量不断增加的情况下，短期成本的变动情况如表 6-2 所示。

表 6-2　短期成本的变动情况

产出 /（件/月）	总固定成本 /（元/月）	总可变成本 /（元/月）	总成本 /（元/月）	边际成本 /（元/月）	平均固定成本 /（元/月）	平均可变成本 /（元/月）	平均总成本 /（元/月）
0	50	0	50	—	—	—	—
1	50	30	80	30	50.00	30.00	80.00
2	50	49	99	19	25.00	24.50	49.50
3	50	65	115	16	16.67	21.67	38.33
4	50	80	130	15	12.50	20.00	32.50
5	50	100	150	20	10.00	20.00	30.00
6	50	124	174	24	8.33	20.67	29.00
7	50	150	200	26	7.14	21.43	28.57
8	50	180	230	30	6.25	22.50	28.75
9	50	215	265	35	5.56	23.89	29.44
10	50	255	305	40	5.00	25.50	30.50
11	50	300	350	45	4.55	27.27	31.82
12	50	360	410	60	4.17	30.00	34.17

二、短期成本曲线及成本之间的关系

根据表 6-2 的数据，可以画出各种成本曲线，如图 6-1 和图 6-2 所示。

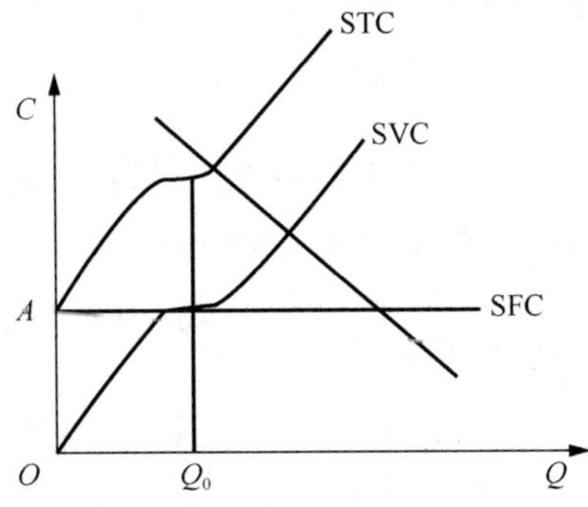

图 6-1　短期总成本、短期固定成本、短期可变成本曲线

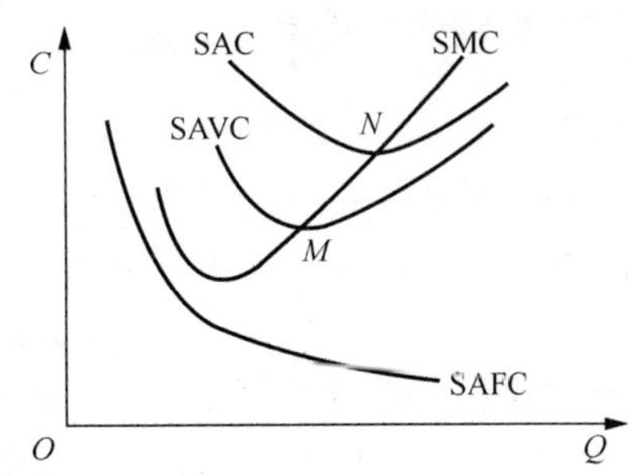

图 6-2　短期平均成本曲线和短期边际成本曲线

（一）短期固定成本、短期可变成本和短期总成本的关系

固定成本在短期中是固定不变的，不随产量的变动而变动，即使产量为零，也仍然存在固定成本，所以固定成本是一条平行于 *X* 轴的水平线。在图 6-1 中，曲线 SFC 与横轴平行，二者之间的距离代表固定成本的数量，是一个固定数。曲线 SVC 是一条从原点出发向右上方倾斜的曲线。曲线 SVC 从原点出发，表示没有产量时就没有可变成本。曲线 SVC 向右上方倾斜，表示可变成本是产量的函数，随着产量的变动而同方向变动。曲线 SVC 的形状是随着产量的增加，最初以较快的速度增加（表示可变成本的增加率大于产量的增加率），然后以较慢的速度增加（表示可变成本的增加率小于产量的增加率），而后又以越来越快的速度增加。短期总成本曲线 STC 是短期可变成本曲线平行上移一段等于固定成本的垂直距离后，向右上方递增的曲线，其形状与可变成本曲线一样。

曲线 SVC 出现上述变动规律的原因是，最初在产量开始增加时由于固定生产要素与可变生产要素的效率未得到充分发挥，因此，短期可变成本的增加率要大于产量的增长率。以后随着产量的增加，固定生产要素与可变生产要素的效率得到充分发挥，短期可变成本的增加率小于产量的增加率。最后由于边际收益递减规律，短期可变成本的增加率又大于产量的增加率。

（二）短期平均可变成本、短期平均固定成本和短期平均成本的关系

由于总固定成本是不变的，因此，除以不断增加的产量，就得到一条不断下降的 SAFC 曲线。短期平均可变成本等于短期可变成本除以产量，曲线 SAVC 和曲线 SAC 都呈“U”形，如图 6-2 所示。

在图 6-2 中，曲线 SAFC 最初比较陡峭，以后越来越平坦，这表示随着产量的增加，短期平均固定成本一直在减少，但在产量开始增加时，下降的幅度很大，以后随着产量的增加，下降的幅度越来越小。曲线 SAVC 和曲线 SAC 都是先下降而后上升的“U”形

曲线，但曲线 SAC 在曲线 SAVC 的上方，二者的变动规律相似。

（三）短期边际成本、短期平均成本和短期平均可变成本的关系

曲线 SMC 是一条先下降而后上升的“U”形曲线，它表明开始时，短期边际成本随着产量的增加而减少，当产量增加到一定程度时，就随着产量的增加而增加。曲线 SAC 和曲线 SAVC 都是先下降而后上升的“U”形曲线，分别与曲线 SMC 相交于 *N* 点和 *M* 点，且 *N* 点和 *M* 点之间的垂直距离就是短期平均固定成本的数值。从图 6-2 中可以看出，曲线 SMC 比曲线 SAC 和曲线 SAVC 陡峭，说明短期边际成本对产量变化的反应要比短期平均成本和短期平均可变成本灵敏得多，因此，不管是下降还是上升，曲线 SMC 都快于曲线 SAC 和曲线 SAVC。

从图 6-2 中可以看出短期边际成本与短期平均可变成本和短期平均成本的关系。

1）短期边际成本与短期平均可变成本的关系。曲线 SMC 与曲线 SAVC 相交于曲线 SAVC 的最低点 *M*。在 *M* 点上，SMC=SAVC，即短期边际成本等于短期平均可变成本。在 *M* 点之左，曲线 SAVC 在曲线 SMC 之上，曲线 SAVC 一直递减，SAVC>SMC，即短期平均可变成本大于短期边际成本。在 *M* 点之右，曲线 SAVC 在曲线 SMC 之下，曲线 SAVC 一直递增，SAVC<SMC，即短期平均可变成本小于短期边际成本。*M* 点被称为停止营业点，即在这一点上，价格只能弥补短期平均可变成本，这时的损失是不生产也要支付平均固定成本。如果低于 *M* 点，即不能弥补短期平均可变成本，则生产者不能开工。

例如，一个电视机厂生产 10 000 台电视机，总成本为 1 000 万元，平均成本为 1 000 元，其中固定成本为 200 万元，可变成本为 800 万元，平均每台电视机的可变成本为 800 元。厂商又多生产了一台电视机。如果为增加生产这台电视机所增加的成本，即边际成本小于 800 元，那么增产后的短期平均可变成本就会下降。如果增产的这台电视机的边际成本大于 800 元，那么增产后的短期平均可变成本会上升。

2）短期边际成本与短期平均成本的关系。曲线 SMC 与曲线 SAC 相交于曲线 SAC 的最低点 *N*。在 *N* 点上，SMC=SAC，即短期边际成本等于短期平均成本。在 *N* 点之左，曲线 SAC 在曲线 SMC 之上，曲线 SAC 一直递减，SAC>SMC，即短期平均成本大于短期边际成本。在 *N* 点之右，曲线 SAC 在曲线 SMC 之下，曲线 SAC 一直递增，SAC<SMC，即短期平均成本小于短期边际成本。*N* 点被称为收支相抵点，这时的价格为短期平均成本，短期平均成本等于短期边际成本，生产者的成本（包括正常利润在内）与收益相等。

例如，一个电视机厂生产 10 000 台电视机，总成本为 1 000 万元，平均成本为 1 000 元。厂商又多生产了一台电视机。如果为增加生产这台电视机所增加的成本，即边际成本小于 1 000 元，那么增产后的平均成本就会下降。如果增产的这台电视机的边际成本大于 1 000 元，那么增产后的平均成本会上升。

第三节　长期成本

引导案例

格兰仕集团的成功

面对越来越广阔的市场，每个企业都有两种战略选择：一是多产业小规模，低市场占有率；二是少产业大规模，高市场占有率。格兰仕集团有限公司（简称格兰仕集团）选择的是后者。格兰仕集团的微波炉，在国内已达到70%的市场占有率，在国外已达到35%的市场占有率。格兰仕集团的成功就运用了规模经济的理论，即某种产品的生产，只有在达到一定的规模时，才能取得较好的效益。微波炉生产的最小经济规模为100万台，而早在1996～1997年，格兰仕集团就达到了这一规模。随后，规模每上一个台阶，生产成本就下降一个台阶。这就为企业的产品降价提供了条件。格兰仕集团的做法是当生产规模达到100万台时，将出厂价定在规模80万台企业的成本价以下；当规模达到400万台时，将出厂价又调到规模为200万台的企业的成本价以下；而现在规模达到1 000万台以上时，又把出厂价降到规模为500万台企业的成本价以下。

这种在成本下降的基础上所进行的降价，是一种合理的降价。降价的结果是将价格平衡点以下的企业一次又一次大规模淘汰，使行业的集中度不断提高，使行业的规模经济水平不断提高，由此带动整个行业社会必要劳动时间不断下降，进而带来整个行业的成本不断下降。成本低，价格必然就低，降价最大的受益者是广大消费者。从1993年格兰仕集团进入微波炉行业到现在的10年之内，微波炉的价格由每台3 000元已下降到每台300元左右，降价达到90%以上，这不能不说是格兰仕集团的功劳，不能不说是格兰仕集团对中国广大消费者的巨大贡献。

（资料来源：百度文库，有改动）

在长期内，厂商不仅可以根据产量的要求调整全部生产要素，即调整规模，还可以进入或退出一个行业，这时厂商的成本分析就是长期成本分析。长期成本分为长期总成本（long-run total cost，LTC）、长期平均成本（long-run average cost，LAC）和长期边际成本（long-run marginal cost，LMC）。

一、长期总成本

长期总成本是指生产者长期在各种产量水平上通过改变生产规模所能达到的最低总成本。

生产者长期对全部生产要素投入量的调整意味着对企业生产规模的调整。也就是说，从长期看，生产者总是可以在每一产量水平上选择最优的生产规模进行生产的。

二、长期平均成本

长期平均成本是指生产者在长期按平均产量计算的总成本。其计算公式为

长期平均成本=长期总成本/总产量

即

$$\mathrm{LAC}(Q)=\frac{\mathrm{LTC}(Q)}{Q}$$

三、长期边际成本

长期边际成本是指生产者在长期增加一单位产量所引起的最低总成本的增量。其计算公式为

长期边际成本=长期总成本最后一单位的增量/总产量最后一单位的增量

即

$$\mathrm{LMC}(Q)=\frac{\Delta \mathrm{LTC}(Q)}{\Delta Q}$$

案例阅读

王永庆与台塑集团的成功

台塑集团是王永庆成功经营的第一个大企业，这个企业生产聚氯乙烯（PVC）塑胶粉。开始时，该企业的生产规模仅为100吨/月，尽管如此，产品仍供大于求，因为全台湾地区内的需求仅为每月 20 吨。产量低，平均成本无法实现最低，价格降不下来，全台湾地区仅有的市场也被日本产品占领。而扩大产量，产品销路又将成为问题。王永庆陷入两难处境。这时台塑集团的股东纷纷要求退股，王永庆毅然卖掉自己的大部分企业，买断了台塑集团的产权，独自经营。王永庆知道，企业困难的关键在于产量上不去，平均成本降不下来。如果只考虑需求，减少产量，平均成本更高，更缺乏市场竞争力。因此，扩大产量使平均成本降到最低是转败为胜的关键。于是，他决定把产量扩大到平均成本最低的月产 1 200 吨。这时平均成本达到最低，而且，由于当时台湾地区是世界烧碱的主要生产基地之一，生产烧碱中被弃之不用的氯气可用于生产 PVC。这样，在实现了最低成本时，其货币成本还低于世界其他厂商。拥有了这种优势的台塑集团就可以打入世界市场。结果王永庆成功了。

王永庆的成功说明，在确定企业规模时一定要达到平均成本最低的产量，即实现规模经济。其实我国汽车等行业的产品之所以价格高就在于企业规模小，没有实现平均成本最低的产量。世界汽车公司的最低规模在 400 万辆以上，说明在这个规模时，平均成本才能最低。

（资料来源：梁小民，2002. 西方经济学[M]. 北京：中央广播电视大学出版社.）

第四节　收益和利润最大化

引导案例

爱迪生的生意经

大家都知道美国的托马斯·爱迪生是一位电器发明家。事实上，根据1911年12月20日《华尔街日报》的报道，他也是一位懂得可变成本与固定成本、边际成本与边际收益的营销专家。下面引述他在该报上的一段谈话："我是美国第一位把卖不掉的存货向国外倾销的制造商。30年前，财务报表显示我并没有获得多少利润。因为产品在国内市场已经饱和，所以工厂的设备没有完全利用。我就想到让工厂设备完全利用，把生产出来的在国内卖不掉的产品以低于总成本（固定成本与可变成本之和）的价格向国外销售。虽然对于此项决策遭到了所有同事的反对，但我早就请有关专家做了成本的计算：如果我们增加产量25%，可变成本只增加2%，因此我就请人把国内卖不掉的产品以远低于欧洲产品的价格向欧洲倾销。"

（资料来源：罗余才，2002. 西方经济学原理[M]. 广州：华南理工大学出版社.）

一、收益与利润

企业为实现利润最大化，不仅取决于成本（使成本最小），还取决于收益（使收益最大）。只有这样，企业才能实现利润最大化，所以，企业在决策时往往需要在成本和收益之间进行比较。

（一）收益

收益是指企业卖出产品所得到的全部货币收入，即价格与销售量的乘积。收益中既包括成本，又包括利润，收益扣除成本费用后，才是利润。收益可以分为总收益、平均收益和边际收益。

总收益（total revenue，TR）是指企业出售一定数量产品所得到的全部收入，即出售产品的总金额。以TR代表总收益，Q代表销售量，P代表产品的价格，则总收益的公式为

$$\mathrm{TR} = PQ$$

平均收益（average revenue，AR）是指企业销售每一单位产品所获得的平均收入，它等于总收益除以总销售量，就是单位产品的市场价格。以AR代表平均收益，则其公式为

$$\mathrm{AR} = \frac{\mathrm{TR}}{Q} = \frac{PQ}{Q} = P$$

边际收益（marginal revenue，MR）是指企业每增加或减少一单位产品销售所引起总收入的变动量。以 MR 代表边际收益，ΔTR 代表总收益的增量，ΔQ 代表销售量的增量，则公式为

$$\text{MR} = \frac{\Delta \text{TR}}{\Delta Q}$$

收益是产量与价格的乘积。在考虑价格的条件下，总收益与总产量（TP）、平均收益与平均产量（AP）、边际收益与边际产量（MP）之间的关系是

$$\text{TP} \times P = \text{TR}$$

$$\text{AP} \times P = \text{AR}$$

$$\text{MP} \times P = \text{MR}$$

如果在不考虑价格的条件下，收益就是产量，则有

$$\text{TP} = \text{TR}$$

$$\text{AP} = \text{AR}$$

$$\text{MP} = \text{MR}$$

由此可得，总收益、平均收益和边际收益的变动规律与曲线形状和上面介绍的总产量、平均产量和边际产量的变动规律与曲线形状是相同的。

（二）利润

利润是企业经济活动的唯一出发点。经济学中的利润是指生产中获得的总收益与投入的总成本之间的差额。因为企业家才能的报酬是正常利润，包含在成本之中，所以，经济学中的利润是指超过正常利润后的超额利润。设 TR 代表总收益，TC 代表总成本，π 代表利润，则有

$$\pi = \text{TR} = \text{TC}$$

当总收益大于总成本时，其超过的余额为企业的利润；当总收益小于总成本时，其不足的余额为企业的亏损。

在经济学中，要厘清经济利润、正常利润和会计利润之间的关系。经济利润是指企业的总收益和总成本之间的差额。企业所追求的最大利润，指的就是最大的经济利润。经济利润也被称为超额利润，垄断、创新、冒风险等行为都会产生超额利润。正常利润是企业家才能的报酬，是厂商对自己所提供的企业家才能所创造报酬的支付。根据上面对隐性成本的分析可知，正常利润是隐性成本的一个组成部分，所以收支相抵就是获得了正常利润。会计利润是企业的总收益减去企业的会计成本后的余额。各种利润之间的关系如下。

经济利润包括：①总收益与经济成本之差；②总收益与显性成本和隐性成本之差；③会计利润与隐性成本之差；④会计利润与正常利润之差。

当会计利润等于正常利润时，经济利润等于零，企业不盈不亏；当会计利润大于正常利润时，经济利润为正，企业获得超额利润；当会计利润小于正常利润时，经济利润

为负，企业亏损。

二、利润最大化

利润最大化原则的实现条件是边际收益等于边际成本，即 MR=MC。

为什么企业只有将产量确定在 MR=MC 时才能获得最大的利润呢？

在某一产量条件下，企业的 MR>MC，表明这时企业每多生产一件产品所增加的收益（MR）大于为增加生产这件产品所增加的成本（MC），显然增加生产对企业是有利的，说明产品还有潜在的利润。随着产量的不断增加，边际收益不断递减，边际成本不断增加，直到 MR=MC 时，企业将全部可能的利润都得到了，实现了利润最大化。

在某一产量条件下，企业的 MR<MC，表明这时企业每多生产一件产品所增加的收益（MR）小于为增加生产这件产品所增加的成本（MC），显然增加生产对企业是不利的，会减少企业的利润。如果企业这时减少生产，那么因为减少一单位产品所减少的收益（MR）小于减少生产一单位产品所减少的成本（MC），所以减少生产是有利的，它能扩大利润或减少损失。随着产量的不断减少，边际收益不断增加，边际成本不断减少，直到 MR=MC 时，企业实现了利润最大化。

本 章 小 结

成本是企业对所购买的生产要素的货币支出。我们从会计成本和机会成本两个角度考察。

短期成本是指企业在短期中进行生产的支出。短期成本可分为总成本、固定成本、可变成本、平均固定成本、平均可变成本、平均成本和边际成本。

利润就是企业的总收益减去总成本。会计利润就是总收益减去会计成本，经济利润是总收益减去会计成本再减去机会成本。

利润最大化原则是指无论是边际收益大于边际成本还是小于边际成本，企业都要调整其产量，只有在边际收益等于边际成本时才会实现利润最大化。

案 例 分 析

生活中的“成本”

成本，就是最大的代价。更准确地说，为获得某件商品的成本，就是为了得到这件商品所必须放弃的最高价值。下面我们就从这个定义开始，介绍生活中“成本”的 3 个常见应用。

1. 分工和交易

假设社会上只有鲁班和比尔·盖茨两个人，他们需要两种商品：家具和软件。那么，他们各自生产这两种商品的成本是不一样的。鲁班写程序的成本，就是那些放弃了的家具；同样，比尔·盖茨做木工的成本，就是那些放弃了的软件。他们必须权衡两种选择的成本。如果他们从事成本最低的生产活动，然后与对方交换产品，就能节省成本，从而增加双方的收入，这就是“相对优势原理”。

让我们对这个原理做进一步的解释，即没有不变的、客观的、一般化的“成本”。生产成本总是相对每个人而言的，个人的绝对能力并不是关键。

2. 利润会迅速转化为成本

竞争会把利润转化为更高的成本。今天的利润在明天就会变为成本。

一个企业如果引进了新设备，使利润增长了一倍，那么这台设备就是利润的来源。但是，如果你下次打算在市场里继续按照原来的价格购买这种可以带来利润的设备，那么你会失望而归，因为竞争无所不在，别人为了仿效你，已经抬高了这种设备的价格，使昨日的利润，变成了今日的成本。

如果别人购买了那台机器，却无法实现你能实现的利润，那么应该提高价值的就不是那台机器。

3. 沉没成本不是成本

聪明的投资者在做决策时会分辨“初期成本”和“沉没成本”。花 10 元的“初期成本”购买了面值为 10 元的邮票，这一举动的成本是多少？是零。因为可以把邮票按照原来的价格卖出去，这一举动并没有令人失去什么。但是，花 10 元买了一个汉堡包并咬了一口，这一举动的成本是多少？是 10 元。因为吃过的汉堡无法转卖出去。

“沉没成本”是那些后来的举动所无法挽回的成本。无论是继续吃完这个汉堡，还是丢掉，那 10 元都是没有办法收回的。所以，用 10 元的“初期成本”购买这个汉堡包时，其“沉没成本”是 10 元。

电话公司铺设的电缆几乎不能用来做别的事情，所以它的沉没成本很大。在决策前，电话公司必须考虑铺设电缆的成本，预估未来的收入是否足够抵偿。但是，电缆一旦完成铺设，它就成为沉没成本——它不再是成本，不再影响以后的行动决策了。只要收入能够抵偿维持经营的成本，即使无法收回沉没成本，企业也应该继续运作下去。

对于一个已经存在的电话公司来说，它可以用非常低的价格阻碍新竞争者的进入，因为既有的电话公司已经完成了投资，所以无须考虑已经沉没的成本，只要收入足以抵偿运营成本即可；而新竞争者因为还没有动手投资，所以必定要求收回全部的成本，否则就不会投资。所以，如果政府为了刻意营造“竞争”的局面，便扶持新竞争者进入，那可能是一种浪费。

思考：本案例中所说观点你是否完全同意？为什么？

实训项目设计

实训基地企业采访——“价格低于工厂成本的订单该不该接？”

1）分小组带着问题到实训基地的企业采访，了解企业的价格构成及成本核算。

2）小组讨论价格低于工厂成本的订单什么情况下该接？什么情况下不该接？

3）小组给出分析的结果，并说明对“利润最大化”的理解。

4）教师对各小组讨论结果进行归纳和点评。

业务技能自测

第七章
市场结构理论

【知识目标】

1. 熟悉市场结构的分类及其特征
2. 掌握完全竞争市场的短期均衡和长期均衡的条件
3. 掌握垄断竞争市场和完全垄断市场条件下的短期均衡与长期均衡的条件
4. 掌握垄断市场厂商的差别定价

【能力目标】

1. 能够运用已学知识对厂商均衡问题进行分析
2. 能够对厂商均衡模型进行相关盈亏分析

第一节 完全竞争市场

引导案例

你赞同尚特列的主张吗

一个生产小麦的农场主向他的工人们发布了一则的消息：今年的小麦价格很低，我从今年的粮食中最多只能获得3.5万美元。如果我付给你们与去年相同的工资（3万美元），那么我就会亏本，这是因为我不得不考虑3个月之前已经为种子和化肥花了2万美元。如果为了那些仅值3.5万美元的粮食而让我付出5万美元，那我一定是疯了。如果你们愿意只拿去年一半的工资（1.5万美元），那么我的总成本将变为3.5万美元，至少可以收支相抵。如果你们不同意降低工资，那么我也就不打算收割这些麦子了。工人们围坐在一起以投票的方式来决定是否同意降低工资，这时，工人尚特列快速地进行了一番计算，然后说："农场主在吓唬我们。即使我们不同意降低工资，他也会收割小麦的，因为农场主今年的总收益为3.5万美元，大于他的可变成本（支付给工人的3万美元）。我反对降低工资。"

（资料来源：张晓华，王秀繁，2006. 经济学基础[M]. 北京：机械工业出版社.）

思考：尚特列说得对吗？农场主是在欺骗工人们吗？如果工人们反对降低工资，那么他们是否会失去他们的工作呢？

一个小农场和一个大汽车制造商所面临的市场是不同的。在农产品市场上，一个小农场面临着与无数小农场的激烈竞争的局面；而一个大汽车制造商面临着与其他相似的几个汽车制造商的竞争的局面。每一个企业都处于不同的市场，每一个企业也都面临着同样一个问题：在这个市场上，应该如何确定自己的产量和价格，以获得利润的最大化。而市场结构分析是企业成功制定和实施竞争策略不可缺少的一个环节。

一、市场结构

市场就是行业，一个行业就代表着一个市场。例如，房地产行业就是房地产市场，汽车行业就是汽车市场。市场结构主要是指市场的垄断与竞争程度。不同的企业处在不同的市场，企业的竞争目标和策略也会不同，正确地对市场结构进行分析，是企业竞争成败的关键。因此，要掌握市场结构，首先要了解市场结构划分的要素。经济学中划分市场结构一般要考虑以下4个要素：①厂商的数目；②产品的差别程度；③单个厂商对价格的控制程度；④厂商进入行业的难易程度。

根据以上4个因素，西方经济学家把市场分成4种类型，即完全竞争市场、垄断竞争市场、寡头垄断市场和完全垄断市场。市场结构的划分和特征如表7-1所示。

表 7-1　市场结构的划分和特征

类型	厂商数目	产品差别程度	对价格的控制程度	厂商进入难易程度	举例
完全竞争市场	很多	完全无差别	没有	很容易	一些农产品市场
垄断竞争市场	较多	有差别	有一些	比较容易	零售市场
寡头垄断市场	几个	有差别或无差别	相当程度	比较困难	钢铁、石油市场
完全垄断市场	唯一	唯一产品，且无相近的替代品	很大程度，但经常受到政府管制	很困难，几乎不可能	水、电市场

二、完全竞争市场的条件

完全竞争市场，又称纯粹竞争市场，是一种竞争不受任何阻碍和干扰的市场结构，既不存在垄断现象，又不受政府影响。完全竞争市场必须具备以下 4 个条件。

1）市场上有大量买者和卖者，且每个买者和卖者在市场上的规模都很小，即任何一个市场主体所占有的市场份额都很小，每一个买者的需求量和每一个卖者的供给量相对于整个市场的总需求量和总供给量而言都是微不足道的，每一个市场主体买与不买，或买多与买少，卖与不卖，或卖多与卖少，都不会对市场的价格水平产生任何影响。因此，每一个买者或每一个卖者对市场价格没有任何控制力量，买者和卖者只能接受由市场决定的价格，因而也被称为价格接受者。

2）每一个厂商提供的商品不存在差别，是同质的。各个厂商生产的商品在质量、规格、商标及销售条件等方面完全相同，产品具有完全可替代的性质。消费者购买任何一家厂商的商品都是一样的。因此，厂商不能利用其商品影响价格，如果某厂商提价，其商品就会卖不出去；消费者也不会对某一厂商的产品产生特殊的偏爱，消费者购买哪个厂商的产品完全是随机的。

3）厂商可以自由进入或退出市场，不存在任何的限制。完全竞争市场意味着不存在任何法律的、社会的、资金和技术的障碍以阻止新的厂商进入该行业。任何一个生产要素的所有者都不能垄断要素的投入，各种生产要素可以在不同行业、不同地区之间自由流动，新企业进入这个行业没有任何障碍，厂商总能够及时地向获利的行业运动，及时退出亏损的行业。在这个过程中，缺乏效率的企业会被淘汰。

4）市场主体拥有的市场信息是完全的和对称的。买者和卖者都可以获得完备的、准确的市场信息，对市场状况和可能的变化都有完全的知识，双方不存在相互欺骗。这样，市场上每一个消费者或生产者都可以据此确定自己的最优决策、最佳的购买量或最佳的生产量，从而获得最大的经济利益。而且，每个买者和卖者都知道既定的市场价格，都会按照既定的市场价格进行交易，完全排除了由于信息不畅而可能导致的在同一个市场按照不同价格进行交易的情况。

符合上述 4 个条件的市场，即为完全竞争市场。然而，在现实生活中，完全竞争市场是罕见的，通常人们只是将某些农产品市场（如大米市场、小麦市场等）看成比较接近完全竞争市场的市场。但是，完全竞争市场作为一种抽象的形态，通过建立并分析完

全竞争市场模型，可以帮助我们揭示出市场运行的规律，分析市场机制在资源配置中的基本原理，帮助政府制定恰当的市场政策来调控市场。

三、完全竞争市场的需求与收益

（一）完全竞争市场的需求

完全竞争市场上的价格不是由某个市场主体决定的，因此，在完全竞争市场中，整个行业的需求曲线与单个厂商的需求曲线是不同的。图 7-1（a）和图 7-1（b）分别表示完全竞争市场上整个行业的商品供求状况及该行业的单个厂商的需求曲线的形态。

对于一个行业而言，其产品的价格是由整个行业的市场需求和供给决定的。整个市场对这个行业的产品需求曲线，则是由所有对该产品的个人需求曲线按水平方向叠加形成的，它是一条向右下方倾斜的曲线，如图 7-1（a）中的曲线 D；行业中的所有厂商的供给曲线按水平方向叠加，就会形成该行业的供给曲线，它是一条向右上方倾斜的曲线，如图 7-1（a）中的曲线 S。完全竞争市场商品的价格是由供给曲线 D 和需求曲线 S 来决定的，两条曲线的交点（E 点）决定了均衡价格 P_e。

在完全竞争市场上，单个厂商只能接受行业的均衡价格水平，即单个厂商按照既定的市场价格出售自己生产的一定数量的产品。消费者对单个厂商所生产的商品的需求量，称为厂商所面临的需求量，相应的需求曲线称为厂商所面临的需求曲线。在完全竞争市场上，厂商所面临的需求曲线为一条由既定的市场均衡价格 P_e 发出的水平线，如图 7-1（b）中的曲线 D，是一条平行于横轴的水平线。

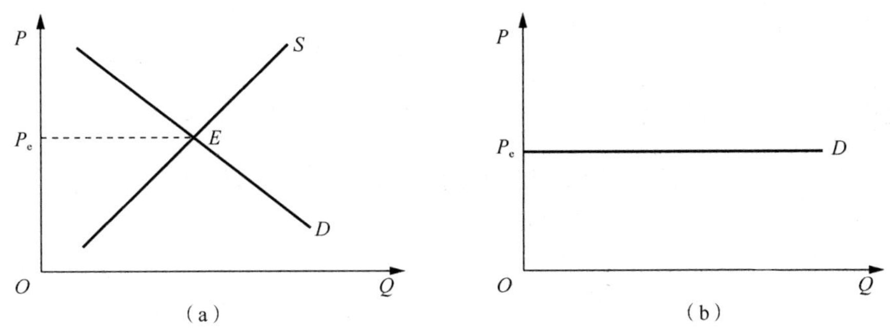

图 7-1 完全竞争市场和完全竞争厂商的需求曲线

（二）完全竞争市场的收益

厂商总收益即厂商售出一定数量的商品所得到的全部销售价款，它等于单位商品的售价与销售量的乘积，即总收益 $TR=PQ$。在完全竞争条件下，厂商每增加一个单位的销售量引起的总收益（TR）的增加量（ΔTR）总是等于固定不变的单位商品的销售价格 P，即 $\Delta TR=P$，所以总收益曲线是从原点出发的一条直线，其斜率为固定不变的销售价格，如图 7-2（a）所示。

平均收益（AR）是指总收益除以商品销售数量所得的收益，即销售一定量产品时平均每一单位产品所得到的收益，它实际上也就是销售任意数量产品时每一单位产品的销售价格，即

$$\mathrm{AR}=\frac{\mathrm{TR}}{Q}=\frac{PQ}{Q}=P$$

因此，厂商的平均收益曲线也是一条水平线，且与厂商面临的需求曲线重合。

边际收益（MR）是指增加一个单位的销售量所引起的总收益的增加量，边际收益 MR=ΔTR/ΔQ。在完全竞争条件下，不管销售量怎样增加，单位产品的销售价格都始终不变，因此每一单位产品的边际收益始终等于固定不变的销售价格，并等于平均收益，即 MR=P=AR。所以，需求曲线既代表平均收益曲线也代表边际收益曲线，如图 7-2（b）所示。

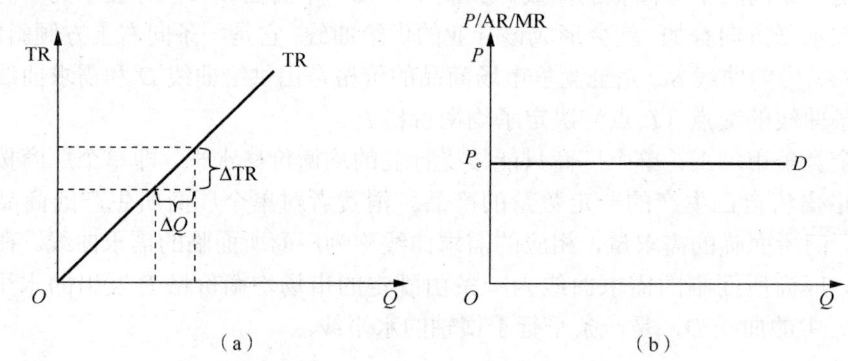

图 7-2　完全竞争市场和完全竞争厂商的收益曲线

四、完全竞争市场的短期均衡

当厂商的生产水平保持不变时，厂商达到并处于均衡状态。在短期内，厂商没有足够的时间调整不变要素的投入，只能通过调整可变要素的使用量来调整其产量，从而通过对产量的调整来实现利润最大化的均衡条件（MR=MC）。在完全竞争的市场中，市场供给和市场需求相互作用形成的产品价格，可能出现 3 种情况，即高于厂商的平均成本、等于厂商的平均成本、低于厂商的平均成本，因此在短期内，厂商出售产品就有可能处于盈利、盈亏平衡或亏损等不同状态。

1）在盈利状态下，产品价格或平均收益大于短期平均成本，即 P=AR>SAC。

图 7-3 中，当产品市场价格为 P_1 时，厂商面临的需求曲线为 D_1，此时，产品价格较高，厂商为获得最大的利润，按照利润最大化原则（MR=SMC），把产品产量定在 Q_1 上，曲线 SMC 与曲线 MR_1 的交点 E_1 即为厂商的短期均衡点。此时，厂商的平均收益为 OP_1，平均总成本为 Q_1F，单位产品获得的利润为 E_1F，总收益为 $OQ_1\times OP_1$，总成本为 $OQ_1\times Q_1F$，利润总额为 $OQ_1\times E_1F$，即为图 7-3 中长方形 P_1E_1FH 的面积。如果产量增

加，超过了Q_1点，则SMC > P_1，总利润就会降低。只有产量在Q_1点时，总利润才达到最大。

2）在盈亏平衡状态下，产品价格或平均收益等于短期平均成本，即P=AR=SMC，这时候厂商的经济利润正好为零。

图 7-4 中，当市场价格为P_2时，厂商面临的需求曲线为D_2，需求曲线刚好切于短期平均总成本曲线SAC的最低点，同时短期边际成本曲线SMC也通过此点，曲线SMC与曲线MR_2交于E_2点，该点即为此时的均衡点，对应均衡产量为Q_2。在Q_2处，平均收益AR等于平均成本AC，总收益也等于总成本，数额为图7-4中长方形$OP_2E_2Q_2$的面积，此时厂商的经济利润为零，但实现了全部的正常利润。在Q_2点上，厂商既无经济利润，又无亏损，所以也把SMC与SAC的交点称为“盈亏平衡点”或“收支相抵点”。

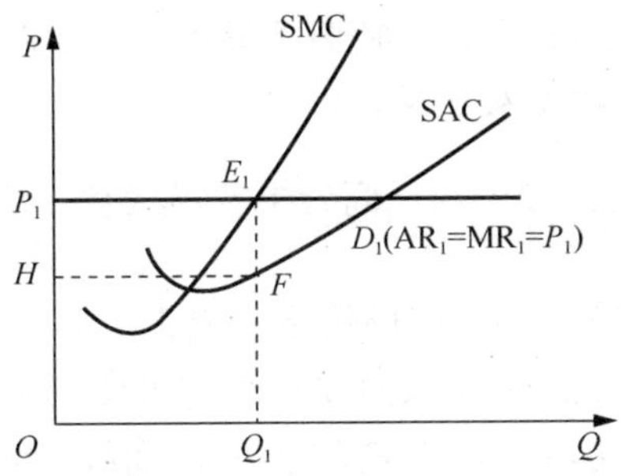

图 7-3　P=AR>SAC时，完全竞争厂商的短期均衡

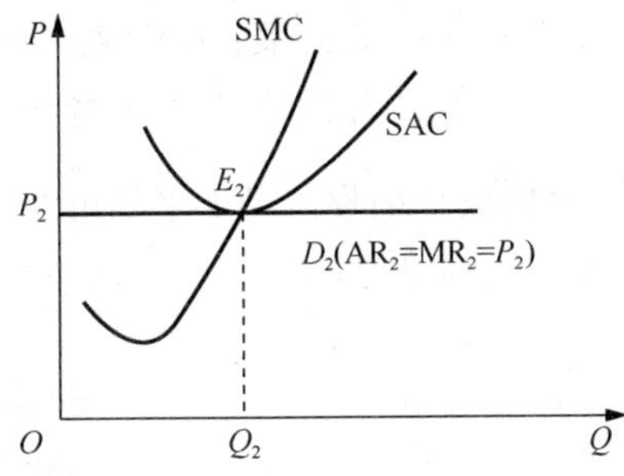

图 7-4　P=AR=SMC时，完全竞争厂商的短期均衡

3）产品价格或平均收益小于短期平均成本，但仍大于平均可变成本，即AVC<AR<SAC，厂商出现亏损，如果存在沉没成本，厂商还会继续生产。

图 7-5 中，当产品的市场价格为P_3时，厂商的平均总成本已经高于产品的市场价格，整个平均总成本曲线SAC处于价格P_3线之上，出现了亏损。为使亏损达到最小，产量由曲线SMC和曲线MR_3的相交的均衡点E_3决定，在均衡产量Q_3处，平均收益为OP_3，短期平均成本为OG，总成本与总收益的差额构成厂商的总亏损量，即为图7-5中长方形P_3GIE_3的面积。此时，厂商的平均可变成本小于平均收益，在这种情况下，如果存在沉没成本，厂商会维持生产。此时厂商获得的全部收益（长方形$OGIQ_3$的面积），能够弥补全部的可变成本（长方形$OMNQ_3$的面积），还能够收回一部分固定成本（长方形P_3E_3NM的面积），即厂商继续生产所获得的收益超过继续生产所增加的成本。

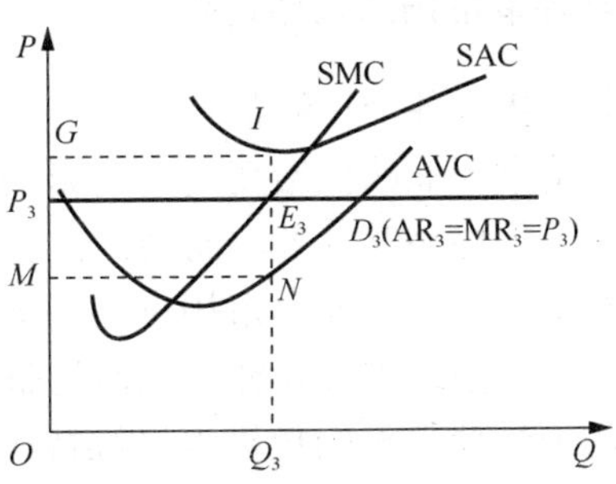

图 7-5　AVC<AR<SAC时，完全竞争厂商的短期均衡

知识链接

沉没成本的产生

沉没成本是指由于过去的决策已经发生了的，而且不能由现在或将来的任何决策改变的成本，如时间、金钱、精力等。

对企业来说，沉没成本是企业在以前经营活动中已经支付现金，而经营期间摊入成本费用的支出。因此，固定资产、无形资产、递延资产等均属于企业的沉淀成本。

沉没成本是一种历史成本，对现有决策而言是不可控成本，不会影响当前行为或未来决策。其产生的原因主要有以下几个：①策划或决策失误；②前期调研、评估、论证工作准备不足，造成中途出问题而无法进行；③有良好的策划、计划，但执行中偏离轨道，造成事与愿违的结果；④执行中发现存在问题，但没有及时调整策略、方案而是一意孤行；⑤危机处理能力不足或措施不当，使事态扩大及蔓延。

4）价格或平均收益等于平均可变成本，即 P=AR= AVC，厂商处于亏损状态，且处于生产与停产的临界点。

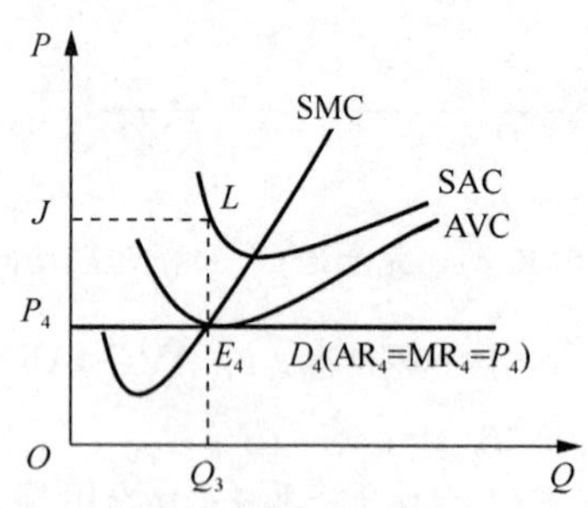

图 7-6　P=AR=AVC 时，完全竞争厂商的短期均衡

图 7-6 中，当产品的市场价格为 P_4 时，厂商面临的需求曲线为 D_4。此时需求曲线与平均可变成本曲线 AVC 的最低点相切，切点为 E_4。同时，曲线 SMC 也通过 E_4。按照利润最大化原则，E_4 为厂商短期均衡点，此时的均衡产量为 Q_4，平均收益小于平均总成本，企业亏损。同时，平均收益等于平均可变成本，厂商获得的收益仅能弥补可变成本，而不能收回任何不变成本，生产与不生产是一样的，曲线 SMC 与曲线 SAC 的交点 L 为厂商生产与不生产的临界点，此点也称为“停止营业点”。

五、完全竞争市场的长期均衡

在长期内，各个厂商都有足够的时间来调整全部生产要素，可以自由进入或退出某一行业。整个行业的供给变动就会影响产品的市场价格，从而影响厂商的均衡。当供给小于需求，价格高时，各厂商会扩大生产，也会吸引其他厂商进入该行业，从而使整个行业供给增加，导致产品市场价格下降；当供给大于需求，价格低时，各厂商会缩小生产，有些厂商会退出该行业，从而使整个行业供给减少，引起产品市场价格上升。这两种相反的力量使最终的价格水平维持在各个厂商既无超额利润又无亏损时（即在整个行业的供求均衡时）。此时各个厂商的产量不再调整，于是就实现了长期均衡。

如图 7-7 所示，曲线 LMC 是长期边际成本曲线，曲线 LAC 是长期平均成本曲线。在市场价格为 P_1 时，虚线 D_1 表示整个行业供给小于需求时个别厂商的需求曲线；在市场价格为P_2时，虚线D_2表示整个行业供给大于需求时个别厂商的需求曲线。当全行业供给小于需求时，价格水平较高会引起整个行业供给增加，从而引起价格下降，个别厂商的需求曲线D_1向下移动。当整个行业供给大于需求时，价格水平较低会引起全行业供给减少，从而引起价格上升，个别厂商的需求曲线D_2向上移动。这样的过程最终使需求曲线移动到D。这时，边际成本曲线LMC与边际收益曲线MR（即D）相交于E_e点，决定了产量为Q_e。此时总收益为长方形$OQ_eE_eP_e$（即TR=ARQ），总成本也是长方形$OQ_eE_eP_e$（即TC=ACQ），总收益等于总成本，此时厂商既无超额利润又无亏损，所以厂商也就不再调整，即实现了长期均衡。实现长期均衡的条件是LAC=LMC=MR=AR。

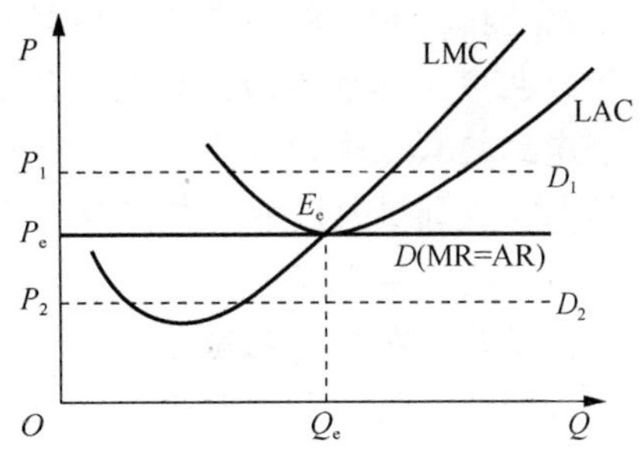

图7-7　完全竞争条件下的长期均衡

【例7-1】　假设完全竞争市场的需求函数为$Q_d = 50\,000 - 2\,000P$，供给函数为$Q_s = 40\,000 + 3\,000P$。

计算：

1）均衡价格和均衡产量。

2）厂商的需求函数。

解：

1）$Q_d = Q_s$，即50 000−2 000P=40 000+3 000P，则均衡价格$P = 2$，均衡产量$Q = Q_d = Q_s = 40\,000 + 3\,000 \times 2 = 46\,000$。

2）需求函数$P = 2$。

第二节　不完全竞争市场

引导案例

镀金时代的垄断者

约翰·洛克菲勒的故事可以说是19世纪垄断者的一个范例。约翰·洛克菲勒看到石油产业的价值，就着手组建石油提炼公司。他是一位谨慎的经营者，并总是试图从那些容易争吵又极不可靠的企业家那里获得“订单”。他培养了自己的竞争者，又通过向铁路部门收取回扣，并为他提供有关竞争者的供给信息，获得对该行业的控制权。到1878年，约翰·洛克菲勒已经控制了美国95%的石油供给与提炼市场，使价格从上升变为稳定，相互残杀的竞争终于为垄断所替代。

约翰·洛克菲勒还设计了一个新的相对精明的方案，来保证自己在联盟中的控制权。

这就是托拉斯，即股东将股份转交给托管人，由他们负责经营，实现利润最大化。其他行业也仿效标准石油托拉斯，很快，托拉斯就在石油、糖、威士忌、铅、盐及钢铁行业中建立起来。这种行为引起了普通民众的极大愤怒，不久后国家通过了反托拉斯法。实际上，直到 1911 年，在进步人士的反“大财团”运动取得了第一次伟大胜利后，标准石油集团才解散了。

但是，垄断也创造了极大的财富。1861 年，美国只有 3 个百万富翁，而到 1900 年就增加到 4 000 名（19 世纪初的 100 万美元相当于今天的 1 亿美元）。

（资料来源：保罗・萨缪尔森，威廉・诺德豪斯，2000. 经济学[M]. 肖琛，等译. 北京：华夏出版社.）

一、不完全竞争市场

不完全竞争市场是一种既有竞争又有垄断的市场。而垄断形成的原因很多，根本原因就是为了建立和维护一个合法的或经济的壁垒，从而阻止其他企业进入该市场，以便巩固垄断企业的垄断地位。垄断企业作为市场唯一的供给者，很容易控制某一种产品的数量及其市场价格，从而连续获得垄断利润。按垄断程度分为 3 种类型，即完全垄断市场、寡头垄断市场和垄断竞争市场。

（一）完全垄断市场

1. 完全垄断市场的含义及特点

完全垄断市场又称独占、纯粹垄断或卖方垄断，是指一家生产厂商控制了某种产品全部供给的市场。完全垄断市场是一种不存在丝毫竞争因素的市场结构，具有下述特点。

1）厂商只有一个。换句话说，一个厂商就代表一个行业。厂商的供给就是行业的供给。

2）其产品或劳务不存在任何相近的替代品，因此它不必担心来自其他行业或厂商的竞争，垄断市场上没有任何竞争威胁。

3）垄断厂商是产品价格的制定者。垄断企业控制了整个行业的供给，也就控制了整个行业的价格，不是价格的接受者。厂商可以采取两种经营策略：以较高的价格出售较少的产品，或者以较低价格出售较多的产品，以确保垄断利润。

4）存在进入壁垒，其他厂商进入这个行业是极为困难或不可能，要素资源难以流动。

案例阅读

人类基因两成被专利垄断

据伦敦《卫报》报道，最新调查结果表明，近 20%的人类基因已经获得美国专利授权。这意味着今后基因技术的科研和应用将面临专利壁垒。

基因工程和太空探索是 20 世纪人类两大重要科技进步，20 世纪八九十年代随着人类基因工程研究的发展，出现了基因专利。1978 年，涉及生长激素基因的第一件基因专利获得授权。随后，基因专利的争夺达到了白热化程度。

据介绍，基因专利的持有人多为私营公司，占有率达63%，另有28%属于高等院校。不少人认为，基因专利将成为推动医药创新进程的动力，并促使那些本无意在医药领域大量投资的企业积极参与同行业竞争。但是也有人认为，这种基因专利垄断可能导致个别公司向研究之外的方向畸形发展，牟取商业利益。而且不少反对者认为，基因专利会导致很多有能力研究相关技术的公司或个人被挡在基因专利的大门之外，非但不能促进医药创新，反而会起到阻碍作用。

（资料来源：佚名，2005. 专利垄断的人类基因已近二成[EB/OL].(2015-10-17)[2018-03-15]. http://www.acpaa.cn/article/content/200510/664/1.html.）

2. 完全垄断市场的成因

完全垄断与完全竞争一样，在现实生活中不常见，它是市场组织的另一种极端形式。比较接近于完全垄断的是公用事业部门，如铁路部门、电力部门、煤气部门、自来水部门等。产生完全垄断的原因主要有以下几种。

1）自然垄断。经济生活中存在着这样的一些行业，由于自然原因，它们不适宜小规模分散经营，必须使用大量投资，或使用规模很大的设备，因此一家厂商就足以满足整个市场的需求。并且在一个很大的范围内，这种厂商的产品成本随着产量的增加而递减，其他厂商难以再进入这个行业，这种行业我们就称为自然垄断，如铁路业等。如果在同一地方让两家或两家以上的厂商来经营这些行业，必然会造成很大的资源浪费。

2）生产者对原料或生产要素的控制。如果某个厂商控制了某一行业生产所必需的某种原料或生产要素，它就可以独家运用这种原料或生产要素进行生产，排除其他厂商进入这一行业的可能性。

3）技术专利。政府用法律保护专利所有者的独家占有权，如果专利所有者决定自己独家使用该专利，或决定把该专利使用权转让给某一家厂商，就会形成垄断局面。

4）市场特许权。政府通过授权方式，准许某个厂商在政府管制下独家生产某种产品或提供某种服务，如食盐、烟草、军用品、某些药品等，这也会形成垄断。

3. 完全垄断市场的需求与收益

（1）完全垄断市场的需求

完全垄断条件下，市场上只有一家企业。因此垄断厂商所面临的需求曲线就是整个市场的需求曲线，这是垄断厂商的重要特征。垄断厂商的需求曲线（D）向右下方倾斜，斜率为负，销售量（Q）与价格（P）成反比。因此，完全垄断厂商是价格的制定者，可以通过减少销售量来提高市场价格，在其产量水平较高时，市场价格也随之下降。

（2）完全垄断市场的收益

垄断厂商的收益情况和完全竞争厂商不同。

首先，垄断厂商的平均收益。完全垄断厂商的 P 与 Q 成反比，因此，完全垄断厂

商的总收益为

$$\mathrm{TR}=P(Q)\times Q$$

由平均收益的定义可知，此时：

$$\mathrm{AR}=\frac{\mathrm{TR}}{Q}=P(Q)$$

即厂商的平均收益曲线与需求曲线重合，如图 7-8（a）中所示。

其次，厂商的边际收益。曲线 AR 向右下方倾斜，呈递减趋势，根据边际量和平均量的关系，可知曲线 MR 在曲线 AR 的下方。假设垄断厂商的需求曲线是线性的，则可确定曲线 MR 的函数形式，进而确定曲线 MR 的位置。具体分析如下：

假设完全垄断厂商的总需求函数形式为

$$P=a-bQ$$

式中，a、b 均为常数，且均大于 0，则完全垄断厂商的总收益和边际收益函数分别为

$$\mathrm{TR}(Q)=PQ=(a-bQ)Q=aQ-bQ^2$$

$$\mathrm{MR}(Q)=\frac{\mathrm{dTR}(Q)}{\mathrm{d}Q}=a-2bQ$$

总收益曲线如图 7-8（b），根据 MR 的函数形式即可得图 7-8（a）中所示的曲线 MR，曲线的斜率为 $-2b$，在纵坐标轴上的截距与需求曲线相同，在横轴上的截距是需求曲线在横轴上的截距的一半。

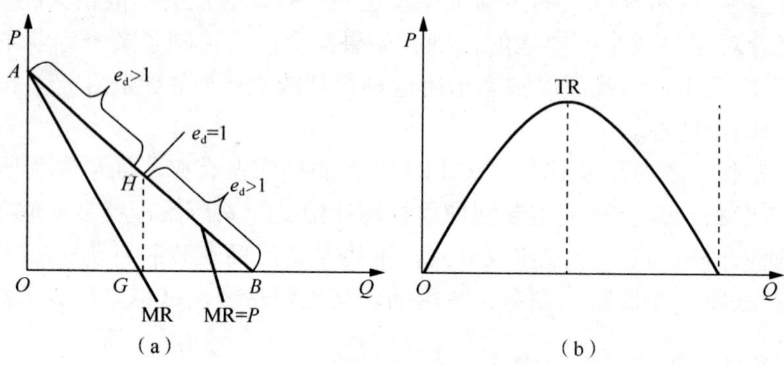

图 7-8　完全垄断厂商的收益曲线

完全垄断厂商的边际收益还与需求弹性相关。设需求函数为

$$P=P(Q)$$

则

$$\mathrm{TR}(Q)=P(Q)Q$$

$$\mathrm{MR}(Q)=\frac{\mathrm{dTR}(Q)}{\mathrm{d}Q}=P+Q\cdot\frac{\mathrm{d}P}{\mathrm{d}Q}=P\left(1+\frac{Q\mathrm{d}P}{\mathrm{d}Q}\right)$$

即

$$MR = P\left(1 - \frac{1}{e_d}\right)$$

式中，e_d为需求价格弹性系数。

当需求富有弹性时，即$e_d > 1$时，$MR > 1$，富有弹性的需求曲线意味着产量的增加将使总收益增加。

当需求缺乏弹性时，即$e_d < 1$时，$MR < 1$，缺乏弹性的需求曲线意味着产量的增加将使总收益减少。

当需求具有单位弹性时，即$e_d = 1$时，$MR = 1$，此时完全垄断厂商的总收益达到最大。

4. 完全垄断厂商的短期均衡

在完全垄断的条件下，厂商的产量变化会影响价格，价格变化又会影响利润。因此，厂商决策的变量有两个：产量和价格。它们将在高价少销、低价多销之间进行权衡，并通过调整产量和价格来达到利润最大化。

完全垄断厂商虽然可以通过调整产量来控制价格，但并不一定总能获得经济利润。尤其在短期内，获得经济利润、收支相抵和亏损都有可能发生。完全垄断厂商短期均衡的条件仍为MR=MC。

5. 完全垄断厂商的长期均衡

完全垄断厂商在长期内可以调整全部生产要素的投入量，即生产规模，实现最大的利润。因为完全垄断行业排除了新厂商加入的可能性，所以与完全竞争厂商不同，如果完全垄断厂商在短期内获得利润，那么，它的利润在长期内不会因有新厂商的加入而消失，完全垄断厂商在长期内可以保持利润。

完全垄断厂商在长期内对生产的调整一般有3种可能的结果。

第一，完全垄断厂商在短期内是亏损的，而在长期内，又不存在一个可以使它获得利润（至少亏损为零）的生产规模，于是，该厂商退出生产。

第二，完全垄断厂商在短期内是亏损的，但在长期内，它通过对最优生产规模的选择，摆脱了亏损的状况，甚至获得了利润。

第三，完全垄断厂商在短期内利用既定的生产规模获得了经济利润，在长期内，它通过对生产规模的调整，使自己获得了更大的利润。

案例阅读

钻石恒久远，一颗永流传

南非的钻石闻名遐迩，如英国女王皇冠上的“南非之星”就出自南非约翰内斯堡。在人们的想象中，南非既然是世界钻石的主要产出地，那么它的钻石生意应该充满大街小巷，钻石的价格也应该比其他地方便宜。

然而实际情况恰恰相反，南非的珠宝商店所出售的各款钻石饰品比其他地方要贵许多。这是因为钻石业在南非是高度垄断行业，钻石从珠宝商手中分销至世界各地时的价格高度统一。南非最大的珠宝商是赫赫有名的德比尔（Der Beer）公司，几乎垄断了南非的钻石业，该公司在中国的广告词是“钻石恒久远，一颗永留传”。

（资料来源：王静，2009. 经济学基础[M]. 北京：科学出版社.）

（二）垄断竞争市场

1. 垄断竞争市场的含义及特点

垄断竞争市场是指既存在竞争因素，又存在垄断因素的市场。在垄断竞争市场上，有许多厂商生产和销售有差别的同类产品。

垄断竞争市场具备以下特点。

1）大量的小规模厂商。垄断竞争市场拥有数量众多的生产厂商，每一个厂商占有的市场份额都很小。因为垄断竞争市场上厂商的数目众多，但规模都不大，以至于任何一家厂商都认为他们的行动不会被竞争对手关注，从而在制定价格和产量决策时，不会考虑竞争对手的反应。

2）产品差异。数量众多的垄断竞争厂商生产着相似但有差异的产品，这是垄断竞争市场的核心特征。这种产品的差异性主要是从消费者角度考虑的，可能是有形的差异，如技术或材质的不同而导致的质量差异，或是外形、包装设计而导致的外观差异等；可能是无形的差异，如品牌、售货员的服务态度、售后服务方式等的不同而导致的差异。差异程度影响着厂商价格的决定能力。因此，垄断竞争厂商因为产品差异对价格有一定的控制权，但这种控制能力并不强。

知识链接

产品差异化策略

产品颜色的差异化策略。普通牙膏的颜色一般是白色，然而，当市场上出现一种透明的或绿色的牙膏时，大家觉得这牙膏肯定更好用。高露洁公司生产一种三重功效的牙膏，其膏体由三种颜色构成，给消费者以直观的感受：白色的在洁白牙齿，绿色的在清新口气，蓝色的在清除口腔细菌。

产品功能组合的差异化策略。产品功能组合法是常用的创意方法。海尔品牌的氧吧空调在创意上就是普通空调与氧吧的组合。白加黑感冒药也是一种功能的分离组合，简单的功能概念造就了市场的奇迹。

产品构造的差异化策略。“好电池底部有个环。”南孚电池通过“底部有个环”给消费者一个简单的辨别方法，让消费者看到电池底部的环就联想到了高性能的电池。

隐喻概念的差异化策略。瑞星杀毒软件用狮子来代表品牌，以显示其强大的“杀伤力”。

专业概念的差异化策略。专业感是消费者信任的主要来源之一，也是企业建立“定位第一”优势的主要方法。很多品牌在塑造专业感时经常称专家，如“方太——厨房专家”。

（资料来源：佚名，2015. 提炼差异化创意概念的 29 种途径[EB/OL].(2015-01-25)[2018-08-25]. http://bbs.paidai.com/topic/343423.）

3）厂商进出市场相对容易。因为垄断竞争厂商一般规模不大，规模经济不是很明显，也没有法律上的限制，所以厂商进出此行业比较容易。足够多的厂商数目和相对自由的资源流动，使厂商之间难以出现诸如瓜分市场之类的共谋。

2. 垄断竞争厂商的需求

在垄断竞争市场中，因为各个厂商的产品相似，而且可以相互替代，所以这种有差别产品的可替代性引起了产品之间的竞争。因为在垄断竞争市场中有许多厂商，而且每个厂商对自身的产品都有一定程度的价格控制能力，所以每个厂商都有其独自的需求曲线。垄断竞争厂商的需求曲线向右下方倾斜，与垄断竞争厂商相似，但由于竞争因素的存在，垄断竞争厂商的需求曲线比较平坦，近似于一条水平线，所以它又接近于完全竞争厂商的需求曲线。

在垄断竞争行业中，厂商生产的产品都是有差别的替代品，因而市场对某一厂商产品的需求不仅取决于该厂商的价格产量决策，而且取决于其他厂商对该厂商的价格产量决策是否采取应对措施。例如，一个厂商采取降价行动，如果其他厂商没有行动，那么该厂商的需求量可能上升很多，但如其他厂商也采取降价行为，那么该厂商的需求量不会增加很多。

现在我们做两个假设：第一，垄断竞争市场中某个厂商改变了其产品的价格，而其他厂商的产品价格不变，则该厂商的产品价格与销售量之间的对应关系用 d 表示，其代表了该单个厂商的主观需求曲线；第二，垄断竞争市场中某个厂商改变了其产品的价格，而其他厂商的产品价格也随之调整，从而形成的该厂商的产品价格和销售量之间的关系用 D 来表示，其代表了该单个厂商的客观需求曲线。

如图 7-9 所示，假设某个垄断竞争厂商的主观需求曲线为 d_0，厂商最初的产量为 Q_0，最初的价格为 P_0，位于主观需求曲线上的 A 点。如果该厂商将产品的价格由 P_0 下调至 P_1，其他厂商的价格不变，那么该厂商按照其主观需求曲线 d_0 预期其销售量将提高至 Q_1。但是，因为该厂商降价时，其他厂商也将采取同样的措施来维护自己的市场占有率，所以该厂商的销售量实际只有 Q_2，厂商实际只能移动到 B 点。当厂商意识到这点之后，厂商的主观需求曲线就会做出相应的调整，改为通过 B 点的曲线 d_1。相反，如果

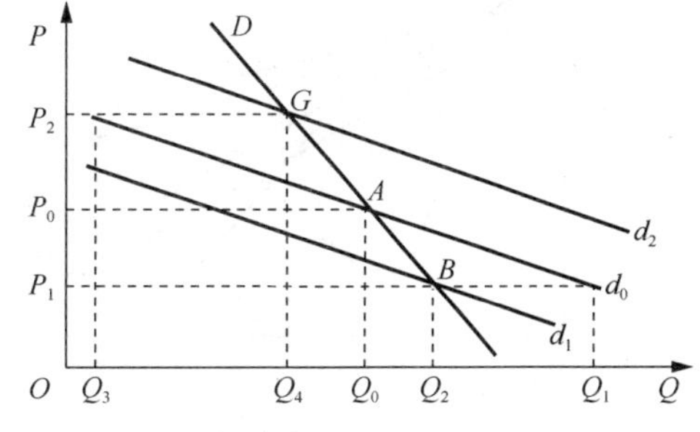

图 7-9 垄断竞争厂商的需求曲线

厂商将它的价格由 P_0 提高至 P_2，厂商按照主观需求曲线 d_0 预期自己的需求量将降低至 Q_3，但由于其他厂商也同样采取提价措施，该厂商需求量的下降并不像预期的那么多，实际的需求量为 Q_4，即厂商的主观需求曲线调整为通过 G 点的曲线 d_2。根据客观需求曲线的定义，连接 A 点、B 点、G 点的曲线 D 即是客观需求曲线。

3. 垄断竞争厂商的短期均衡

垄断竞争厂商在短期内会通过调整它的产量和价格来实现它的利润最大化目标。如图 7-10 所示，曲线 SMC 是厂商的短期边际成本曲线，d_1 是厂商的主观需求曲线，假定厂商一开始处于 A 点，此时产量是 Q_0，价格为 P_0。厂商为了实现利润最大化，会按照利润最大化原则 $\mathrm{MR}_1 = \mathrm{MC}$ 来调整其价格和产量，即沿着主观需求曲线调整至 B 点，此时价格是 P_1，产量为 Q_1，行业中的其他厂商也根据自己的利润最大化原则降低了价格。于是，当其他厂商都降低了产品的价格时，该厂商实际的需求量不能增加到 Q_1，而只能是增加到 C 点对应的需求量 Q_2。该厂商的主观需求曲线也要调整到通过 C 点的 d_2，边际收益曲线也相应调整至 MR_2。此时，该厂商在 P_1 的价格下无法实现最大利润，必须进一步做出调整。按照厂商利润最大化的原则 $\mathrm{MR}_2 = \mathrm{MC}$，厂商将会把价格进一步降低至 P_2，厂商预期自己的需求量将会增加至 Q_3。但是由于其他厂商采取同样的行动，该厂商的需求量实际只能沿着客观需求曲线增加到 Q_4，厂商在 P_2 价格下仍无法实现最大利润。依次类推，厂商的价格还需做出进一步的调整，其主观需求曲线也将沿着客观需求曲线不断移动。

厂商的调整一直持续到实现短期均衡状态为止。厂商实现均衡时，满足的条件主要有两个：一是符合 MR=MC 的原则；二是厂商做出的价格产量决策同其他厂商做出的价格产量决策一致。垄断竞争厂商实现短期均衡时的利润如图 7-11 所示的长方形 $GNHP_e$ 面积。垄断竞争厂商取得了短期均衡，并不意味着一定能获得经济利润。如果需求曲线与曲线 SAC 相切，或需求曲线完全低于曲线 SAC，这时，垄断竞争厂商收支相抵（即只获正常利润），或只能蒙受亏损。

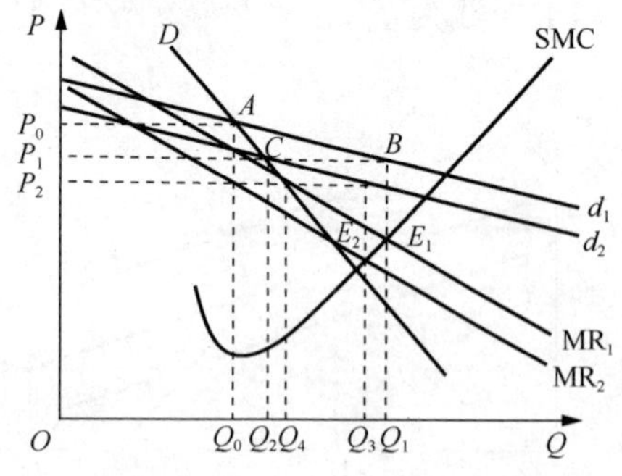

图 7-10　垄断竞争厂商短期生产调整过程

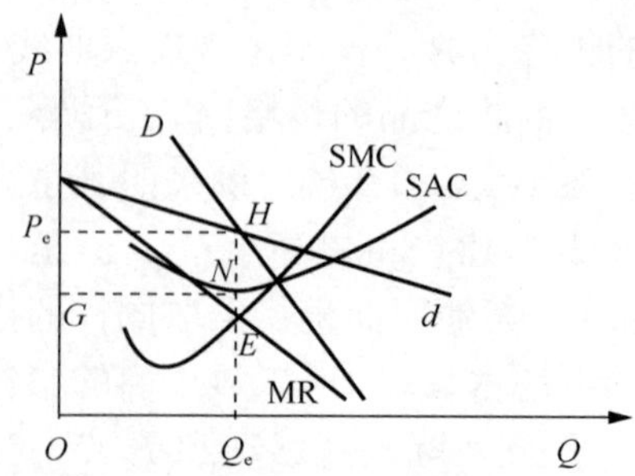

图 7-11　垄断竞争厂商短期均衡

4. 垄断竞争厂商的长期均衡

当垄断竞争厂商在短期均衡存在超额利润时，会吸引新厂商进入。每个厂商所面对的需求曲线会向左移动，直到与平均成本曲线相切，切点所对应的价格和数量为均衡价格和均衡数量。此时垄断竞争厂商的长期超额利润为零，只能获得正常利润，如图 7-12 所示，E 点为平均成本曲线与需求曲线相切的切点，该点所决定的价格 P_e 为均衡价格，数量 Q_e 为均衡数量。

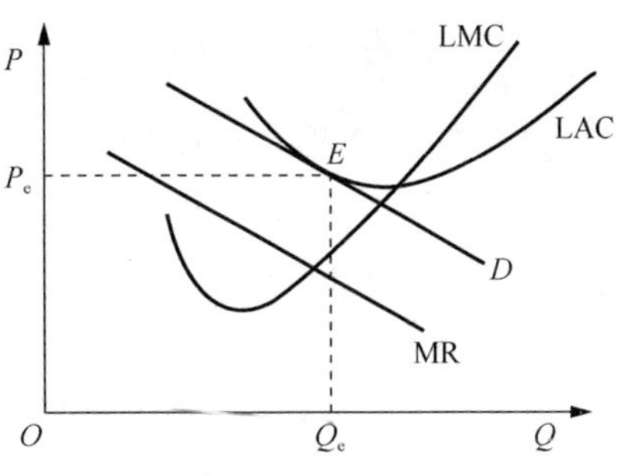

图 7-12　垄断竞争厂商的长期均衡

案例阅读

车险成行业垄断主要阵地

2013 年 7 月 29 日，湖南省张家界市、常德市、永州市、郴州市 4 地的保险行业协会就收到了湖南省工商行政管理局开出的反垄断罚单，4 地保险行业协会被处以 40 万～45 万元的罚款，罚款的原因是上述 4 地的保险业协会串通保险公司，通过不正当手段，给各家保险公司划定车险市场份额，统一产品定价，将保险中介机构踢出市场，上述行为被认定为车险垄断行为。

对比近年来保险界出现过的垄断竞争案例可以看出，车险市场是保险业实施垄断的主要阵地，操作方式通常是由各地保险业协会牵头，首先为当地的车险市场做出一份“自律公约”的协议，其中详细列明了车险市场份额的比例划分、制定相应的车险费率定价方式等，然后搭建一个新车中心平台，在此平台上操作运行，违背“自律公约”协议的会被处罚或踢出当地车险市场。

庹国柱认为，保险行业协会牵头对保险市场进行垄断的行为是非常恶劣的，严重破坏了市场秩序，但是地区保险行业协会、保监部门对于车险市场的维稳式“保护”行为，导致了近年来车险市场垄断行为愈演愈烈，而此时国家发展和改革委员会、商务部介入其中无疑是整治保险业垄断行为的一大利器。

庹国柱表示，保险业垄断行为一般出现在车险市场，因为车险相对其他保险产品来说比较好统一垄断标的，操作起来也并不复杂，此外车险占有财险中七成市场份额，是一块诱人的“蛋糕”。

此外，对于寿险市场化也容易滋生垄断或者价格联盟的说法，庹国柱表示寿险产品的种类多样，保险公司对于利率的承受能力不一，预定利率精算方式不同，很难对其形成垄断，应该不会成为垄断重灾区，治理的重点仍然应该放在车险市场。

（资料来源：钱瑜，肖玮，闫谨，2013-08-16. 反垄断大棒还会打向谁 六大行业垄断现象最严重[N]. 北京商报.）

（三）寡头垄断市场

寡头垄断又称寡头或独占，是指这样一种市场，即一个行业的产品供给全部或绝大部分由少数几家大企业控制，它们彼此势均力敌，形成这几家大企业在一个行业中共存的局面。厂商之间既互相依存，又相互竞争。因此，寡头垄断市场虽然也包含着垄断与竞争两种因素，但与垄断竞争市场相比，寡头市场是更接近于完全垄断的一种市场结构。

寡头垄断市场具有以下特点。

1）厂商数目屈指可数，买者众多，厂商在一定程度上控制产品价格和绝大部分的市场份额。

2）产品差别可有可无。寡头垄断厂商提供的产品可以是相同的，也可以是有差别的，由此分为无差别寡头垄断市场和有差别寡头垄断市场。

3）进入寡头垄断行业不容易。寡头市场并不存在自然的或法律的进入限制，但存在规模经济和范围经济形成的进入限制。从理论上说，任何企业都可以进入寡头市场，但实际上因为这种市场上企业规模很大，初始投资很大，而且，原有企业已控制了市场，所以，要进入是相当困难的。此外，该行业中的原有寡头在彼此存在密切关系的情况下容易形成某种形式的勾结，为确保自身利益，他们会千方百计地阻止新企业进入。

4）寡头之间存在着相互依存性。在寡头垄断市场上，厂商数量很少，每家厂商都占有举足轻重的地位，它们各自在价格或产量方面决策的变化都会影响整个市场和其他竞争者的行为。因此，寡头垄断市场上各厂商之间存在着极为密切的依存关系，在寡头垄断市场上，厂商很难对产量与价格做出如其他类型的市场一样确切而肯定的回答。各企业在做出价格与产量决策时，都要考虑竞争对手的反应，而竞争对手的反应是难以预测的。

5）寡头垄断市场的产量和价格具有相对稳定性。为了避免竞争带来的不利后果，寡头垄断厂商确定价格和产量后一般不会轻易改变，以避免在竞争中两败俱伤。

案例阅读

中国手机行业的寡头竞争时代

近几年，在产业升级的背景下，国产手机品牌在经过几轮的洗牌之后，进入寡头竞争时代，逐渐形成了以华为、小米、vivo 和 OPPO 为首的第一梯队，它们占据了八成以上的市场份额，剩下的一些中小手机品牌则分食不到两成的市场份额，整个手机市场的竞争越来越激烈。

（资料来源：王嘉源. 中国手机市场迎来大洗牌 这些品牌手机“拼了”[EB/OL]. http://finace.sina.com.cn/chanjing/cyxw/2018-07-03/doc-ihevauxi8340423.shtml.）

二、各种市场结构的比较

根据以上学习，我们把 4 种不同类型的市场结构进行比较，如表 7-2 所示。

表 7-2 4 种市场结构比较

项目	完全竞争市场	垄断竞争市场	寡头垄断市场	完全垄断市场
厂商数目	很多	较多	少数	一个
产品品质	同质	异质	同质	同质
进出产业	容易	较易	不易	不能
市场价格	接受者	影响者	参与者	制定者
需求曲线（收益曲线）	水平线 AR=MR=P	向右下方倾斜（斜率小） AR=P AR>MR		向右下方倾斜 AR=P AR>MR
决策变量	Q（P 已定）	Q、P	Q、P（操纵价格）	Q、P
均衡条件	短期： MR=MC=P	短期： Q：MR=MC P：P=AR		短期： Q：MR=MC P：P=AR
	长期： P=MR=LMC=LAC	长期： Q：MR=MC P：P=AR=LAC		长期： Q：MR=LMC=MC P：P=AR
经济利润	有	有	有	有
	无	无	有	有
规模经济	缺乏	存在	存在	存在
技术进步	较快	最快	较快	较慢
经济效率	最高	较高	较低	最低

第三节 厂商定价策略

引导案例

生活中的价格歧视

价格歧视似乎是一个贬义词，并且感觉离我们很遥远。但在日常生活中，价格歧视屡见不鲜。下面就以电影票和飞机票中的价格歧视为例来说明。

许多电影院对儿童和老年人收取低于其他观众的价格。在竞争市场上，价格等于边际成本，为儿童和老年人提供一个座位的边际成本与其他人提供一个座位的边际成本相同。但如果电影院有某种地区性垄断力量，而且儿童与老年人对电影票的支付意愿较低，就很容易解释差异化定价这个事实了。在这种情况下，电影院通过价格歧视增加了利润。

飞机上的座位多以不同的票价出售。许多航空公司对在两个城市间往返，但周六在对方城市住一个晚上的旅客收取较低的费用。究其原因：这条规定区别了公务乘客与休闲乘客的旅行需求。公务乘客支付意愿高，而且很可能不想在周六停留一个晚上。因此，航空公司可以通过对周六停留一晚的乘客收取低价而成功地实行价格歧视。

歧视定价原理告诉我们，价格竞争不只是提价或降价，还可以灵活地运用多种价格形式。歧视定价就是一种重要的定价方式。

一、价格竞争定价法

价格是市场经济中厂商竞争的重要决策变量，不论是价格不变条件下的市场还是价格变化条件下的市场，价格竞争定价法都是主要的定价方法。价格竞争定价法主要包括成本加成定价法、增量分析定价法、掠夺性定价法、撇脂定价法、渗透定价法、限制进入定价法、两次收费法、配售法等。现主要介绍以下几种定价策略。

（一）成本加成定价法

成本加成定价法是常用的定价方法。这种方法是指在估计的平均可变成本和平均固定成本之和的基础上，加上一个预定比例的利润，制定出价格的方法。

价格=单位成本+单位成本×成本利润率=单位成本×（1+成本利润率）

成本加成定价法通常分为4个步骤进行：①确定厂商的标准产量，标准产量一般为产品设计生产能力的75%～80%；②估计平均可变成本，如直接材料费、直接人工费等；③估计固定成本，然后按照标准产量，求出平均固定成本，加上平均可变成本，得到平均成本；④在平均成本的基础上加上用目标利润率计算的利润额，得到价格。

【例 7-2】 某厂商生产某产品的平均可变成本为10元/件，标准产量为50万件，总固定成本为250万元。如果厂商的目标利润率为33.3%，那么价格应为多少？如果该产品的总投资为5 000万元，其目标投资收益率为10%，那么该企业在定价时，应如何确定？

解：

1）如果厂商的目标利润率为33.3%，那么价格的计算步骤如下。

第一步，确定厂商的标准产量：题目中，厂商给出的标准产量为50万件。

第二步，计算平均可变成本：题目中，厂商给出的平均可变成本为10元/件。

第三步，计算平均成本如下：

平均固定成本=总固定成本/标准产量=250/50=5（元）

平均成本=平均固定成本+平均可变成本=5+10=15（元）

第四步，计算价格：

15+15×33.3%≈20（元）

2）若总投资为5 000万元，投资收益率为10%，则厂商确定的价格为

利润额=5 000×10%=500（万元）

平均利润额=500/50=10（元/件）

产品价格=15+10=25（元）

成本加成定价法简便易行，资料容易取得，能够保证企业所耗用的全部成本得到补偿，也有利于保持价格的稳定。同一行业的各企业若都采用成本加成定价法，且加成比例接近，则所制定的价格也会接近，在一定程度上，可以较少或避免价格竞争。但是，成本加成定价法是典型的生产者导向定价法，在需求变化无常的市场下，成本加成定价法也会出现一些不足。它忽视了产品需求弹性的变化，定价基础也缺乏灵活性，易让厂商做出错误的决策，而且不利于降低产品成本。

（二）增量分析定价法

增量分析定价法是指通过计算由价格决策引起的利润增量来判断定价方案效果的方法。具体来讲，它分析厂商接受新任务后是否有增量利润。如果增量利润为正值，说明应该接受新任务的价格；如果增量利润是负值，说明不应该接受新任务的价格。增量分析定价法可以看成边际分析法的具体化，利润的增量是边际收益和边际成本之差，利润增量为零时，也就是边际收益和边际成本之差为零，厂商实现利润最大化。

增量分析定价法主要适用于以下几种情形：①企业原来有正常的生产任务，也有利润，生产能力有富余；②市场不景气，企业任务少，生产能力利用不足；③企业生产多种产品，产品需求之间存在相互替代或互补关系。

【例 7-3】 某四星级酒店有 1 500 间客房，在旅游淡季，客房出租率只有 30%。该酒店每天每间标准客房的正常价格为 288 元，每间客房的平均可变成本为每天 50 元，全年总固定成本为 500 万元。现在有某个演出团体举行演出活动，要租用该酒店 600 间客房 10 天，但他们每个客房每天只愿意支付 140 元。该酒店是否应该接受这项业务？

解：该酒店如果接受这项业务，那么该项业务给酒店带来的增量收入为

$$600\times140\times10=84\text{（万元）}$$

$$\text{承接该业务的增量成本}=600\times50\times10=30\text{（万元）}$$

$$\text{增量利润}=84-30=54\text{（万元）}$$

由于该业务可以为酒店减少亏损 54 万元，该酒店应该接受这项业务。

（三）掠夺性定价法

掠夺性定价法又称劫掠性定价法、掠夺价法，有时亦称掠夺性定价歧视法，是指一个厂商将价格定在牺牲短期利润以消除竞争者并在长期获得高利润的方法。掠夺性定价法是一种不公平的低价行为，实施该行为的企业占有一定的市场支配地位，它们具有资产雄厚、生产规模大、分散经营能力强等竞争优势，所以有能力承担暂时故意压低价格的利益损失，而一般的中小企业势单力薄，无力承担这种牺牲。掠夺性定价法应注意两个方面问题：一是必须让竞争者深信已经把价格降到成本之下，并且有能力坚持到底；二是在成功驱逐竞争者之后提价，有可能会有新的竞争者进入。

（四）撇脂定价法

撇脂定价法又称高价法，是指厂商在初期把价格定得较高，以便在较短时间内收回投资，获得利润的方法。在一个产品市场的导入期，定高价在短期内可以回收全部投资；当产品进入生命周期的后期，或高价吸引了更多的竞争者进入从市场时，再以低价出售，使它能够进一步扩大市场份额。撇脂定价法适用于以下场所：从产品研发设计到投产的时间较长；小批量生产所花费的成本的提高大大小于高价带来的好处；消费者认为高价是合理的，是高质量的表现；厂商对该商品的需求估计不确定等。

案例阅读

苹果公司和索尼公司的撇脂定价法

苹果公司的 iPod 产品是公司成立初期成功的消费类数码产品之一，第一款 iPod 零售价高达 399 美元，这即使对于美国人来说，也属于高价位产品，但仍有很多“苹果迷”纷纷购买。苹果公司的撇脂定价法取得成功。但是苹果公司认为还可以“撇到更多的脂”。于是，该公司不到半年又推出了一款容量更大的 iPod，其价格也更高，定价 499 美元，但仍然卖得很好。

作为对比，索尼公司的 MP3 也采用了撇脂定价法，但是没有获得成功。索尼公司失败的第一个原因是产品的品质和上市的速度。索尼公司近几年在推出新产品时行动缓慢，当 iPod mini 在市场上热卖两年之后，索尼公司才推出了针对这款产品的 A1000，但此时的苹果公司已经停止生产 iPod mini，推出了一款新产品 iPod nano，苹果公司保持了产品的差别化优势，而索尼公司总是在产品上落后一大步。此外，苹果公司推出的产品马上就可以在市场上买到，而索尼公司只是先预告，新产品正式上市还要等两个月。速度的差距，使苹果公司在长时间内享受到了撇脂定价法的厚利，而索尼公司的产品虽然采取相同方法，但是由于销量太小而只“撇”到了非常少的“脂”。

索尼公司失败的第二个原因是外形，苹果公司的 iPod 的外形已经成为工业设计的经典之作，而一向以“微型化”著称的索尼公司的 MP3，明显落于下风，单从产品的尺寸看，索尼公司的产品比苹果公司的 iPod nano 厚了两倍。

索尼公司失败的第三个原因是产品数量。苹果公司每次只推出一款产品、几种规格，但每次都是精品，都非常畅销；而索尼公司每次都推出 3 款以上产品，给人的感觉好像是自认质量稍逊、要靠数量制胜。但是过多的新产品不仅增加了采购、生产、分销渠道的成本，还使消费者困惑。

索尼公司失败的第四个原因是整体产品表现不佳，索尼公司的品牌价值已经严重贬值，在这种时候使用撇脂定价法，效果自然会大打折扣。

（资料来源：佚名，2016. 苹果公司的撇脂定价[EB/OL].(2016-03-15)[2018-07-23].http://yingyu.100xuexi.com.）

（五）渗透定价法

渗透定价法与撇脂定价法相反，它是指在厂商推销新产品或打入新的地区市场时，把价格定得很低，待产品渗入市场，销路打开后，再提高价格的一种方法。

渗透定价法设定最初低价，以便迅速和深入地进入市场，从而快速吸引大量的购买者，赢得较大的市场份额，较高的销售额能够降低成本，从而使企业能够进一步减价。例如，戴尔公司和盖特惠公司采用市场渗透定价法，通过低成本的邮购渠道销售高质量的电脑产品。它们的销售量直线上升，而此时通过零售店销售的 IBM 公司、康柏公司、苹果公司和其他竞争者的产品根本无法和它们的价格相比。沃玛特公司、家庭仓库公司和其他折扣零售商也采用了市场渗透定价法。它们以低价格来换取高销售量。高销售量导致更低的成本，而这又反过来使折扣商能够保持低价。

二、非价格竞争定价法

厂商除了采用了价格竞争定价法之外，通常还采用非价格竞争定价法。非价格竞争定价法是一种价值竞争法，主要体现在为消费者提供更好、更有特色或更能适合消费者自身需求的产品和服务的一种竞争方法。非价格竞争定价法主要包括以下几种。

1. 产品创新定价法

随着消费者对产品的要求越来越高，标准化产品、统一的营销方式和水准已经远远不能满足他们的需要。价格因素在市场竞争中的影响在降低，消费者越来越关注产品的差异化，以及其更新换代的速度。产品的不断创新，会为厂商带来超额利润。

2. 产品品牌定价法

每一种产品的不同的质量、价格、外观、品位、内涵都会给消费者带来不同的感受和理念，也会给消费者带来不同程度的心理满足，这些是影响消费者购买产品的重要因素。厂商也在不断地追求产品的差异化、品牌的个性化、产品的内涵等，来适应消费者的需求。

3. 产品服务定价法

著名市场营销学家西奥多・莱维特指出，未来企业竞争的焦点不再是企业能为消费者生产出具有什么使用价值的产品，而是企业能为消费者提供什么样的附加价值——服务。因此，企业拥有的竞争优势，必须实施销售服务竞争策略。服务策略又包括服务到个性化、服务到精细化、服务到互动化和服务到知识化。

4. 广告定价法

广告是以促进销售为目的，付出一定的费用，通过特定的媒体传播商品或劳务等有关经济信息的大众传播活动。广告宣传的基本功能在于向消费者传递商品的信息，沟通生产者与消费者之间的联系，以此促进商品销售。而广告之所以能在市场促销过程中起举足轻重的作用是因为广告的功能。广告的功能特点是高度普及公开、渗透性强、富有表现力，广告促销既能用于树立企业形象，也能促进快速销售。

5. 战略联盟定价法

战略联盟是一种适应市场环境变化的新型竞争观念。它用合作的态度对待竞争者，形成商业联盟，通过建立双方的信任关系，在合作中竞争，实现优势互补，增强自身的竞争力，从而不断提高竞争的水平，促进社会经济和技术的不断发展与进步。

案例阅读

酒店的非价格竞争

近年来，锦江之星、如家、莫泰 168、格林豪泰、宜必思、南苑一家、城市客栈等在我国经济型酒店市场上的大战愈演愈烈，企业试图通过低价竞争来占领市场的效果越来越差。首先，价格竞争使酒店的利润率大大降低，要实现等额利润，对客房销售量的要求相当高。其次，价格竞争是竞争者易于仿效的一种竞争方式，很容易招致竞争者的报复，造成两败俱伤或多败俱伤的后果，最终不能提高经济效益。再次，定价太低，往往迫使产品或服务质量下降，以致失去消费者，损害酒店形象。最后，价格竞争往往使资金力量雄厚的高星级酒店能抢占先机，而资金短缺的小酒店将蒙受更多的损失。而随着我国城镇居民的人均可支配收入和人均消费性支出的稳步增长，人们对商品价格的敏感度逐渐降低，对产品与服务的非价格因素越来越关注。随着生产力的提高，酒店类型趋向多样化，控制市场的力量由酒店市场逐步转向消费者，大众市场逐渐重组、分化而呈现出差异化、个性化市场的特征，酒店的价格竞争逐渐让位于差异化商品竞争。此时，单一的价格竞争已不如非价格竞争具有吸引力。消费者所需要的酒店风格、质量、规模等要求不再雷同，越来越看中商品所带来的附加价值，如品牌优越感、商品的延伸服务等。

三、差别定价法

差别定价法是指一家厂商在同一时间对同质产品向不同的购买者索取两种或两种以上的价格，或对销售给不同的购买者的同一种产品在成本不同时索取相同的价格的方法，如电力公司对居民用电和商业用电、工业用电等收取不同费用。差别定价一般产生在垄断厂商市场。

垄断厂商的差别定价法一般有 3 种，即一级价格差别定价法、二级价格差别定价法和三级价格差别定价法。

（一）一级价格差别定价法

一级价格差别定价法又称为完全差别价格定价法，是指垄断厂商在确切了解消费者购买意愿的基础上，根据每个消费者愿意为每单位商品所付出的最高价格，确定每一单位产品的销售价格。

一级价格差别定价法的均衡条件是 P=MC。当消费者为每一单位产品所愿意支付的最高价格大于 MC（边际成本）时，厂商增加产量就可以增加利润；因为厂商为垄断厂商，消费者愿意支付的最高价格（即为厂商所定的价格）为厂商的边际收益，当 MR>MC，厂商当然会增加产量，直到 MR=MC 为止。消费者剩余全部转化为垄断利润，此时的均衡价格和均衡数量完全等同于完全竞争市场上的情况。

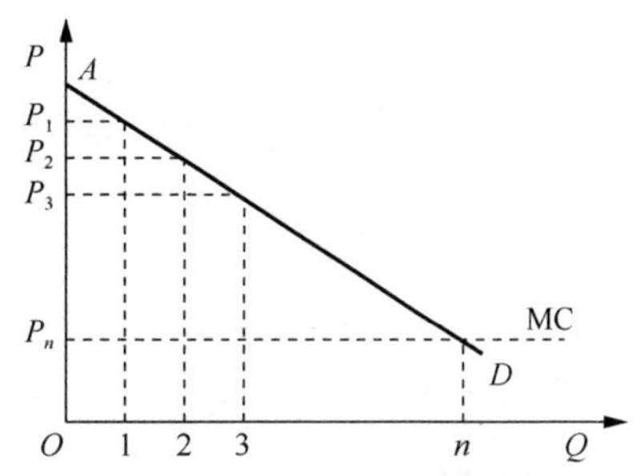

图 7-13　一级价格差别定价法

图 7-13 为某一产品实行一级价格差别定价法的情况。对于该商品，消费者愿意支付最高价格 P_1 来购买第 1 个单位商品，厂商就按 P_1 的价格销售；对于第 2 个单位商品，消费者愿意支付的最高价格为 P_2，厂商就按 P_2 的价格出售，依次类推，直至厂商销售完全部商品。这是一种理想的极端情况。

【例 7-4】 假设厂商采取一级价格差别定价法，消费者购买的第 1 个单位产品时的需求价格为 30 元，第 2 个单位产品的需求价格为 29 元……第 21 个单位产品的需求价格为 10 元。假定厂商的平均成本为 10 元，确定该厂商的利润。

解：

$$30+29+28+\cdots+10=420\text{（元）}$$

利润：

$$420-10\times21=210\text{（元）}$$

（二）二级价格差别定价法

二级价格差别定价法是指垄断厂商把商品购买量划分为两个或两个以上的等级，对不同等级的购买者索取不同的价格的方法。例如，中国电信集团根据客户每月上网的时间不同，按不同的价格收费，对于使用量小的客户，按较高的价格收费；对于使用量大的客户，按较低的价格收费。

图 7-14 表示中国电信集团对客户实行二级价格差别定价法的情况。

当客户每个月使用量为 OQ_1 单位流量时，设价格为 P_1，当客户的使用量从 OQ_1 增加到 OQ_2 单位流量时，增加消费的部分 Q_1Q_2 按 P_2 价格收费，当使用量继续从 OQ_2 增加到 OQ_3 单位时，增加消费的部分 Q_2Q_3 则按更低的价格 P_3 收费。按照这种办法收费，在消

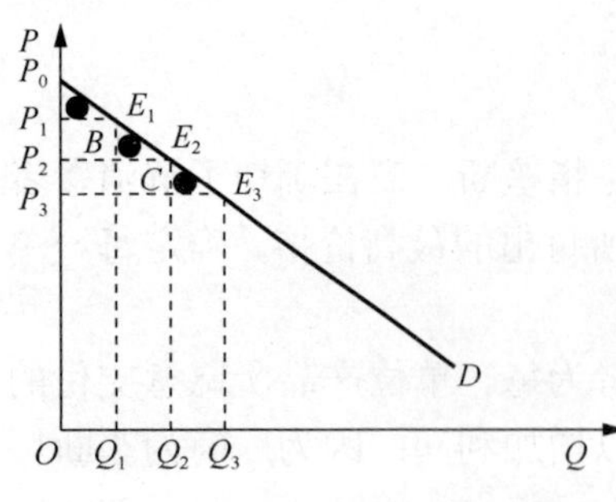

图 7-14　二级价格差别定价法

费量为 OQ_3 的情况下，厂商的总收入要比全部使用量都按 P_3 计算时要高。按 P_3 计价时，消费者剩余相当于三角形 $P_3E_3P_0$ 的面积，按二级价格差别定价法，消费者剩余就只剩下相当于图 7-14 中三角形 $P_0P_1E_1$、三角形 E_1BE_2、三角形 E_2CE_3 的面积之和了，其余的部分都被垄断厂商所攫取。

（三）三级价格差别定价法

三级价格差别定价法是指对于同一商品，完全垄断厂商根据不同市场上的需求价格弹性不同，实施不同的价格。具体做法如下：垄断厂商可以将市场分为若干分市场，把总的销售量分配到各个分市场，使各个分市场的边际收益等于总的市场的边际收益，并根据各个分市场的需求价格弹性，分别制定各分市场价格。对于在同一个分市场的需求者来说，他们只面对着一个市场价格，支付的价格不会随购买量的变化而变化。

知识链接

差别定价下，厂商获得利润的条件

第一，厂商是一个垄断者，具有一定的市场支配能力，可以操纵价格。

第二，各个市场是相互分离的。否则它的全部消费者将在价格最低的市场上进行购买，进而导致差别定价失败。

第三，各个市场的需求价格弹性各不相同。需求价格弹性不同，消费者才会愿意支付不同的价格。厂商不能区分需求价格弹性也是不行的。

四、博弈定价法

博弈定价法是指一些个人、团队或组织，面对一定的环境条件，在一定的规则下，同时或先后，一次或多次，从各自允许选择的行为或策略中进行选择并加以实施，各自从中取得相应结果的方法。博弈定价法可以分为合作博弈定价法和非合作博弈定价法。合作博弈定价法与非合作博弈定价法的区别主要在于人们的行为相互作用时，博弈各参与方能否达成一个具有约束力的协议。如果存在这种协议，则称合作博弈定价法，反之，则称非合作博弈定价法。

非合作博弈定价法的范例是“囚犯的困境”，即参与者在博弈中最好的选择是对双方都不利的策略。

假定囚徒 A 和囚徒 B 分别被关押在不同的房间，彼此之间不能互通信息，他们被告知下述可能性：如果两人都坦白，将各自被判入狱 5 年；如果两人都不坦白，将因难以对他们提起诉讼而各自被判入狱 2 年；如果一个囚徒坦白而另一个囚徒不坦白，他们将分别被判入狱 1 年和 10 年。这两个囚徒面临的可能的结果如表 7-3 所示，他们的入狱时间用负收益表示。

表 7-3 囚徒困境

单位：年

		囚徒 B	
		坦白	不坦白
囚徒 A	坦白	−5，−5	−1，−10
	不坦白	−10，−1	−2，−2

从表 7-3 中可以看到，虽然两个囚徒均不坦白时入狱的时间最短，但任何一个囚徒不坦白都要面临被对方出卖的危险。因此，不论对于囚徒 A 还是囚徒 B 来说，坦白是最优的决策，他们被判入狱 5 年的可能性最大。

寡头垄断厂商也会碰到类似情况，卡特尔就是一则典型的例证。

假设甲和乙组成一个卡特尔，如果两家都遵守协议（即不欺骗），那么总利润极大化（140 单位），每家得到 70 单位利润；如果一方欺骗，另一方不欺骗，总利润下降（110 单位），欺骗一方得到 75 单位利润，不欺骗一方得到 35 单位利润；两家都欺骗，卡特尔失败，总利润最低（90 单位），每一方都得到 45 单位利润（表 7-4）。

表 7-4 寡头垄断厂商的困境

		寡头垄断厂商乙	
		不欺骗	欺骗
寡头垄断厂商甲	不欺骗	140，140	35，75
	欺骗	75，35	45，45

在寡头垄断市场上，厂商并不是一定都表现为“囚犯的困境”，如果从动态角度来看“囚犯的困境”的情况也就不同了。卡特尔将不断重复制定新的协议，这样就出现了“以牙还牙”的重复博弈。假如卡特尔定价博弈中的寡头垄断厂商甲和寡头垄断厂商乙都面临着“囚犯的困境”，那么，如果寡头垄断厂商甲和寡头垄断厂商乙都定高价，双方都得到更多的利润，但是，双方都不敢定高价，因为如果寡头垄断厂商甲定低价，寡头垄断厂商乙就会亏损。不过，这样的博弈可以重复进行，寡头垄断厂商乙可以定更低的低价，寡头垄断厂商甲将亏损。如此反复，谁先定低价，只要对方采用“以牙还牙”策略，先定低价者累计损失较大。因此，重复博弈最好的方法是“以牙还牙”策略，所以双方如果预计对方会采用“以牙还牙”策略，那么保持高价就是最明智的选择。

本 章 小 结

市场结构按垄断程度可分为 4 种类型，即完全竞争市场、完全垄断市场、垄断竞争市场、寡头垄断市场。完全竞争市场是指不受任何阻碍和干扰的市场。完全垄断市场是指完全由一家厂商或公司所控制的市场。垄断竞争市场是指一种由大量通过生产略有差别的产品而相互竞争的厂商构成的市场。寡头垄断市场是指几个相互竞争的生产者构成的市场。

在完全竞争条件下，个别厂商的需求曲线是一条水平线，短期均衡条件是 SMC=MR=AR=P，长期均衡条件是 LAC=LMC=MR=AR。厂商的需求曲线与平均收益曲线重合并且都向右下方倾斜，边际收益曲线位于平均收益曲线之下，也向右下方倾斜。

在完全垄断市场条件下，厂商的平均收益曲线和需求曲线完全重合且向右下方倾斜，边际收益曲线位于平均收益曲线的下方。短期均衡的条件是 SMC=MR，长期均衡的条件是 LMC=MR。

垄断竞争厂商的短期均衡与完全垄断厂商的短期均衡类似，即厂商按照利润最大化原则 MR=SMC 进行生产和销售。长期均衡条件同样是 LMC=MR，此时垄断竞争厂商的长期超额利润为零，只能获得正常利润。

价格是市场经济中厂商竞争的重要决策变量，不论是价格不变条件下的市场还是价格变化条件下市场，价格竞争定价法都是主要的定价方法。另外，还有非价格竞争定价法、差别定价法、博弈定价法等。

案 例 分 析

石油输出国组织

石油输出国组织是亚洲、非洲、拉丁美洲石油生产国为协调成员国石油政策、反对西方石油垄断资本的剥削和控制而建立的国际组织，于 1960 年 9 月成立。总部设在奥地利维也纳。它的宗旨是，协调和统一成员国石油政策，维持国际石油市场价格稳定，确保石油生产国获得稳定收入。最高权力机构为成员国大会，由成员国代表团组成，负责制定总政策，执行机构为理事会，日常工作由秘书处负责。另设专门机构经济委员会，以协助维持石油价格的稳定。该组织自成立以来，与西方石油垄断资本坚持斗争，在提高石油价格和实行石油工业国有化方面取得重大进展。

思考：从经济学角度谈一谈你对石油输出国组织性质和它所起作用的认识。

实训项目设计

实训项目一：

甲、乙两个寡头厂商共同占有一个市场。如果甲、乙都做广告，则各获得利润300万元；如果两家都不做广告，则各获得利润400万元；如果一家做广告，另一家不做广告，则做广告者得到500万元利润，不做广告者得到200万元利润。

学生分组，通过角色扮演，体验寡头厂商之间博弈的乐趣，并分析博弈的结果。

实训项目二：

以我国民航业为例，分析该行业的市场结构，并做出正确评价。

学生分组，收集相关信息，形成分析结论。

业务技能自测

第八章
分 配 理 论

【知识目标】

1. 了解生产要素的需求与供给曲线
2. 理解劳动供给规律、级差地租的形式
3. 掌握工资、利率、地租和利润的决定

【能力目标】

1. 能够利用洛伦兹曲线分析社会收入分配现状
2. 能够运用分配理论解释我国的分配政策
3. 能够分析和比较生产要素市场与产品市场的不同

第一节 生产要素市场

引导案例

我国的行业收入差距现状

按照《中国统计年鉴》中对行业的划分标准，可以清晰地看到，自改革开放以来，人均工资较高的行业包括采矿业、电力、热力、燃气及水生产和供应业，而近些年又以金融业及信息传输、软件和信息技术服务业为主。

这些行业大体呈现出两个特征：一是属于知识与资本密集领域；二是带有垄断性和资源性。相比之下，农、林、牧、渔业从业者的平均工资几乎始终为所有行业中最低的，这可能与农产品的低附加值与劳动密集型特点有关。

从工资差距看，1978 年人均工资最高的行业与人均工资最低的行业的工资差距仅为 458 元。然而，随着时间的推移，人均工资水平最高与最低行业的差距越拉越大。

到了 2017 年，人均工资水平最高的信息传输、软件和信息技术服务业，比人均工资水平最低的农、林、牧、渔业多出 96 646 元，这种差距还有继续加大的趋势。不过从比值来看，自 2005 年开始，我国平均工资水平最高行业与最低行业的相对差距（比值）有逐渐缩小的趋势年为 3.65，不过这一数值仍比 2000 年以前高出不少，反映出我国行业间的工资收入水平总体上仍在拉大。

（资料来源：付一夫，2018. 数据告诉你：中国人的收入差距有多大？[EB/OL].(2018-07-30)[2018-10-02]. http://wemedia.ifeng.com/71473680/wemedia.shtml.）

思考：你对我国目前的收入分配政策有何看法？什么因素影响了不同行业劳动者的收入分配？其他生产要素的报酬是如何分配的？

生产要素是指进行社会生产经营活动时所需要的各种社会资源，是维系国民经济运行及市场主体生产经营过程中所必须具备的基本因素。生产要素是经济学中的一个基本范畴。经济学中所考虑的生产要素主要包括劳动力、土地、资本、企业家才能 4 种，各种生产要素所获得的报酬就是生产要素的价格，分别是工资、地租、利息和利润。生产要素的价格与产品的价格一样，也是由供求关系决定的。

本章内容主要是从生产要素的需求与供给入手，分别介绍工资理论、利息理论、地租理论和利润理论，并从社会的角度来分析分配问题。

一、生产要素的需求

厂商对生产要素的需求不同于消费者对消费品的需求。生产要素的需求是一种派生的需求，或是间接需求。也就是说，是由于消费者对产品需求而引起了厂商对生产要素的需求，厂商之所以需要生产要素是因为需要利用它生产出各种产品，实现利润最大化。例如，服装店的老板雇用裁衣制衣工人购买布匹等，是为了向市场提供各式各样的成衣，市场对成衣的需求引起了厂商对裁衣制衣工人和布匹等生产要素的需求。

（一）生产要素需求的性质

1. 生产要素的需求是一种派生需求（或引致需求）

厂商对生产要素的需求是从人们对要素所生产出来的商品和服务的需求中派生出来的，它不同于一般消费者对商品或服务的需求。消费者对商品或服务的需求是一种直接需求，也就是为了直接满足自己的欲望。所以，与消费者对商品的需求取决于商品的效用和边际效用不同，厂商对生产要素的需求取决于生产要素所具有的能够生产出产品和服务的能力。

2. 生产要素的需求是一种联合的需求或相互依存的需求

任何生产行为都需要有多种生产要素，各种生产要素之间是互相补充的。如果只增加一种生产要素而不增加另外一种生产要素，就会出现边际收益递减的现象。而且，在一定的范围内，各种生产要素可以互相替代，或多使用劳动、少使用资本等。

（二）生产要素需求的影响因素

1. 市场对产品的需求及产品的价格

一般情况下，消费品市场对某种产品的需求增加，该产品的价格就会升高，企业就会扩大生产规模，进而对生产这种产品所使用的各种生产要素的需求就会增加。消费品市场对某种产品的需求降低，产品的价格就会下降，厂商就会缩小生产规模，进而对生产这种产品所使用的各种生产要素的需求就会减少。

2. 生产技术状况

企业对生产要素的需求还取决于生产技术状况。显然经营蔬菜大棚比经营机械化农场需要雇用的工人多。企业如果采用资本密集型生产形式，那么对资本的需求大；如果采用劳动密集型生产形式，那么对劳动的需求大。

3. 生产要素的需求弹性和可替代性

对生产要素的需求还取决于它本身的需求弹性和可替代性。当使用某一生产要素生产的产品需求富有弹性时，该生产要素的需求弹性就大，这是由生产要素需求的派生性带来的。同时，生产要素的需求弹性还取决于其他生产要素替代它的程度。如果某种生产要素极易找到替代品，那么该生产要素的需求弹性就大。

4. 生产要素的边际生产力

边际生产力是指在其他条件不变的情况下，追加一单位某种生产要素所增加的产量。生产要素的边际生产力有两种表示方式：一种是用实物形式表示，表现为生产要素投入的边际产量；另一种是用价值形式表示，表现为边际产量收益。

（三）生产要素需求分析应注意的问题

生产要素需求分析需要注意以下问题。

第一，产品市场结构的类型是完全竞争还是不完全竞争。

第二，一家厂商对生产要素的需求与整个行业对生产要素的需求的联系与区别。

第三，只有一种生产要素变动与多种生产要素变动的情况。

第四，生产要素本身的市场结构是完全竞争的还是不完全竞争的。

（四）完全竞争市场中的生产要素需求

在完全竞争市场上为了实现利润最大化，必须使边际收益等于平均收益，即等于价格。因此，厂商对生产要素的需求就是要实现边际收益、边际成本与价格相等，即MR=MC=P。

在完全竞争市场上，对一家厂商来说，价格是不变的。由此可见，厂商对生产要素的需求就取决于生产要素的边际收益。生产要素的边际收益取决于该要素的边际生产力。

知识链接

边际生产力与边际收益递减规律

边际生产力是指在其他条件不变的情况下，每增加一个单位生产要素的投入所增加的产量。边际生产力的概念是德国经济学家约翰·海因里希·冯·屠能在 1826 年首先提出的，并应用于生产和分配理论。19 世纪末 20 世纪初美国经济学家约翰·贝茨·克拉克把它的含义进一步系统化，并首先使用了边际生产力这个术语。

如果使用两种生产要素生产出一定的产品，那么，一种生产要素的数量固定不变，而继续追加另一种生产要素的数量。每追加一单位生产要素的生产力将会递减，这就是边际生产力递减规律，亦称为边际收益递减规律。

如果以实物来表示某要素的边际生产力，那么该实物可称为该要素的边际实物产量或边际物质产品（marginal physical product，MPP）。如果以收益来表示某要素的边际生产力，那么该收益可称作该要素的边际收益产量或边际收益产品（marginal revenue product，MRP）。边际收益产量考虑了价格因素，是用货币单位来表示的边际实物产量。因此有

$$MRP=MPP \cdot MR$$

式中，MR为边际收益。

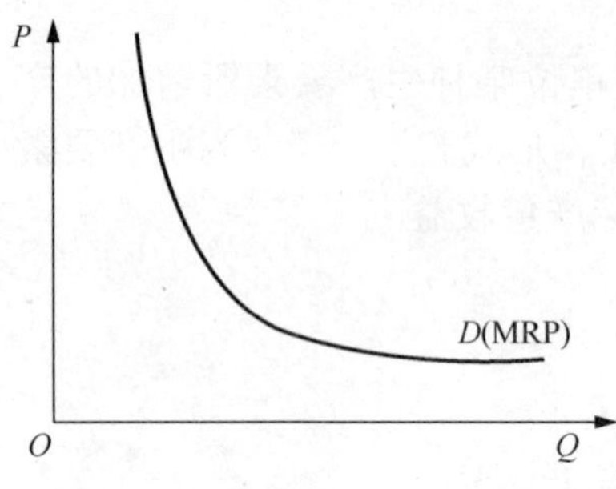

图 8-1　生产要素的需求曲线

由于边际收益递减规律的存在，生产要素的边际收益曲线是一条向右下方倾斜的曲线，这条曲线也就是生产要素的需求曲线。如图 8-1 所示，横轴 Q 表示生产要素需求量，纵轴 P 表示生产要素价格，曲线 MRP 是生产要素的边际收益产品曲线，即生产要素的需求曲线。

（五）不完全竞争市场上的生产要素需求

不完全竞争市场上，边际收益取决于生产要素的边际生产力与价格水平。这时，生产要素需求仍要取决于 MR=MC，因此，生产要素的需求曲线仍然是一条向右下方倾斜的曲线。这两种市场上的差别在于生产要素需求曲线的斜率不同，从而在同一生产要素价格时，对生产要素的需求量不同。一般而言，同一价格时完全竞争市场上的生产要素需求量大于不完全竞争市场上的生产要素需求量。

二、生产要素的供给

生产要素的供给来自个人或家庭，他们拥有劳动力、土地、资本等各种生产要素，可以提供给厂商，并从中获得生产要素的报酬。

生产要素的供给是指在不同的报酬下，生产要素市场上所提供的要素数量。生产要素的供给价格是生产要素所有者对提供一定数量生产要素所愿意接受的最低价格。一般来说，如果某种生产要素的价格提高，这种生产要素的供给就会增多；如果某种生产要素的价格降低，这种生产要素的供给就会减少，其供给数量与价格呈同方向变化。所以，生产要素的供给曲线表现为一条向右上方倾斜的曲线，如图 8-2 所示。

在图 8-2 中，横轴 Q 表示生产要素需求量，纵轴 P 表示生产要素价格，曲线 S 是生产要素的市场供给曲线。在完全竞争市场上，要素的需求者和供给者人数众多，单个卖者和买者的要素供给量和需求量变化不影响要素价格。所以，在完全竞争市场上生产要素的供给曲线是一条与横轴平行的直线。而在不完全竞争市场上生产要素的供给曲线是一条向右上方倾斜的曲线。

市场上，有些生产要素的供给是完全没有弹性的，不论价格上升多少，供给量总是保持不变，生产要素的供给曲线与横轴垂直。例如，土地、石油、天然气等不可再生资源。如图 8-3 所示，纵轴 P 表示生产要素的价格，横轴 Q 表示生产要素的数量，曲线 S 表示生产要素的供给曲线，S 为一条与横轴垂直的直线。

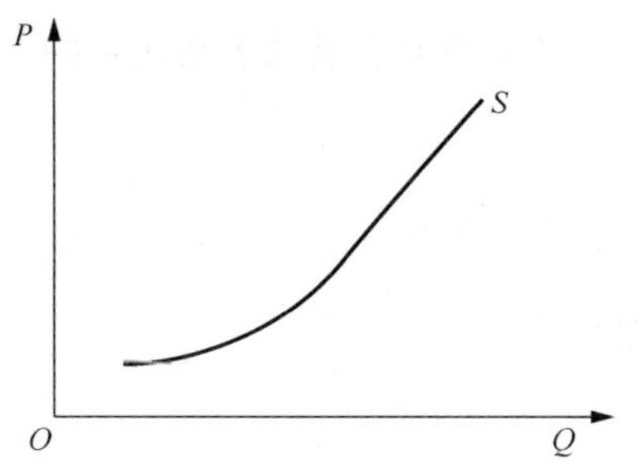

图 8-2 生产要素的供给曲线

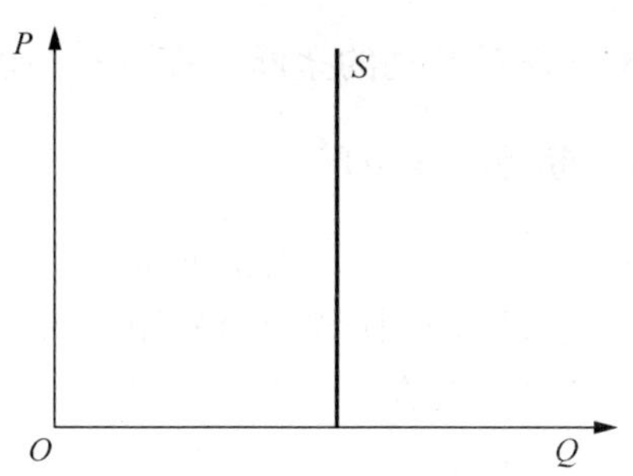

图 8-3 特殊生产要素的供给曲线

第二节 生产要素价格的决定

引导案例

戈恩的复兴计划

1999 年，卡洛斯·戈恩出任日产汽车公司行政总裁。在卡洛斯·戈恩上任后的第 7 个月，也就是 1999 年 10 月 18 日，卡洛斯·戈恩发表了他的复兴计划。该计划内容的严酷性震惊了整个日本：卡洛斯·戈恩准备在 3 年内裁员 2.1 万人，关闭 5 家工厂，卖掉非汽车制作部门，将 13 000 多家零部件、原材料供应商压缩为 600 家，将占日产汽车成本 60%的采购成本降低 20%。卡洛斯·戈恩和他的伙伴在裁员、压缩开支的同时，增加了新产品研究的开发费用，同时并未裁减技术人员。由于削减成本政策得宜，加上美国市场需求强烈，日产汽车公司在连续严重亏损 7 年来终于在 2000 年盈利——高达 27 亿美元，并突破了历史纪录。卡洛斯·戈恩创造了一个奇迹，使在死亡边缘的日产汽车公司活了过来。凭借这些出色的成绩，卡洛斯·戈恩被尊称为环球汽车业之神，成为哈佛商学院个案研究的对象。同年，他被美国《商业周刊》评为全球十佳管理奇才。次年，在《时代周刊》所列出的世界 25 位商界领袖排行榜里，卡洛斯·戈恩的名字排在第一位。

（资料来源：洁岛，2004. 经商哲理枕边书[M]. 呼和浩特：内蒙古人民出版社.）

一、劳动价格的决定

劳动力提供劳务的报酬就是工资，即劳务这种生产要素的价格。在这一过程中，劳动者提供了劳动，获得了作为收入的工资。在完全竞争市场上和在不完全竞争市场上，工资的决定是不同的。

（一）在完全竞争市场上工资的决定

这里所说的完全竞争是指在劳动市场上的完全竞争状况，无论是劳动力的买者或卖者都不存在对劳动的垄断。在这种情况下，工资完全是由劳动的供求关系决定的。

1. 劳动收入与闲暇

劳动者每天自由支配的时间可分为劳动时间和闲暇时间两部分，选择闲暇直接增加了消费的效用，选择劳动会增加收入，进而通过收入用于消费可以再增加消费者的效用。因而，劳动者是在劳动收入与闲暇之间进行选择。

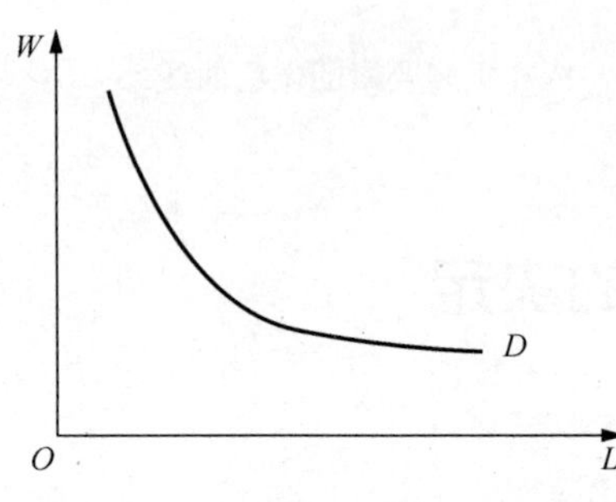

图 8-4 劳动力生产要素的需求曲线

2. 劳动力的需求

从劳动力的需求方面来讲，劳动力要素价格取决于劳动这一要素的边际收益产量，也就是取决于劳动的边际生产力。劳动的边际生产力是指在其他条件不变的情况下，每增加一单位劳动所增加的产量。随着劳动这一要素的增加，劳动的边际生产力是递减的。所以，劳动的需求曲线是一条向右下方倾斜的曲线，表明劳动的需求量与工资呈反方向变动，如图 8-4 所示。横轴 L 表示劳动的需求量，纵轴 W 表示工资水平，曲线 D 代表劳动的需求曲线，也是劳动的边际生产力曲线，曲线上的每一点都反映了劳动的市场价格与企业对劳动需求量之间的对应关系。

3. 劳动力的供给

劳动的供给主要取决于劳动的成本，此外还取决于人口增长率、劳动力的流动性、移民的规模等因素。劳动成本主要包括维持劳动者及其家庭生活和教育所必需的实际成本与劳动的心理成本。劳动的心理成本指劳动是以牺牲闲暇的享受为代价的机会成本。

从供给方面来说，劳动的供给有自己的特殊规律。一般来说，当工资增加时劳动会增加，但工资增加到一定程度后如果再继续增加，劳动不但不会增加，反而会减少。这是因为，工资收入增加到一定程度后，货币的边际效用递减，不足以抵消劳动的负效用，因而劳动就会减少，这时劳动的供给曲线称为“向后弯曲的供给曲线”，如图 8-5 所示。

4. 劳动价格的决定

劳动力的供给与需求共同决定了在完全竞争市场上的工资水平。如图 8-6 所示，横轴 L 代表劳动力的数量，纵轴 W 代表工资水平。劳动需求曲线 D 向右下方倾斜，劳动供给曲线 S 开始向右上方倾斜，而超过一定点后，转而向左上方弯曲。根据供给需求理论，劳动需求曲线 D 和劳动供给曲线 S 的交点 E 决定了劳动力要素的均衡数量 L_e，均衡价格 W_e。在劳动力供给不变的条件下，通过增加对劳动的需求（一定限度内），不但可以使工资增加，而且可以使就业人数增加。在劳动需求不变的条件下，通过减少劳动的供给同样可以使工资增加，但这种情况会使就业人数减少。

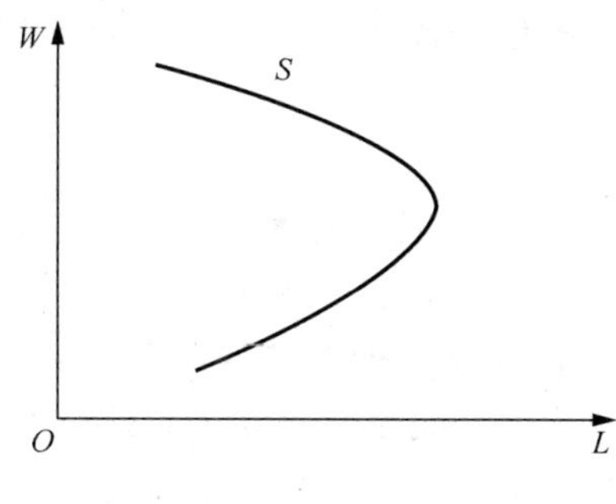

图 8-5 劳动力供给曲线

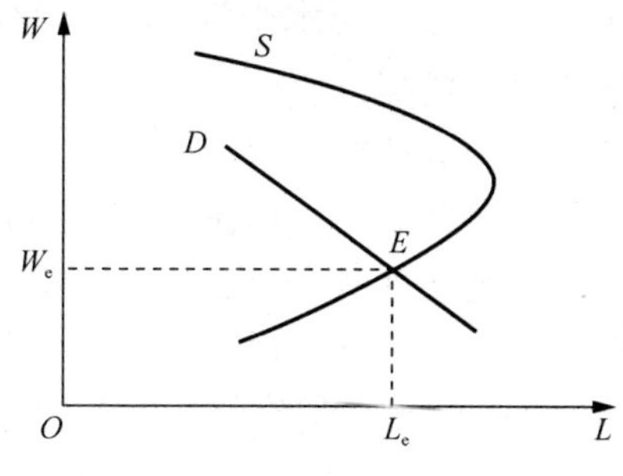

图 8-6 工资的决定

（二）在不完全竞争市场上工资的决定

1. 劳动市场存在不完全竞争的表现

现实生活中，劳动市场存在不完全竞争，主要表现在以下几个方面。

1）自由进入某一职业劳动市场的条件存在限制，如接受训练的能力有限或其他的阻碍，因而，能够进入该市场的人，总是比希望进入该市场的人少。

2）雇主的市场力量。当某一劳动市场的雇主只是少数几个厂商时，就会形成买方垄断。这些雇主可以通过协议或单方面的行动，把工资压低到低于竞争性市场上正常的水平。

3）工会的力量。通过组织工会，工人能够对抗雇主的买方垄断，使工资接近甚至高于竞争性市场上的工资水平。

4）工资法律的限制，如政府实行的最低工资标准。

5）习惯的限制，如种族、性别等方面的歧视。

2. 工会的作用

在西方社会中，工会、政府、企业被认为是 3 个并列的组织。工会代表劳动的供给方，在一定程度上影响着工资的决定；企业代表劳动的需求方；而政府在其间起到一种调节作用。在工资决定中，工资水平一般是由工会与企业协商确定的。这里，我们重点介绍一下工会在工资决定中的作用。

（1）增加对劳动的需求

工会可以使劳动需求增加。通过支持保护关税、广告竞争等办法，增加对厂商产品的需求，以提高对劳动的需求。在劳动供给不变的条件下，工会通过增加对劳动的需求，改变市场上劳动的供求关系，使需求大于供给，从而使工资增加，同时使就业人数增加。

如图 8-7 所示，假设在劳动供给未达到一定规模之前，劳动供给不变，劳动的需求曲线原来为 D_1，这时曲线 D_1 与曲线 S 相交于 E_1 点，决定了工资水平为 W_1、就业水平为 L_1。劳动的需求增加以后，劳动的需求曲线由 D_1 移动到 D_2，这时曲线 D_2 与曲线 S 相交于E_2点，决定了工资水平为W_2、就业水平为L_2。$W_2>W_1$，说明工资水平上涨；$L_2>L_1$，说明就业水平提高。

（2）减少劳动的供给

工会通过采取支持移民限制、限制非工会会员受雇、限制雇用童工和女工、高额的入会费、拒绝接受新会员、降低劳动强度、减少工作时间等方法，来减少劳动的供给。在需求不变的情况下，通过减少劳动的供给，可以提高工资，但会使就业人数减少。

如图 8-8 所示，在劳动需求不变的情况下，劳动的供给曲线原来为S_1，这时曲线S_1与曲线D相交于E_1点，决定了工资水平为W_1、就业水平为L_1。劳动的供给减少后，劳动的供给曲线由S_1移动到S_2，这时曲线S_2与曲线D相交于E_2点，决定了工资水平为W_2、就业水平为L_2。$W_2>W_1$，说明工资水平上涨；$L_2<L_1$，说明就业水平下降。

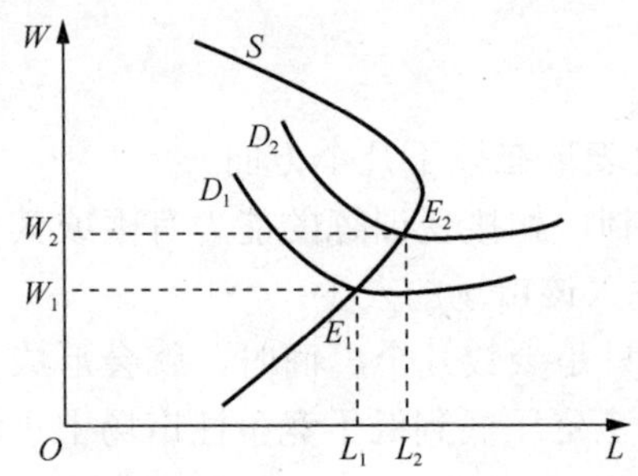

图 8-7　劳动需求增加对工资与就业的影响

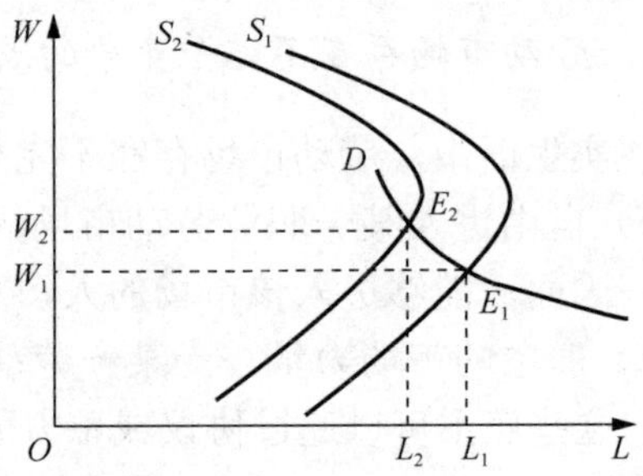

图 8-8　劳动供给减少对工资与就业的影响

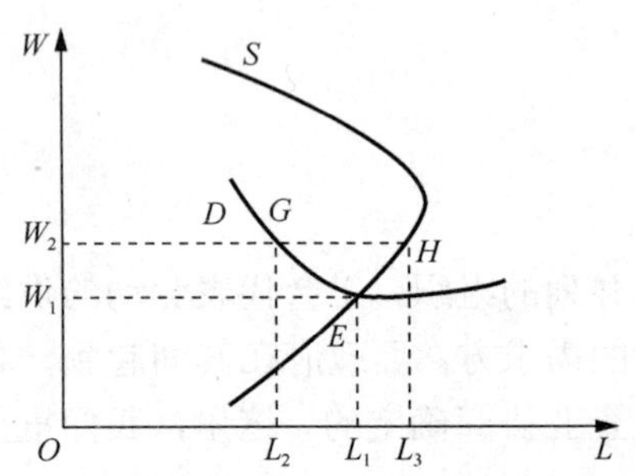

图 8-9　最低工资限制对工资和就业的影响

（3）采用最低工资法

政府通过法律的形式规定最低工资，这样即使在劳动供给大于需求的情况下，也可以使工资维持在一定水平上。这种方法对工资与就业有一定影响。如图 8-9 所示，劳动的需求曲线D与劳动的供给曲线S相交于E点，决定了工资水平为W_1、就业水平为L_1。而《最低工资法规定》的最低工资为W_2，且$W_2>W_1$。这样能使工资维持在较高的水平。但是，在这种工资水平下，劳动的需求量为L_2，劳动的供给量为L_3，$L_2<L_3$，有可能出现失业现象。

案例阅读

深化收入分配制度改革

2013 年 2 月，国务院批转了《关于深化收入分配制度改革的若干意见》，该意见指出，要继续深化收入分配制度改革，优化收入分配结构，调动各方面的积极性，促进经济发展方式转变，维护社会公平正义与和谐稳定，实现发展成果由人民共享，为全面建成小康社会奠定扎实基础。该意见从充分认识深化收入分配制度改革的重要性和艰巨性，准确把握深化收入分配制度改革的总体要求和主要目标，继续完善初次分配机制，加快健全再分配调节机制，建立健全促进农民收入较快增长的长效机制，推动形成公开透明、公正合理的收入分配秩序，加强深化收入分配制度改革的组织领导七个方面对今后收入分配改革的总体目标、路径和政策举措等做出要求与部署。

此后，收入分配制度不断完善，2013 年 11 月，党的十八届三中全会进一步要求“清理规范隐性收入，取缔非法收入，增加低收入者收入，扩大中等收入者比重，努力缩小城乡、区域、行业收入分配差距，逐步形成橄榄型分配格局”。2015 年 10 月，党的十八届五中全会通过的《中共中央关于制定国民经济和社会发展第十三个五年规划的建议》提出了共享发展的理念，并要求“坚持共享发展，着力增进人民福祉”，《中华人民共和国国民经济和社会发展第十三个五年规划纲要》又从完善初次分配制度、健全再分配调节机制、规范收入分配秩序等方面进行了具体阐述。

（资料来源：赵淑兰，2016. 近年来我国居民收入稳步增长 下好收入分配改革这盘棋[EB/OL].(2016-08-04)[2018-09-14]. http://finance.china.com.cn/news/gnjj/20160804/3843671.shtml.）

二、土地价格的决定

土地可以泛指生产中使用的自然资源，其特点是具有原始性、不可毁灭性。原始性主要体现在它不能被生产出来；不可毁灭性主要表现在数量上不会减少。土地的价格是地租。土地所有者提供了土地，就可以得到地租。

土地的需求取决于土地的边际生产力，土地的边际生产力也是递减的，所以土地的需求曲线是一条向右下方倾斜的曲线。而且土地是非再生资源，因此土地的供给是固定的。随着社会经济的发展，人们对土地的需求不断增加，而土地的供给不能增加，这样地租就有不断上升的趋势。

（一）地租的决定

地租由土地的需求与供给决定。地租取决于土地的边际生产力，土地的需求价格决定于它的边际生产力，也就是土地的边际收益。随着土地使用量的增加，在其他要素投入不变的情况下，土地的边际生产力会不断下降，土地的边际收益不断递减，故土地的需求曲线是向右下方倾斜的。但土地的供给是固定的，因为可以利用的土地总是有限的。这样，土地的供给曲线就是一条与横轴垂直的直线。如图 8-10 所示，横轴 W 代表土地量，纵轴 R 代表地租，垂直于横轴的直线 S 为土地的供给曲线，表示土地的供给是固定的，曲线 D 为土地的需求曲线，曲线 D 与曲线 S 相交于 E 点，决定了地租为 R_0。

在图 8-11 中，土地的需求曲线由 D 移到 D_1，表明土地的需求增加，但土地的供给曲线仍为曲线 S，曲线 S 与曲线 D_1 相交于 E_1 点，决定了地租由 R_0 上升到 R_1，表现了由于土地的需求增加，引起地租水平的上升。

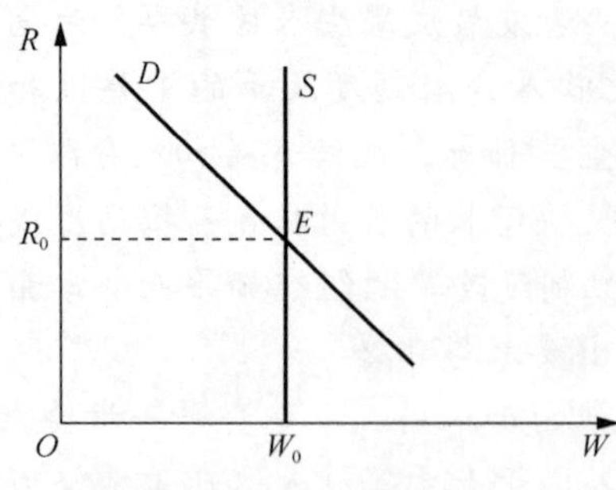

图 8-10　土地的供给与需求

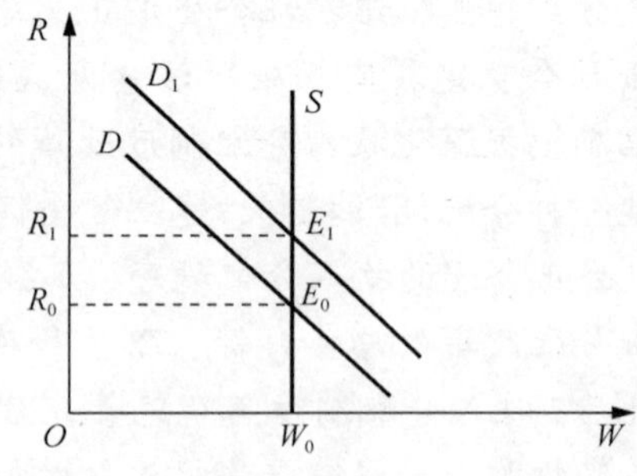

图 8-11　地租的变化

（二）地租的形式

1. 准地租

准地租是指使用土地以外的其他资源，如为厂房设备等资源支付的报酬，即固定资产收益。有些生产要素，尽管从长期来说是可以改变的，但从短期来看是固定不变的。这些生产要素的使用价格在某种程度上也类似于地租，通常称为准地租。

2. 经济地租

经济地租是指支付给生产要素的超额报酬，以及报酬中超过为得到要素的某种服务而必须支付的最低报酬的部分。地租是供给完全缺乏弹性时土地的使用价格。地租并不是使农产品被供给出来所必须补偿的成本因素，而是农产品价格超过成本的部分，土地使用权的报酬以地租的形式支付给土地所有者。有一些生产要素，其收入中的一部分类似于地租，如果从该要素全部收入中减去这一部分并不会影响要素的供给，那么这部分要素收入就是经济学上所说的经济地租。

（三）级差地租的形成

当土地的质量（表现为肥沃程度、地理位置等）相同时，它们会有相同的地租。实际上不同地段的土地在肥沃程度、地理位置等方面存在很大的差别。例如，一个交通便利地区的一块土地，与一个交通不发达地区的大小相同的一块土地，其使用权价格会相差很多。这种由于土地的肥沃程度和地理位置的不同而引起的地租在经济学上称为级差地租。

图 8-12 可以用来分析级差地租的形成。图 8-12（a）～（c）分别表示 A、B、C 3 块肥沃程度不同、交通便利程度不同的土地。其中 A 土地最好，B 土地次之，C 土地最差。因此 A 土地的边际成本 MC_1 和平均成本 AC_1 小于 B 土地的边际成本 MC_2 和平均成本 AC_2，而 B 土地的边际成本 MC_2 和平均成本 AC_2 又小于 C 土地的边际成本 MC_3 和平均成本 AC_3。如果这时的农产品的市场价格为 R_1，即等于最好土地的最低平均成本，A

土地便被耕种，B 土地和 C 土地由于农产品的市场价格低于其最低平均成本，因此不会被用于生产。农产品供给不足，引起价格上涨。当农产品价格上涨到 R_2 时，B 土地开始被用于耕种，但 R_2 的价格水平等于 B 土地的最低平均成本 AC_2，这时 B 土地的总收益等于其总成本，B 土地不能够支付地租。这时 A 土地由于农产品价格上涨，产量会在 W_1 基础上增加到 W_2，单位产量平均收益大于平均成本，总收益也大于总成本，扣除生产成本后仍有剩余，这就构成了级差地租的可能性。如果需求继续增加，农产品价格进一步上涨到 R_3，则 A 土地和 B 土地形成了级差地租。

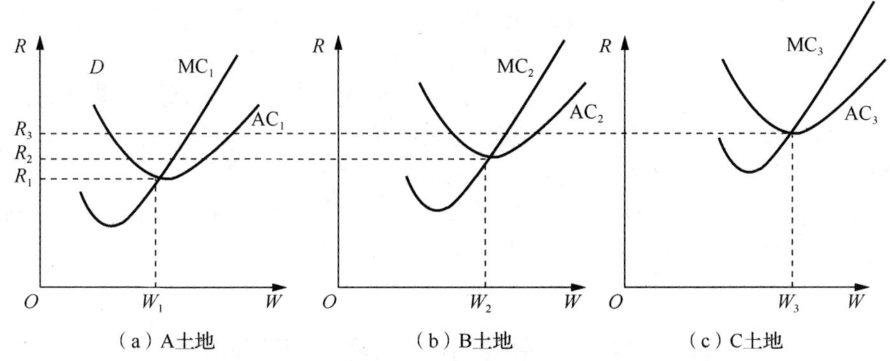

图 8-12 级差地租的形成

三、资本价格的决定

资本代表了一个经济系统的所有有形资源，包括消费品、生产资料、劳动人口等。这里所说的资本，主要是指货币形式的借贷资本。它是由经济体系本身所生产并被用作投入要素来生产未来其他商品和劳务的那些商品。

资本的价格通常称为利息。利息不是用货币的绝对量来表示的，而是用利率来表示，利率是利息在每一个单位时间内（通常是一年）在货币资本中所占的比率。例如，货币资本为 1 000 元，利息为一年 100 元，则利率为 10%。

资本的需求主要来自以下几个方面：①厂商进行投资、技术引进、设备更新；②政府的公共支出；③个人或家庭超过已有收入的支出从而申请贷款等。资本的需求曲线向右下方倾斜。

资本的供给有两种：一种是实物资本供给；另一种是企业用于购买资本的资金供给。实物资本的供给如同商品市场的供给一样，可贷资金的供给来源为个人和企业的银行存款。可贷资金的需求是与利率成反比的，可贷资金的供给与利率是成正比的。

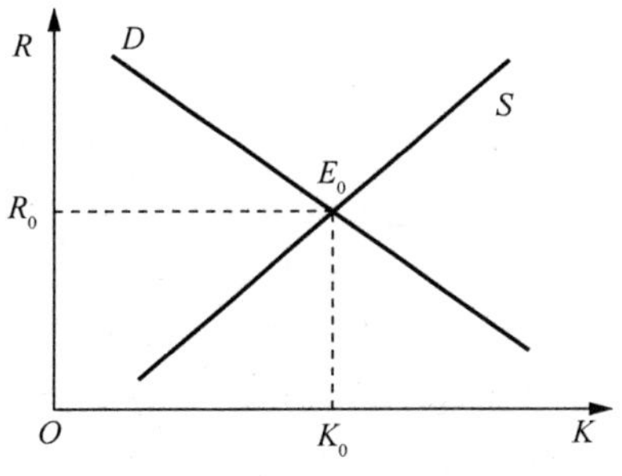

图 8-13 利率的决定

图 8-13 中，横轴 K 代表资本量，纵轴 R 代表利率，D 为资本的需求曲线，S 为资本的供给曲线。需求曲线 D 与供给曲线 S 相交于 E_0 点，R_0 即为均衡利率。

四、利润的决定

利润是企业总收益与总成本的差额，即企业出售产品和劳动所得收入扣除全部费用（包括工资、租金、利息、材料等）所剩余额。在经济学上，一般把利润分为正常利润和经济利润。

正常利润是指企业家才能的价格，也是企业家才能这种生产要素所得到的收入。它包含在成本之中，其性质与工资类似，也是由企业家才能的需求与供给决定的。

市场对企业家才能的需求是很大的，因为企业家才能是生产的关键。劳动、资本与土地结合在一起，生产出更多产品的决定性因素是企业家才能。而企业家才能的供给又是很小的。并不是每个人都具有企业家才能，只有那些有胆识、有能力，又受到良好教育的人才可能具有企业家才能。企业家才能的供给成本是指企业家为获得组织和管理企业能力而支付的费用，培养企业家才能所耗费的成本也是很高的。企业家才能的需求和供给的特点决定了企业家才能的收入——正常利润必然是很高的。可以说，正常利润是一种特殊的工资，其特殊性就在于其数额远远高于一般劳动所得到的工资。经济利润的内容在第六章第四节有详细讲述，在此不再赘述。

第三节　社会收入的分配问题

引导案例

美国的收入分配政策

自20世纪30年代经济危机以来，美国政府为缓和社会矛盾，在初次分配和再分配阶段逐步建立起一整套调整收入分配的政策体系。该体系主要包括以下几个方面的内容：①完善税收调节体系；②完善社会保障体系；③提供教育公平机会；④坚持推进扶贫政策。通过实施收入分配政策，效果明显。

1）从增速来看。居民收入增速由低于经济增速向高于经济增速转变。1935～1999年，美国个人收入由603亿美元上升为79 108亿美元，增长了约130.2倍；GDP由733亿美元上升为93 535亿美元，增长126.6倍，个人收入增速超过了经济增速。2000～2011年，虽然美国个人收入和经济增速均有所放缓，但是仍然保持同步增长，个人收入年均名义增速为4.1%，比GDP增速略高0.1个百分点。美国居民收入的稳定增长，为扩大消费、实现收入分享、增强收入差距的社会承受力提供了基础和条件。

2）从结构来看，美国收入分配格局实现了由金字塔型向橄榄型转变。20世纪30年代中期以来，在收入差距及收入流动性的变化中，美国逐步形成了一个庞大的中产阶级，家庭年收入维持5万美元以上的稳定在50%以上，基本实现了“两头小、中间大”的橄榄型分配结构。2011年，美国中等收入家庭的比例下降到51%，高收入家庭比例为20%，低收入家庭比例为29%，橄榄型的收入分配结构基本稳定。

3）从收入差距来看，基尼系数虽然有所上升但逐渐趋稳。20世纪六七十年代，是美国收入差距较小的时期，家庭基尼系数在0.35～0.36。之后20多年里，家庭基尼系数不断攀升，并在1989年突破0.40，收入差距呈扩大的趋势。2000年以后，虽然家庭基尼系数没有明显下降，但总体趋稳态势明显。

4）从贫困率来看，贫困人口比例呈总体递减的趋势。1959年，美国四口之家的贫困线为2 973美元，贫困率为22.4%；2011年，虽然贫困线提高至22 314美元，但是贫困率降低至15.3%。1959～2011年，贫困率降低了7.1个百分点。

5）从比重来看，劳动报酬份额保持了先上升后稳定的态势。随着美国各项调整收入分配政策的实施，劳动报酬比例不断攀升，1974年一度接近60%，之后一直维持在54.9%～59.0%的水平。

本节主要对社会分配问题进行探讨。社会收入分配问题主要是收入分配是否平等的问题，其衡量工具主要为洛伦兹曲线与基尼系数。另外，在社会收入分配的问题中，我们还要注意平等和效率。

一、洛伦兹曲线与基尼系数

衡量社会收入不平等的基本指标主要有贫困率、洛伦兹曲线和基尼系数。贫困率是衡量一个国家中处于贫困线以下的家庭的百分比。贫困率指标没有考虑食品补偿计划、医疗补助计划等项目，也忽略了贫困线以上家庭收入的不平等的不足，因此在这里重点介绍一下后两种指标。

（一）洛伦兹曲线

洛伦兹曲线是由美国经济学家洛伦兹提出的，是用来衡量社会收入分配平均程度的曲线。它是以人口百分比为横轴，以收入百分比为纵轴的矩形图。洛伦兹曲线如图8-14所示。

图8-14中，OC为矩形的45°对角线，这条线表明收入分配绝对平等，称为绝对平等线。OHC表示收入绝对不平等，是绝对不平等线。ODC是洛伦兹曲线。洛伦兹曲线与OC越接近，收入分配越平等；洛伦兹曲线与OHC越接近，收入分配越不平等。

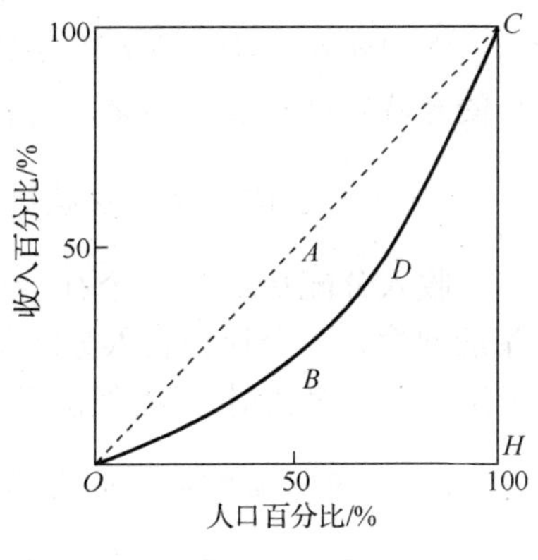

图8-14 洛伦兹曲线

（二）基尼系数

20世纪初，意大利经济学家基尼，根据洛伦兹曲线得到了判断分配平等程度的指标。这一指标称为基尼系数。基尼系数等于不平等面积与完全不平等面积之比。

假设ODC与OC所围的面积为A，为不平等面积；OHC与OC所围的面积为$A+B$，为完全不平等面积。设g为基尼系数，则有

$$g=\frac{A}{A+B}$$

显然有

$$0 < g < 1$$

基尼系数是衡量一个国家贫富差距的标准。基尼系数=0，表明收入分配绝对平等；基尼系数=1，表明收入分配绝对不平等。基尼系数越小，收入分配越平等；基尼系数越大，收入分配越不平等。

基尼系数的优点是便于了解、掌握和比较。人们可以对一个国家不同时期的基尼系数进行比较，也可以对不同国家的基尼系数进行比较。基尼系数的缺点是不能说明不平等的全部情况；同一阶段不同国家可能采用不同的统计口径和资料，可比性差。

基尼系数是国际通用的衡量贫富差距的方法。联合国有关组织规定的基尼系数如表 8-1 所示，国际上一般以 0.4 为警戒线。

表 8-1　联合国有关组织规定的基尼系数

基尼系数	收入分配平等程度	基尼系数	收入分配平等程度
0	绝对平等	0.4～0.5	差距较大
0～0.2	绝对平等	0.5～0.6	收入差距悬殊
0.2～0.3	比较平等	0.6～1	高度不平等
0.3～0.4	基本合理	1	绝对不平等

二、收入不平等的原因

在现实社会中，收入不平等是一个客观事实，引起收入不平等的原因有很多，如社会的经济发展状况、要素所有权的分布不均、制度原因、个体差异等。

（一）社会的经济发展状况

收入分配状况与一个社会的经济发展状况有关，根据美国经济学家西蒙·库兹涅茨的研究，一个社会收入分配状况变动的规律：在经济开始发展时，收入分配不平等随经济的发展而加剧，只有经济发展到一定程度之后，收入分配才会随经济发展而较为平等。

（二）要素所有权的分布不均

市场经济是按照生产要素的边际生产率决定个人收入的。而生产要素所有权分布不均，必然会造成收入分配的不均等。

（三）制度因素

收入分配不平等的状况与一个国家的制度相关。例如，一些国家存在的户籍制度、受教育权利的不平等、性别歧视、种族歧视等。

（四）个体差异

收入分配状况与个体差异存在联系。每个人的先天能力、努力、受教育程度不同。

有较高天赋的人可以从事较高收入的职业。天赋一般但勤奋努力而又吃苦耐劳的人的收入自然也高。特别是，人的受教育程度与个人收入之间具有极大的相关性。受教育程度越高，能力越强，收入水平越高，这已是一个不争的事实。

三、平等与效率

收入分配的理论引出了公平和效率的问题。所谓效率，指的是资源的有效配置；所谓公平，是指社会成员的收入均等或机会均衡。

公平与效率的关系是一个永恒的矛盾。只考虑公平，不讲效率，就不利于调动人们的积极性和创造性，也就不能达到产出的最大化；而只考虑效率，又会过分拉大收入差距，不利于实现社会公平，容易引起不稳定。但从大的方面来说，二者又是一致的。公平促进效率，不公平将导致低效率。要在不同的领域分别对待公平与效率的关系，在政策、制度层面要强调公平，因为政策、制度属于上层建筑领域，它的公平直接影响效率。

在市场经济中，分配原则是效率优先的。市场经济本身没有自发实现平等的机制。因此，收入不平等问题要通过政策来解决，即要做到效率优先，兼顾公平。

本章小结

分配理论主要涉及劳动、资本、土地和企业家才能 4 种基本生产要素，它们的报酬分别是工资、利息、地租和正常利润。

生产要素的需求取决于生产要素的边际生产力，而生产要素的供给是在不用报酬的情况下，生产要素市场上所提供的要素数量。

洛伦兹曲线是衡量社会收入分配平等程度的指标，洛伦兹曲线越弯曲，说明收入分配越不平等。

基尼系数也是衡量社会收入分配平等程度的指标，基尼系数越小，收入分配越平等；基尼系数越大，收入分配越不平等。

公平和效率的关系是一个永恒的矛盾。解决收入不平等问题就要做到效率优先，兼顾公平。

案例分析

中国的基尼系数

2012～2015 年中国居民收入的基尼系数 0.474、0.473、0.469、0.462，2016 年的基尼系数是 0.465，比 2015 年是提高了 0.03，但是它并没有改变中国基尼系数总体下降的趋势。2015 年中国城乡居民收入的相对差距还是在缩小，从 2.73%下降到 2.72%，但基尼系数为何又有所扩大呢？我们根据微观调查，认为主要有两个原因：①城市一部分低收入者的养老金收入增速略微放缓。②农村一部分只靠粮食生产收入为主的农民，由于粮价的下跌，收入略有减少。但总的趋势没有改变，我国加大了脱贫、扶贫攻坚的力度，加大了城镇化、城乡一体化的步伐，会保持居民收入差距逐步地缩小的这种趋势，这是可以预期的。

下一步，我们还是要立足中国的基本国情，正确处理市场与效率、发展与分配的关系，一手抓科学发展，把我们的蛋糕做得更大，另一手狠抓收入分配，把我们的蛋糕分得更好，从而使我们在全面建成小康社会的过程中，不仅是居民人均收入和 GDP 翻一番，而且收入分配更平等，使中低收入居民的收入要增加得更多一些。

（资料来源：佚名, 2017. 统计局：近年中国的基尼系数总体上呈下降趋势[EB/OL].(2017-01-20)[2018-09-13]. http://jingji.cctv.com/2017/01/20/ARTIWTRT6Bk9FqtW4mK1jeNf170120.shtml.）

思考：通过阅读给出的材料，结合所学的知识，阐述一下对我国社会分配制度的看法。

实训项目设计

实训项目一：

假设你是一个厂商，在生产过程中，你只把劳动作为可变要素，生产函数为 $Q=-0.01L^3+L^2+36L$，Q 为厂商每天产量，L 为工人的日劳动小时数。所有市场均为完全竞争的，单位产品价格为 0.01 美元，每小时工资为 4.8 美元。作为厂商，如何确定利润最大化时的每日劳动的投入量？如果厂商每天支付的固定成本为 50 美元，那么他有利可图吗？

学生分组，根据给出的数据，结合所学知识，分析问题。

实训项目二：

运用要素分配理论的相关知识，收集、整理 2012～2017 年我国城乡居民家庭人均收入的相关数据，分析我国居民家庭收入情况。

学生分组，进行数据的收集与整理，形成分析报告。

业务技能自测

第九章
微观经济政策

【知识目标】

1. 理解市场失灵的内涵及表现
2. 理解垄断的含义及其影响，熟悉反垄断政策
3. 熟悉公共物品的特点、类型及供应政策
4. 熟悉外部性的表现、类型及纠正措施

【能力目标】

1. 能够解释经济社会中出现的市场失灵的现象
2. 能够对经济社会中存在的垄断现象做出判断并提出反垄断措施
3. 能够正确认识公共物品，并分析其问题所在
4. 能够对经济社会中存在的外部性做出判断并提出纠正措施

市场是组织经济活动的一种方法，市场的效率取决于市场的竞争性。在完全竞争市场中，市场机制的调整使资源配置达到最优化。但完全竞争市场是一种理想化的假设，在现实的经济社会中，市场并不是万能的，它在调节经济的同时，也往往会出现一些解决不了的问题，我们将其称为“市场失灵”。

所谓市场失灵，是指市场机制不能正常发挥作用，从而使资源配置不能达到最优状态，其外在表现为垄断、公共物品、外部性等特征。在市场失灵时，市场所调节的经济就会出现低效率、资源配置不足或过度。因此，政府就会实施微观经济政策干预市场，对市场自发作用进行某些修正、限制和补充，以提高经济效益和社会福利水平。

第一节　反垄断政策

垄断的罪与罚

2012年年底，贵州茅台酒股份有限公司（以下简称茅台公司）对旗下经销商发出最低限价令，要求经销商不得擅自降低销售价格。2013年1月，3家经销商由于低价和跨区域销售被处以暂停执行茅台酒合同计划，扣减20%保证金，并被提出黄牌警告。五粮液集团有限公司（以下简称五粮液集团）紧随其后，发布营销督查处理通报，对12家降价或窜货的经销商进行通报处罚。2013年1月15日，茅台公司遭到反垄断调查，之后该公司发布声明，表示将立即根据相关部门的调查情况进行整改，撤销违反《中华人民共和国反垄断法》的营销策略。2013年1月18日，五粮液集团继茅台公司后接受国家发改委约谈，表示将根据要求彻底整改，并撤销对经销商的处罚。2013年3月11日，茅台公司、五粮液集团已经认缴全部罚款，短短两个月，天价反垄断案结束。

（资料来源：李泽帅，2013. 纵向垄断的罪与罚.（2013-08-20）[2018-12-12]. https://yantai.dzwww.com/caijing/cjt/201308/t20130820_8784866.htm.）

一、垄断与低效率

本节中的垄断不同于市场结构部分的垄断，它是一种经济行为，是指一家或少数几家厂商控制某种产品的全部或部分供给的现象。在社会中，一方面存在大量自由竞争的中小企业，另一方面存在一些垄断竞争的经济实力雄厚的大企业。垄断的存在，阻碍了自由竞争和市场机制的作用，使资源配置没有达到最优，给社会带来了一些弊端。

（一）垄断缺乏公平，降低经济效率

垄断市场产品的价格不是由市场的供求关系决定的。垄断厂商为达到利润最大化的目标，会使其生产的边际成本等于边际收益，从而决定了其利润最大化条件下的最优产量。在该产量水平上，形成了垄断价格，这一价格往往高于边际成本。这样，该垄断厂商的利润最大化状况并没有达到帕累托最优状态。垄断价格往往高于边际成本，形成垄断利润，从而使消费者愿意为增加额外一单位产量所支付的价格超过了生产该单位产量所引起的成本。

（二）垄断造成寻租行为

寻租中的租，即租金，体现为利润、利益、好处。寻租，即对经济利益的追求。垄断通过制定高于边际成本的价格来获取经济利润，而经济利润的激励，往往会引起垄断寻租行为。寻租是获取消费者剩余、生产者剩余、经济利润的努力，这种活动不限于垄断，但努力获取垄断的经济利润是寻租的主要形式。寻租者可以通过购买垄断和创造垄断两种方式实现他们的目的。购买垄断是以低于垄断经济利润的价格购买到某种垄断；创造垄断是一种政治活动，企业可能花费巨资游说政府立法机构或政府官员，以期获得某种特许经营权或通过立法形式创造某种进入障碍。

（三）垄断造成社会福利损失

垄断者为了获取最大的利益，往往实行产量限制。其投放市场的产品数量必然小于市场的需要，同时消费者的需求又很多，加上长时间的需求积压，会使需求变得越来越大，结果是消费者被迫出高价购买，但只能消费低于社会最优产量的商品，导致社会福利损失。如此不断地恶性循环，市场就不会沿着有效的轨迹运行。

二、政府反垄断政策

垄断会导致资源的配置缺乏效率，因此也就产生了对垄断进行公共管制的必要性。

（一）管制

对垄断行为的管制分为经济性管制和社会性管制。经济性管制涉及价格管制，生产、进入和退出条件管制等；社会性管制目的是修正负的外部性、限制有损健康和安全的状况等。

（二）制定反垄断法

1890 年，美国国会通过了《谢尔曼反托拉斯法》。1914 年，《克莱顿法案》补充了《谢尔曼反托拉斯法》，并且成立了负责实施反托拉斯法的机构——美国联邦贸易委员会。日本在 1947 年颁布了《禁止私人垄断和确保公正交易法》。德国于 1957 年颁布了《反对限制竞争法》。欧洲共同体理事会 1989 年颁布了《欧共体企业合并控制条例》，把控制企业合并作为欧洲共同体竞争法的重要内容。意大利在 1990 年颁布了《反垄断法》。现在，经济合作与发展组织（Organisation for Economic Co-operation and Development，OECD）的所有成员都有反垄断法。中国在 2007 年 8 月通过了《中华人民共和国反垄断法》，2012 年 1 月通过了《最高人民法院关于审理因垄断行为引发的民事纠纷案件应用法律若干问题的规定》。

反垄断法的任务就是防止市场出现垄断，以及对合法产生的垄断企业进行监督，防止它们滥用市场优势地位。反垄断法的主要任务有以下几个方面。

（1）禁止卡特尔

经济学家亚当·斯密曾经说过，生产同类产品的企业很少聚集在一起，如果它们聚集在一起，其目的便是商讨如何对付消费者。反垄断法上将这种限制竞争性的协议称为卡特尔。例如，电视机生产企业通过协议商定，每台电视机的售价不得低于 3 000 元。这种协议就会排除它们在价格方面的竞争。这种卡特尔被称为价格卡特尔。为了维持产品的高价，竞争者之间也可以通过协议限制生产或者销售数量，如 1998 年中国生产电视机显像管的八大企业联合限产。这种卡特尔被称为数量卡特尔。此外，生产同类产品的企业还可以通过协会划分销售市场，这种卡特尔被称为地域卡特尔。

卡特尔对市场竞争的损害是非常严重的。对价格卡特尔来说，被固定的价格一般会大大超过有效竞争条件下的价格水平，这种卡特尔自然会严重损害消费者的利益。此外，在价格被固定的情况下，效益好的企业因为不能随意降价，不能根据市场的情况扩大自己的生产规模，所以它们也就不能扩大自己的市场份额。对地域卡特尔来说，分割销售市场也是对竞争的严重损害。因为在这种情况下，参加卡特尔的企业各自在其销售地域都有着垄断地位，这一方面使消费者失去了选择商品的权利，另一方面使市场失去了优胜劣汰的机制，即效益差的企业不能被淘汰，效益好的企业不能扩大生产规模，这就会严重损害企业的竞争力，使社会资源不能得到优化配置。

（2）控制企业合并

市场经济下的企业本身有着扩大规模和扩大市场份额的自然倾向，如果对合并不加控制，允许企业无限制地购买或者兼并其他的企业，那么将不可避免地消灭市场上的竞争者，导致垄断性的市场结构。正是出于维护市场竞争的需要，各国反垄断法都有控制企业合并的规定。这种控制的目的不是限制企业的绝对规模，而是保证市场上有竞争者。

（3）禁止行政垄断

行政垄断是指政府及其所属部门滥用行政权力，限制经营者的市场准入，排斥、限制或者妨碍市场竞争。行政性限制竞争行为不仅严重损害了消费者的利益，还严重损害了企业的利益。

（4）禁止滥用市场支配

企业可以通过合法的方式取得市场支配地位，甚至垄断地位。例如，国家授权一个企业在某个行业享有独家经营的权利，这个享有特权的企业自然就是一个垄断企业。企业也可以通过知识产权（如专利、版权等）取得市场支配地位。例如，微软公司就是通过知识产权在全世界的软件市场上取得了市场支配地位。企业可能会滥用其市场优势地位，损害市场竞争，损害消费者的利益。

第二节　公共物品

引导案例

街道卫生设施改造

假设在一条街道旁有 25 个住户，并且该街道即将进行卫生设施改造，改造的费用为 2 500 美元，因此分摊到每个住户的改造费用为 100 美元。虽然设施的改造可以使所有住户都受益，但当改造费用是自愿支付时，肯定会有一部分的住户拒绝交纳。这部分住户盘算着其他住户会分担改造费用，而此种卫生设施肯定会投入使用。

解决以上问题的方法是，使 25 个相互独立的住户作为一个整体支付这笔费用，即集体意志代表个人意志。在此种情况下，住户可以通过投票决定是否进行设施改造。如果投票的结果认为应该进行改造，那么所有住户都必须交纳费用。

正是由于这个原因，一些公共服务，如国防、公共治安等，就必须由政府组织提供。

（资料来源：作者根据资料整理得到.）

一、公共物品的定义与特征及分类

（一）公共物品的定义与特征

公共物品是与私人物品相对应的一个概念。私人物品是只能提供给消费者个人使用的物品，如食品、服装、电视机等，具有排他性和竞争性。而公共物品一般不能或不能有效通过市场机制由企业和个人来提供，主要是由政府向社会和个人提供的物品，如国防、路灯、警察、公共卫生等，其消费具有非竞争性和非排他性的特征。

公共物品的非排他性是指在技术上或经济上不可能把不支付费用而要消费的人排除在外，即无法排除其他社会成员也同时消费这一类的物品。例如，晚间的路灯，任何人走在路灯下都能受到路灯的照射。公共物品的非竞争性是指消费上的非竞争性，是指每增加一个公共消费者并不影响其他消费者的消费数量和质量，公共物品的供给者也没有增加生产成本，即边际成本为零。例如，路灯下增加一个行人得到照射，并不会增加路灯的边际成本。

（二）公共物品的分类

根据公共物品所具有的非排他性和非竞争性程度的不同，公共物品可分为纯公共物品和准公共物品。

1. 纯公共物品

纯公共物品就是同时满足非竞争性和非排他性的物品，它只能由政府依靠税收采取免费的方式提供。例如，国防、气象预报、灯塔等。它的消费具有非排他性，即无法排除个人从公共物品中获利。因为公共物品一旦被生产出来，生产者就无法决定由谁来得到它。

2. 准公共物品

准公共物品是指不同时具有非排他性和非竞争性的产品。其中一类准公共物品是在消费上具有非竞争性，但是可以较轻易地做到排他的物品。这类物品的使用和消费局限在一定的区域里，其受益的范围是有限的。例如，有线电视和网络媒体，如果所有人都在任何时间免费观看，那么就会造成数据传输的巨大阻塞，结果将会导致所有人都不能观看，所以必须通过收费的办法予以限制。另一类准公共物品是在消费上具有竞争性，但是无法有效地排他。例如，公海中的鱼类资源，如果某人在海洋中捕鱼捕得越多，那么其他人捕鱼的代价就越大，并且我们很难只让那些付钱的人捕鱼，因此鱼类资源是非排他性的。

二、公共物品与市场失灵

（一）公共物品的非排他性导致市场失灵

公共物品的非排他性决定任何公共物品的消费者都不能阻止其他人无偿享用该物品，不能独占其全部效用和收益，出现“搭便车”的现象。如果公共物品由某个私人来提供，提供者要负担这种物品的全部生产成本，但这种物品带来的收益由全部消费者共同分享，提供者不能将那些获得收益但又不付钱的消费者排除在外，无法取得所应得的收益。又由于消费者支付数量不足弥补公共物品生产者的生产成本，其结果是低于最优数量的产出，甚至是零产出。

（二）公共物品的非竞争性导致市场失灵

公共物品的非竞争性决定没有人必须为他通过消费所获得的效用与其他任何人竞争，因而他对公共物品也就不存在愿意支付的价格。市场也就不存在公共物品的需求曲线。这样公共物品就没有交易和相应的交易价格。但公共物品是一个社会存在和发展必不可少的条件，单靠市场调节又无法充足提供，这就要寻求其他解决途径。

三、公共物品的供应政策

因为公共物品生产者的成本无法得到补偿，所以难以通过市场由私人提供。但是政府可以潜在地解决这个问题：根据公共物品的不同属性和特征，安排公共物品的多元供给制度，使各种公共物品的需求与供给平衡。对某些涉及国计民生、国家安全、公民基本权利与利益的纯公共物品，如国防、公共卫生、公共环境、义务教育、公益事业、流感疫苗等，政府可以通过税收予以提供；同时可以利用市场资源配置和私人部门的经营

与技术优势，来有效地生产各种不同性质的准公共物品（如高等教育、公路、桥梁、有线电视等），可以采取的方式有政府与私人部门签订合同提供，政府以授权、许可的形式委托私人部门提供，政府为私人部门提供补贴，鼓励私人部门提供。

案例阅读

奥运工程外包：政府提供公共物品方式的改革

1. 奥运项目大量外包

2008 年中国第一次举办奥运会，保证奥运会的顺利举办关系到国家的形象与信誉，为此必须按质按量地完成奥运场馆建设，而在庞大的奥运工程建设过程中如何做到及时融资到位，如何防范工程中的腐败，这对北京市政府来说是一个严峻的挑战。为了保证奥运场馆及配套工程如期按质完工，北京市政府采取了与以往不同的方法和措施：一方面，采用项目融资的形式吸引社会资本参与奥运场馆及相关设施的建设。至于出资方式和比例，是政府百分百出资、公私合营，还是民间资本完全出资，这都要根据具体项目商定。另一方面，为了保证 2008 年奥运会顺利举行，北京市政府还决定与社会咨询顾问机构合作。

据知情人士透露，北京市政府将奥运工程外包和与社会咨询顾问机构合作的想法来源于十六届三中全会的《中共中央关于完善社会主义市场经济体制若干问题的决定》。该决定指出，要将“生产建设型政府”“行政审批型政府”变为“公共服务型政府”，把政府不该管的事、管不好的事交给企业、市场和社会机构。

2004 年 3 月初，北京市发展和改革委员会（以下简称北京市发改委）决定对奥运建设项目进行全方位的招聘。在此之前，北京市政府只想针对每个具体的项目分开招聘，但后来觉得与其今天签一个，明天又签一个，还不如先招一批过来建立合作关系，有了具体的项目再联系。为此，北京市政府在 2004 年 4 月 19 日召开了投资北京—奥运经济市场推介会。在这次推介会上，北京市发改委选聘了 20 家中介机构，囊括了财务咨询、投融资咨询、工程咨询、管理咨询及政策研究咨询等方面的机构。北京市发改委主任在奥运经济市场推介会上指出，加上今后还要招聘的咨询机构，各类咨询机构的总数将达到 50 家左右。

2. 普华永道承担奥运外包项目

在本次市场推介会上，普华永道会计师事务所（以下简称普华永道）出现在北京市发改委公布的 20 家咨询顾问机构入选名单中，且名列榜首。

这已经是普华永道第二次被北京市发改委选中。2002 年 7 月至 2003 年 10 月。在北京市政府的授权下，北京市发改委负责国家体育场、国家体育馆和奥运村、会议中心、国家游泳中心四个项目的法人招标工作，公开选聘了 4 类辅助机构协助开展工作，普华永道作为入选的财务顾问之一协助北京市政府做向社会资本融资的工作。

事实上，普华永道与北京市政府的合作已经有很长一段时间。在北京申奥时，普华永道合伙人封和平为北京 2008 年奥林匹克运动会申办委员会担任过财务顾问，在莫斯科国际奥林匹克全会上曾代表北京作财务陈述，而且是分文未取。此后，普华永道和北京市发改委的合作是收费的，虽然收费标准和普华永道的同等业务相比要优惠得多，但这一切已远超出了付费合作的意义。

“如果没有普华永道在申奥时所提供的支持，很可能就没有 2002 年和北京市发改委合作的负责场馆法人招标活动，以及这次的入选，他们在选择时也考虑了我们以前为政府做事的背景。这都是一步步争取得来的”。

普华永道是国际奥林匹克奥委会和奥林匹克基金的审计师与财务顾问，直接参与了亚特兰大奥运会、巴塞罗那奥运会和悉尼奥运会的财务管理与项目融资，并为 2004 年雅典奥运会的场馆建设提供投融资服务。

3. 外包过程中政府与社会机构的磨合

政府与社会机构的合作并不顺利，总是伴随着许多分歧与争执，因此彼此都必须要有耐心与技巧。普华永道与政府的合作就说明了这一点。

首先，中介机构必须对中国本土的文化和运作环境非常了解。普华永道作为一家世界性的公司在本土化这一点上堪称楷模。以员工为例，它在中国地区有 6 000 名员工。在借鉴国际奥运会体育场馆项目融资经验的同时，普华永道做了大量本土化的工作。

其次，社会机构和政府在沟通一些专业领域的问题时会出现分歧，各自的出发点有很大差异。关于项目是否捆绑招标的问题是奥运场馆项目法人招标中双方争执的焦点。4 个项目除了国家体育馆和奥运村是打包的以外，国家体育场、会议中心、国家游泳中心 3 个项目都是独立的，这也是普华永道等顾问机构和北京市发改委“打架”打出来的结果。“因为从财务专业角度来说，打包的最终经济效益不如单独分开运作。”普华永道一位资深工作人员说。然而，北京市发改委实行“打捆招标”方案是有自己的考虑的。北京市发改委认为，奥运场馆属于大型公益性设施，很难实现自身的财务平衡，因此在制订招标方案时，根据各个项目自身的特点和财务测算结果，项目采用“打捆招标”的方式，提高招标项目的盈利能力，以吸引投资者。

最后，在奥运场馆项目法人招标过程中，国际惯例和国内传统观念、行为方式的博弈也是无处不在。普华永道高级经理丛宏彬给北京市发改委写的顾问工作总结中有一条说：因为一些条件不具备，没有将 BOT（build-operate-transfer，建设-运营-移交）运作中的最大经济价值发掘出来。“一个人习惯了靠左走，要改成靠右走没那么容易。”丛宏彬说：“普华永道 1995 年、1996 年试图引进 BOT 概念，为上海外高桥二期电厂、成都六水厂、武汉君山长江大桥等做了 BOT 可行性研究，但那时中国大陆市场的整体环境还达不到做 BOT 的要求。现在有了很大突破，可以说在 80%的程度上是严格按照国际惯例来做的，还有 20%的则有法律、经济、商务环境等各方面的原因。”据了解，中国目前现行的招标法里基本上都是关于工程招标的规定，还没有制定专门的法人招标法和 BOT 招标法。

4. 政府职能外包的成效与局限

虽然政府职能在外包过程中存在着不少问题，但是奥运场馆项目的外包还是取得了不错的成绩。据了解，截至2003年11月8日，完成项目法人招标的国家体育场、国家体育馆和奥运村、会议中心、五棵松文化体育中心、奥林匹克水上公园5个项目，总投资约为205亿元，其中85%（即174亿元）的资金是通过这次项目法人招标获得的，这在很大程度上弥补了政府财力不足的问题。

尽管如此，奥运工程的外包也有一定的局限性，这是因为奥运体育场馆建设项目先天性不具有很强的盈利能力。据了解，大型体育场馆的法人招标在世界上也并非易事。悉尼奥运场馆及相关配套设施项目虽然招标成功，但在运营阶段只有奥运村是成功的。“因为奥运村作为一个房地产开发项目较容易盈利，而奥运场和奥运馆虽然招标成功了，但后期面临的经营不善、负债沉重等诸多问题怎能算成功呢？”丛宏彬说。

（资料来源：李用，2004. 将政府职能外包，奥运工程成政府改革难得的试验[EB/OL].(2004-06-15)[2018-10-11]. http://www.hexun.com.）

第三节 外 部 性

引导案例

当火车驶过农田的时候

20世纪初的一天，列车在绿草如茵的英格兰大地上飞驰。车上坐着英国经济学家亚瑟·赛斯尔·庇古。他边欣赏风光，边对同伴说：“列车在田间经过，机车喷出的火花（当时是蒸汽机车）飞到麦穗上，给农民造成了损失，但铁路公司并不用向农民赔偿。这正是市场经济的无能为力之处，称为‘市场失灵’”。

1971年，美国经济学家乔治·斯蒂格勒和阿门·阿尔钦同游日本。他们在高速列车（这时已是电气机车）上想起了亚瑟·赛斯尔·庇古当年的感慨，就问列车员，铁路附近的农田是否受到列车的损害而减产。列车员说，恰恰相反，飞速驰过的列车把吃稻谷的飞鸟吓走了，农民反而受益。当然铁路公司也不能向农民收取赶鸟费。这同样是市场经济无能为力的，也称为“市场失灵”。

同样一件事情在不同时代与地点的结果不同，两代经济学家的感慨也不同。但从经济学的角度看，火车通过农田的不同结果，其实说明了同一件事：市场经济中的外部性与市场失灵的关系。

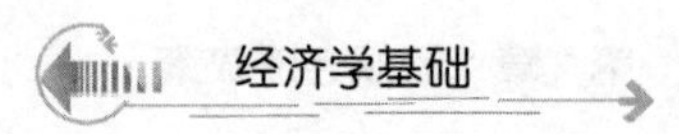

一、外部性特征

（一）外部性的定义

外部性，又称为溢出效应、外部影响。经济学家保罗·萨缪尔森在其《经济学》一书中提到“外部性或溢出效应是企业或个人向市场之外的其他人所强加的成本与收益”，即外部性是人们的经济活动对市场经济活动之外的其他人所造成的影响，而这些影响不是通过价格来反映的，可能有些人得到了收益却没有付出相应的成本，而有些人付出了成本却没有得到相应的收益。例如，造纸厂排放未经处理的污水、公共场合大声喧哗、汽车排放尾气、禽流感肆虐等使人的健康受到了损害却没有提供相应的补偿；植树造林、安装路灯等会给人们带来收益也没有因此收费。

（二）外部性的分类

根据外部性给人们带来的效应，外部性可以分为正外部性和负外部性。

正外部性，也称外部经济，指的是某一市场主体的生产和消费行为给他人带来了可以无偿得到的收益，是正面的、积极的收益外溢。例如，果园旁边的蜜蜂养殖场，蜜蜂在果园里四处飞舞采集花蜜，不仅增加了养殖者的收益，而且为果树传播了花粉，从而提高了果园的产量。

负外部性，也称外部不经济，指的是某一市场主体的生产和消费行为给他人带来损失，是负面的、消极的、有害的影响。例如，沿着一条河建立的化工厂和养鱼场，化工厂排放的废水给河流带来了污染，使下游的养鱼场的产量下降。因此，化工厂给养鱼场带来了损失，产生了外部非经济性，而且化工厂的产量越大，给养鱼场带来的负外部性也就越大。

二、外部性对效率的影响

外部性对经济效率的影响在于，它使私人行为与社会需要的数量出现差异。这一点可以用私人成本和社会成本加以说明。

私人成本是指一个经济单位从事某次经济活动所需要支付的费用，通常按照企业所用的资源的市场价格来计算。社会成本是指整个社会为进行某项生产经营活动所支付的一切费用，包括从事此项经济活动的私人成本，以及这一活动给其他经济单位带来的成本。如果一项活动产生负外部性，那么社会成本大于私人成本；如果一项经济活动产生正外部性，那么社会成本小于私人成本。例如，某人晚上在家里大声放音乐影响邻居休息，私人成本就是牺牲了自己的时间，而社会成本就是牺牲了自己的时间和邻居的休息时间。

同样，分析外部性对经济的影响可以用私人收益与社会收益来说明。如果一项经济活动产生正外部性，那么私人收益小于社会收益；如果一项经济活动产生负外部性，那

么私人收益就大于社会收益。

在存在外部不经济的条件下，私人厂商的最优产量大于社会的最优产量，在存在外部经济的条件下，私人厂商的最优产量小于社会最优产量。因此，无论一个经济单位对其他经济单位的影响是正还是负，私人自主决策所决定的最优产量都是缺乏效率的。

三、外部性影响矫正的政策

（一）对正外部性的矫正政策

对于具有正外部性的企业，国家可以采取发放津贴、财政补贴的办法，使企业的私人利益与社会利益相等或接近。无论国家采取哪种方法，只要社会成本和社会利益相等，那么资源配置便可实现最优。

（二）对负外部性的矫正政策

（1）征收税收

这种方法是在20世纪30年代由亚瑟·赛斯尔·庇古提出的。亚瑟·赛斯尔·庇古在1920年出版的《福利经济学》中进行了阐述，因而也被称为“庇古税”。“庇古税”是根据污染所造成的危害程度对排污者征税，用税收来弥补排污者生产的私人成本和社会成本之间的差距，使两者相等。如果一种商品的生产存在负外部性，由于私人成本小而私人收益大，市场决定的产量水平可能相当高，政府要减少其供给，就会通过征税或罚款等方式，从私人得到的收益中拿出一部分，然后对造成外部经济的家庭或厂商进行补偿。如果一种商品的生产存在正外部性，由于私人成本大而私人收益小，市场决定的产量水平可能相当低，政府就会试图扩大其供给，可以给正外部性的提供者补贴，直至社会收益恰好等于私人收益，或社会的成本恰好等于私人的成本。

这是解决负外部性问题的标准药方。事实上，依靠征税也不能完全解决外部性问题，其难处在于政府很难得到充分的信息，从而很难设计出适当的税收结构。

（2）行政管制和许可证制度

在防治环境污染的过程中，政府通常采用直接行政干预的措施，通过行政规章或法律规定进行公共管制。但许多管制措施采取一刀切的做法，如严禁排污，或要求控制在一个极低的水平上，导致政府管制措施相对于征税而言是低效率的。鉴于这两个方面的考虑，通常人们认为建立一个排污许可证的交易市场，在保持一国总的排污额度不变的情况下，将排污额度从排污成本较高的厂商转移到排污成本较低的厂商，有助于提高效率。

（3）产权界定

在许多情况下，外部性的存在之所以导致资源配置效率低下，是因为产权不明确。产权明确之后，可以使外部问题通过市场交易来解决。产权是决定一定资源、物品和劳务的所有、使用和处置的一种社会安排。在现代社会，产权是一种由法律赋予的所有权。系统地论述产权问题的著名学者是美国当代经济学家罗纳德·科斯。科斯注意到了交易成本的存在。科斯定理认为，在产权明确的前提下，如果人们可以用较低的成本或不投入成本进行谈判，那么外部性问题可以通过市场来解决。

案例阅读

科斯定理的应用

假设有一工厂，它的烟囱冒出的烟尘使居住在工厂附近的5户居民所洗晒的衣服受到损害，每户的损失为75元，5户损失共为375元。为了解决这一问题，假设有两种治理办法可供选择：一是在工厂的烟囱上安装一个除尘器，其费用为150元；二是为每户提供一个烘干机，使他们不需要去晒衣服，烘干机的费用假设为每户50元，成本为250元。显然，在这两种解决办法中，第一种是比较节约的，它的成本较低，代表最有效率的解决方案。

（资料来源：波林斯基，2009. 法律学和经济学引论[M]. 郑戈，译. 北京：法律出版社.）

本章小结

市场失灵是指市场机制不能正常发挥作用，从而资源配置不能达到最优状态。市场失灵是客观存在的，导致市场失灵的因素主要有垄断、公共物品、外部性等。

垄断是指一家或少数几家厂商控制某种产品的全部或部分供给。垄断缺乏公平，低效率，容易造成腐败和寻租行为。政府可以通过行政管制、制定反垄断法等政策减轻或消除垄断。

公共物品是与私人物品相对应而言的，其具有非排他性和非竞争性。政府必须提供涉及民生、国家安全、公民基本权利和利益的纯公共物品。

外部性又可称为溢出效应、外部影响。外部性的存在使私人行为与社会需要的数量出现差异，竞争的结果变得没有效率。外部性问题可以通过税收、补贴、产权界定等方法解决。

案例分析

斯特奇斯诉讼案

在斯特奇斯诉布里奇案的诉讼中，被告糖果制造商在威格莫尔街开办了一家糖果制造厂。后来，作为此案原告的医生迁居邻近的房屋内。在开始的八年中，糖果制造商使用的机器并未对医生造成损害。但此后医生在花园尽头紧挨制造商炉灶处造了一间诊所，他发现糖果制造商的机器发出的噪声和震动使他难以使用他的新诊所，尤其是噪声妨碍他用听诊器检查病人的肺部疾病。他还发现在此不可能进行任何需要思考和集中精力的工作。

思考：

1）上诉案例中所涉及的问题在经济学中被称为什么？这类现象怎样扭曲了资源配置？通常可采用哪些方法解决这一问题？

2）假如医生由于糖果厂的噪声导致了 800 英镑的损失，而商人关闭糖果厂或将该厂迁往别处的代价均为 1 000 英镑。若法院将享有安静的工作和生活环境的权利判给医生，而医生和糖果商通过谈判达成协议及维持协议等的费用均为 0，那么，糖果商最终将不得不关闭他的厂子或离开威格莫尔街吗？为什么？

3）若法院将使用安静环境的权利判给糖果商，从而糖果商有权释放噪声，结局又会怎样？

实训项目设计

实训项目一：

某一城市建设规划的总体布局是居民区和商业区在城市的东部，几家化工厂分布在城市的西部。化工厂都是生产相同农药的，在生产的过程中向周围排放了有害气体和污水，对社区居民产生不利的影响。

学生分组，讨论下列问题：

1）化工厂的外部性为什么会存在？

2）私下讨价还价能否解决化工厂的外部性？

实训项目二：

1968 年，美国学者哈定在《科学》杂志上发表了一篇题为《公地的悲剧》的文章。英国曾经有这样一种土地制度——封建主在自己的领地中划出一片尚未耕种的土地作为牧场（称为公地），无偿向牧民开放。这本来是一件造福于民的好事，但由于是无偿放牧，每个牧民都尽可能多地养牛羊。随着牛羊数量无节制地增加，公地牧场最终因“超载”而成为不毛之地，牧民的牛羊最终全部被饿死。

学生分组，利用经济学理论解释该问题。

业务技能自测

第十章
国民收入的核算

【知识目标】

1. 理解国民生产总值和国内生产总值的含义
2. 理解中间产品和最终产品的含义
3. 掌握国民生产总值和国内生产总值的区别
4. 掌握国民收入指标体系之间的关系
5. 掌握国民收入核算的 3 种方法

【能力目标】

能够利用 3 种方法核算国民收入

第一节 国民生产总值与国内生产总值

引导案例

GDP 解读

2018 年 2 月 28 日，国家统计局发布了《中华人民共和国 2017 年国民经济和社会发展统计公报》。公报显示，2017 年，全年 GDP 为 827 122 亿元，比上年增长 6.9%。其中，第一产业增加值为 65 468 亿元，增长 3.9%；第二产业增加值为 334 623 亿元，增长 6.1%（图 10-1）；第三产业增加值为 427 032 亿元，增长 8.0%。第一产业增加值占 GDP 的比重为 7.9%，第二产业增加值比重为 40.5%，第三产业增加值比重为 51.6%。全年最终消费支出对 GDP 增长的贡献率为 58.8%，资本形成总额贡献率为 32.1%，货物和服务净出口贡献率为 9.1%。全年人均 GDP 为 59 660 元，比上年增长 6.3%。全年国民总收入 825 016 亿元，比上年增长 7.0%。

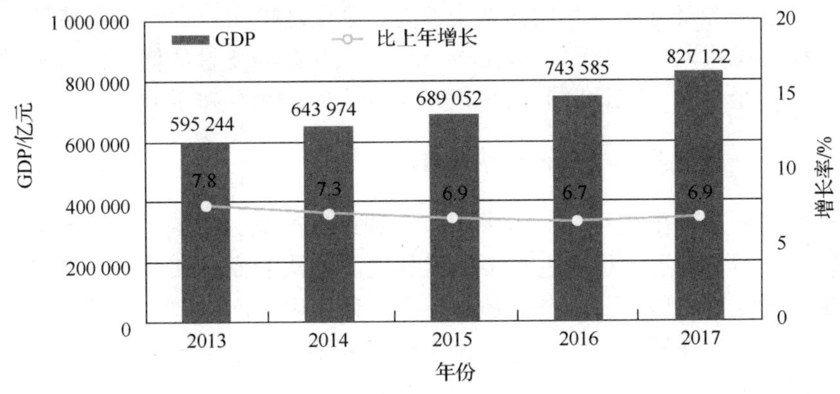

图 10-1 2013～2017 年 GDP 及其增长率

（资料来源：国家统计局，2018. 中华人民共和国 2017 年国民经济和社会发展统计公报[EB/OL].(2018-02-28)[2018-11-13]. http://www.stats.gov.cn/tjsj/zxfb/ 201802/t20180228_1585631.html.）

国民收入是宏观经济学的最基本的总量指标。国民收入是指一个经济社会在一段时期（通常为 1 年）内新创造的最终产品和劳务的货币价值的和。

在衡量一个国家或地区的经济活动时，重点是看其宏观经济的各种总量指标，而经常用来衡量基本经济总量的指标是 GDP 和国民生产总值（gross national product，GNP）。

一、国民生产总值

（一）国民生产总值的定义

GNP 是一国（或地区）居民在一定时期（通常是 1 年）内生产的所有最终物品和劳务的市场价值总和，它是衡量一国经济的重要指标。

（二）国民生产总值理解时的注意事项

正确理解 GNP 的含义，需要注意以下几点。

1. GNP 采取国民原则

本国公民创造的收入，无论他是在国内还是在国外，其收入都应计入 GNP；而外国居民在本国创造的收入不能计算在内。例如，日本日产汽车公司设在中国的制造公司所获得的利润，是日本 GNP 的一部分，不能计入中国 GNP。

2. GNP 是流量

存量和流量是经济分析中常用的两个变量。流量是指在一定时期内某种经济变量的变化数值，如国民收入。存量则是指在一个时点上存在的变量数值，如国民财富。GNP 是流量，它是一个国家（或地区）居民在一个既定时期内生产的物品与劳务的价值。

3. 计入 GNP 的是最终产品和劳务价值之和

产品按照其所在的生产环节分为中间产品和最终产品。最终产品是指能直接用于人们消费的物品，不是为了转售或进一步加工制造而购买的商品和劳务。中间产品是指用于投入再生产的生产资料。一种产品是最终产品还是中间产品取决于谁购买了它，以及为什么目的而购买。在核算国民收入时，为避免重复，通常只计算最终产品的价值。例如，面粉厂以 1 000 元的价格从农民手中购买了小麦，磨成面粉之后，面粉厂将面粉以 1 600 元的价格出售给了面包店；面包店将面粉加工成面包出售，总共获得收入 3 500 元。这里的小麦和面粉就是中间产品，面包则是最终产品，计算时只能把 3 500 元计入 GNP，小麦和面粉则不能计入。因此，在统计 GNP 时必须严格区分最终产品和中间产品。但这在实践中操作起来比较困难，为了避免重复计算，人们常采用“增值法”来统计 GNP。最终产品的价值等于在生产它的各个阶段新增价值之和。厂商的增加价值是他生产的产品减去从其他厂商那里购买的投入要素的成本价值的差额。

二、国内生产总值

（一）国内生产总值的定义

GDP 是指一个国家在一定时期，国内生产的最终产品与劳务的市场价值。它是指一

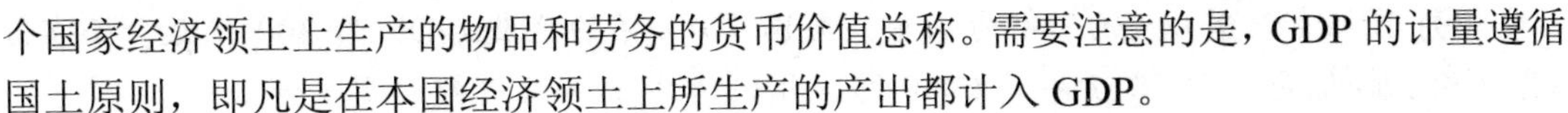

个国家经济领土上生产的物品和劳务的货币价值总称。需要注意的是，GDP 的计量遵循国土原则，即凡是在本国经济领土上所生产的产出都计入 GDP。

（二）国内生产总值理解时的注意事项

正确理解 GDP 的概念，需要注意以下几点。

1. GDP 是一个市场价值概念

GDP 包含了一系列的产品和劳务，不同的产品和劳务是不能简单相加的，应该通过这些产品和劳务的市场价格来计算。而不进入市场交易的产品和劳务没有市场价格，无法计入 GDP。例如，汤姆在超市购买了 10 美元的蔬菜，10 美元就要计入 GDP；如果汤姆在自己花园种的蔬菜自己享用，这个就不能计入 GDP 了。另外赌博、贩毒等违法经营积累的财富也不能计入 GDP。

2. GDP 给出的是最终产品和劳务的价值

GDP 强调最终产品和劳务。中间产品不计入 GDP。

3. GDP 是在一个时期内生产的，而不是销售掉的最终产品价值

强调本期产出，已有的商品不计入 GDP 中，如现有住房的二手房交易、古玩字画等。买卖股票、债券的交易不计入 GDP，因为股票、债券等金融工具代表了对未来收益的要求权，但证券经纪人提供劳务所得的收入应计入 GDP。

4. GDP 是流量

GDP 衡量的是这一段时期内经济收入与支出的流量而不是存量。这个时期通常是 1 年或 1 个季度。

知识链接

名义 GDP 与实际 GDP

宏观经济学中，用当前市场价值来衡量的变量被称为名义变量。

名义 GDP 是指一定时期内以该期价格计算的产出的价值。名义 GDP 的变动有两种原因：一种是实际产量的变动；另一种是价格的变动。

实际 GDP 是用从前某一年作为基期的价格计算出来的当年全部最终产品的市场价值。

名义 GDP 和实际 GDP 的关系可以表示为

$$名义\ GDP=实际\ GDP\times GDP\ 缩减指数$$

GDP 缩减指数也称 GDP 隐含缩减指数，是指在给定的一年中，名义 GDP 与该年实际 GDP 的比率。

【例 10-1】 若以 2015 年为基年，某国 2017 年的名义 GDP 为 300 亿元，而实际 GDP 为 260 亿元，则 2017 年的 GDP 缩减指数为多少？该指数表明了什么？

解：根据公式名义 GDP=实际 GDP×GDP 缩减指数，得

GDP 缩减指数=名义 GDP/实际 GDP

=300/260

≈115.3%

这表明，2015～2017 年该国价格水平上涨了 15.3%。

三、国民生产总值与国内生产总值的联系与区别

GNP 与 GDP 的差异主要是由生产要素在国际流动造成的。GNP 采取国民原则，凡是本国国民创造的收入，无论他是在国内还是在国外，其收入都应该计入 GNP；外国居民在本国创造的收入不计入。GDP 采用国土原则，统计对象是一国领土而无论创造价值者是谁。例如，一个在美国工作的中国公民的收入要计入中国的 GNP 中，但不计入中国的 GDP 中，而计入美国的 GDP 中。反之，一个在中国工作的美国公民的收入要分别计入美国的 GNP 和中国的 GDP 中，但不计入美国的 GDP 中。二者之间的关系，可以表示为

GNP=GDP+国外要素收入净额

国外要素收入净额=本国公民在国外获得的收入-国外公民在本国获得的收入

若本国公民在国外获得的收入大于外国公民在本国获得的收入，即国外要素收入净额大于零，则 GNP>GDP；若本国公民在国外获得的收入小于外国公民在本国获得的收入，即国外要素收入净额小于零，则 GNP<GDP。这两个总量是分析开放经济中的国民收入时的重要指标。

第二节　国内生产总值的核算

引导案例

绿色 GDP

如今，人们谈及环境污染、生态破坏等问题，往往将深层原因归结于 GDP 至上。用 GDP 衡量一个地区的发展状况，具有一定的合理性，GDP 至上则会出现以牺牲生态环境换取经济增长的不良后果。现行的 GDP 没有把资源环境成本和由此带来的社会损失计算在内，生态文明建设则要考虑资源消耗、环境损害、生态效益，追求的是绿色 GDP。

用绿色 GDP 考核政绩，是生态文明的本质要求。如何考核绿色 GDP？专家们争论

了很多年，到现在看法也不一致。生态文明制度建设，不能等专家们达成共识再行动，只能在“尊重自然、顺应自然、保护自然”的理念指导下，到实践中寻找答案，进而凝练为适用范围更广的方法、原则，为制度的顶层设计提供参考。

（资料来源：武卫政，2013. 政绩考核指挥棒应该“绿”起来[EB/OL].(2013-01-05) [2018-11-13]. http://cpc.people.com.cn/n/2013/0105/083083-20092066.html？ol4f.）

思考：一个国家的 GDP 是如何计算出来的？

GDP 是衡量一个经济社会的重要的指标，所以，下面以 GDP 为例来说明国民收入的核算方法。

计算 GDP 的方法主要有支出法、收入法和生产法 3 种。下面分别予以介绍。

知识链接

两种国民经济核算模式

世界上曾经存在两种不同模式的国民经济核算体系：一种是国民账户体系；另一种是物质产品平衡表体系。国民账户体系主要是为适应计划经济体制而设计、产生和发展的，曾在计划经济体制的国家中普遍使用。但随着计划经济逐步转向市场经济，国民账户体系现在基本被弃用。

当前世界各国普遍使用的是物质产品平衡表体系，其基础是联合国 1947 年公布的《国民收入的计量和社会核算表的编制》，以及 1953 年公布的《国民核算表及补充表体系》。物质产品平衡表体系以国民收入生产、分配和使用过程为基础来描述国民经济运行过程。1968 年联合国公布了《国民账户核算体系》，并于 1970 年在世界各国推行实施，20 世纪 90 年代已有 170 多个国家采用。1993 年联合国第 27 届统计委员会会议又通过了关于物质产品平衡表体系的修改方案，在总结各国物质产品平衡表体系实践和应用的基础上，进一步改进和完善了国民经济核算体系。目前国际上基本全部实行以物质产品平衡表体系为基础的国民经济核算体系，国民经济核算体系实现了全球一体化。

我国原来实行的是计划经济条件下的国民账户体系。1992 年，我国提出了国民经济核算体系的试行方案，并确定在 1992～1995 年分两步实施。这标志着我国国民经济核算体系工作正式步入国际一体化的物质产品平衡表体系行列。1998 年，国家统计局在总结多年实践经验的基础上，制定了新的国民经济核算体系，并于 1998 年在《中国统计年鉴》中正式定期公布国民经济核算体系统计数据。

（资料来源：张红智，2012. 经济学基础[M]. 北京：对外经济大学出版社.）

一、支出法

支出法又叫产品支出法或产品流动法、最终产品法，是通过核算一定时期内整个社会购买最终产品的总支出来计算 GDP 的。从支出的角度出发，因为所有最终产品都是提供给市场的，市场上的需求者购买这些最终产品时就会有等量的支出发生。

如果以 $Q_1,Q_2,Q_3,\cdots,Q_n$ 代表各种最终产品和劳务的数量，以 $P_1,P_2,P_3,\cdots,P_n$ 代表各种

最终产品和劳务的货币价值，那么用支出法计算的GDP为

$$\mathrm{GDP}=Q_1P_1+Q_2P_2+Q_3P_3+\cdots+Q_nP_n=\sum_{i=1}^{n}Q_ip_i$$

在现实经济里，社会产品包括居民消费品、企业投资品及政府购买的商品，除此之外，还包括进出口商品，所以对最终产品的支出包括居民消费支出、企业投资支出、政府支出和净出口4个部分。

1. 居民消费支出

居民消费支出（C）是指本国居民对最终产品和劳务的购买支出，它是一个国家总需求支出中的一个重要的组成部分。它主要包括耐用消费品支出、非耐用消费品支出和劳务支出。耐用消费品支出主要包括个人计算机、汽车、空调、电视机等使用寿命较长的消费品的支出；非耐用品支出主要有服装、食物等的支出；劳务支出主要包括医疗、旅游、家政服务等的支出。

2. 企业投资支出

企业投资支出（I）包括固定资产投资支出和存货投资支出两类。固定资产投资支出主要指新厂房、新设备、新商业用房及新住宅的增加所产生的支出。因为固定资产是已经生产出来但不是用于目前消费的物品，所以增加固定资产是一种投资行为。存货投资支出是企业掌握的存货或库存的增加（或减少）所产生的支出。因为存货是已经生产出来但不是用于目前消费的物品，所以增加存货是一种投资行为。

3. 政府支出

政府支出（G）是指各级政府购买物品和劳务的支出。政府支出分为政府购买支出和转移支付。政府购买支出是政府对商品和劳务的购买支出；转移支付是政府对居民进行的没有换取生产要素服务的单方面的支出，如社会福利支出等。

4. 净出口

净出口（NX）是指一国出口额与进口额的差额。可以用公式表示为

$$\mathrm{NX}=X-M$$

式中，X表示出口；M表示进口。

因为出口表示收入从国外流入本国，是用于购买本国产品的支出，所以出口应算入本国GDP；而进口表示收入流到国外，不是用于购买本国产品的支出，应从GDP中减去。如果NX>0，即$X>M$，表示出口大于进口，对外贸易有盈余，使GDP增加。如果NX<0，表示出口小于进口，对外贸易赤字，使GDP减少。

所以，用支出法计算GDP的公式可以表示为

$$\mathrm{GDP}=C+I+G+\mathrm{NX}$$

二、收入法

收入法又称要素收入法、要素所得法或要素支付法，它是把生产要素在生产中生产的产品和提供的劳务所获得的报酬加总计算 GDP 的一种方法。在社会产品的生产过程中，居民、厂商和政府得到的收入主要有以下几个方面。

1）工资薪金。它主要包括实得工资、应付的社会保险金和应缴纳的所得税。

2）净利息。它包括居民实得利息和应缴纳的所得税，但不包括国债的利息。

3）租金。它包括居民出租房屋、土地实得的租金和应缴纳的所得税；包括个人居住自己的房屋应该支付的隐含租金。

4）公司利润。它包括公司已分配的利润、未分配的利润和应缴纳的公司所得税。

5）企业间接税。它包括企业支付的间接税和直接税。间接税是指税收负担不由纳税人承担的税种。企业的间接税纳入企业成本，因而在支出法中，它作为增加值的一部分算入国民收入中。为了使收入法算出的结构同支出法一致，按收入法计算国民收入时应加上企业间接税。直接税是直接对商品成本所征的税，它不能转嫁。

6）折旧费。折旧费是资本的损耗，不是生产要素的投入，但为维持原有资本存量是必须支出的，故应加入 GDP 中。

因此，按照收入法计算的 GDP 为

GDP=工资薪金+净利息+租金+公司利润+企业间接税+折旧费

三、生产法

生产法又称增值法，通过把企业销售产品和劳务所得总收入减去为此而购买的中间产品价值来计算 GDP。因为从价值增加的角度来看，GDP 实际计算的是企业生产的产品和劳务增加的总和。

用生产法核算的 GDP，因为它计算的只是各企业在生产过程中的增加价值，所以可以大致了解国民经济各部门的生产在 GDP 的比重。对于卫生、教育、行政、司法等无法计算增值的部门，按该部门职工的工资收入加总计入 GDP。

第三节　国民经济总量指标

引导案例

GDP 与人民的生活

确定 GDP 有用性的一个方法是把 GDP 作为经济福利的衡量指标来考察国际数据。发达国家与发展中国家人均 GDP 水平差异巨大。如果高的 GDP 导致了高的生活水平，那么，我们就应该看出 GDP 与生活质量是密切相关的。在美国、日本和德国等发达国家，人们预期可以活到70多岁，而且绝大多数的人接受过教育。而在一些发展中国家，人们一般只能活到50多岁，而且，只有一半人接受过教育。人均GDP低的国家往往婴儿出生时体重轻，婴儿死亡率高，母亲生孩子时死亡率高，儿童营养不良的比率高，不能普遍得到安全的饮用水。在人均GDP低的国家，学龄儿童实际在校上学的人少，而且学校也只有很少的教师。这些国家往往拥有的收音机少、电视少、电话少，铺设的道路少，而且，有家用电器的家庭也少，更谈不上拥有汽车等奢侈品。国际数据表明，一国的GDP与其公民的生活水平密切相关。

（资料来源：佚名，2011. 一国的GDP与其公民的生活水平密切相关[EB/OL]. (2011-10-09)[2018-03-05]. http://wenku.baidu.com/view/7b2f384469eae009581bec22.html.）

思考：除此之外，还有哪些指标能够反映社会的福利水平呢？

一、国民收入核算中的其他总量

国民收入核算中除了GNP、GDP两个指标外，还有国民生产净值（net national production，NNP）、国内生产净值（net domestic production，NDP）、国民收入（national income，NI）、个人收入（personal income，PI）和个人可支配收入（disposable personal income，DPI）5个指标。这7个指标之间存在密切的联系。

（一）国民生产净值和国内生产净值

国民生产净值（NNP），是一国一年内新增加的最终商品和劳务的市场价值总和。它等于GNP减去折旧费。

NNP=GNP−折旧费

国内生产净值（NDP），是在一定时期（通常为1年）内在本国领土内新创造的价值总和。它等于GDP减去折旧费。

NDP=GDP−折旧费

国民（或国内）生产总值中“总”字意指在计算各个生产单位产出时，未扣除当期的资本耗费，如果扣除资本耗费（即折旧费），就是国民（或国内）生产净值。

（二）国民收入

这里的国民收入是指狭义的国民收入（NI），是指一个国家在一定时期（通常为1年）内投入生产产品和提供劳务的各种生产要素所获得的报酬总和。从NI与NNP（或NDP）的区别上看，有

NI=NNP（或NDP）−间接税

从生产要素投入生产获得报酬的角度看，有

NI=劳动收入+公司利润+净利息收入+租金收入

（三）个人收入

个人收入是指一国所有国民通过各种渠道获得的收入之和，其中包含转移支付额。从国民收入中减去公司未分配利润、公司所得税和社会保险税（费），加上政府给个人

的转移支付，就可得到个人收入，即 NI 并不全部成为 PI。

（四）个人可支配收入

个人可支配收入（DPI）是一个国家在一定时期（通常为 1 年）内所有的个人可支配的收入总和。从个人收入中减去个人所得税和非税支出就是个人可支配收入。个人所得税包括房产税、遗产税、财产税等；非税支出是教育经费、保险费、医疗费和罚款等。

二、国民经济总量指标的相互关系

通过以上分析，我们可以得出几个指标之间的关系，如图 10-2 所示。

GNP=NNP+折旧费

NNP=NI+间接税+企业转移支付-政府补贴

NI=PI+公司未分配利润+公司所得税+社会保险税-政府转移支付

PI=DPI+个人所得税+非税支出

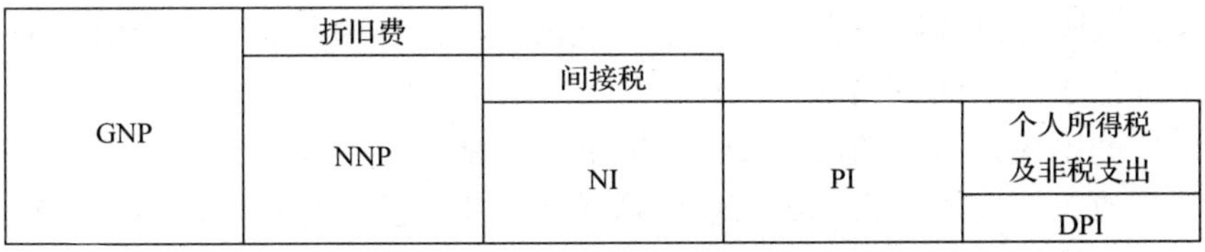

GNP	折旧费			
	NNP	间接税		
		NI	PI	个人所得税及非税支出
				DPI

图 10-2　国民收入核算指标体系之间的关系

本 章 小 结

国民收入是指一个经济社会在一定时期（通常为 1 年）内新创造的最终产品和劳务的货币价值之和。

国民收入核算主要包括 GNP、GDP、NNP、NDP、NI、PI、DPI 7 个总指标，它们之间存在密切的联系。

GDP 是衡量一个经济社会的重要指标。通常情况下，计算 GDP 的方法主要有支出法、收入法和生产法 3 种。支出法是从产品使用去向出发，把一年内用于购买最终产品和劳务所支出的货币价值加总，来计算该年 GDP 的方法；收入法是从收入的角度出发，把生产要素生产的产品和提供的劳务所获得的报酬加总，来计算 GDP 的方法；生产法是按生产物质产品和提供劳务的各个部门的产值来计算的 GDP 的方法。

案 例 分 析

日本面临全球最严峻的老龄化问题和财政问题。日本 65 岁以上人口占总人口的26.7%，为全球最高。预计到 2060 年，日本的劳动年龄人口（15～64 岁）数量将从 1995 年的峰值降至4 418万。不利的人口结构趋势是日本过去20年经济增长低迷的直接原因，更是未来日本经济增长的最大障碍。

人口问题还会加剧日本的财政困难。目前日本国债与 GDP 的比重高达 250%，远高于国际公认的 90%的警戒线，甚至超过深陷债务危机的希腊、意大利等欧洲国家。虽然日本国债大多由国内债权人持有，稳定性较高，但财政的不可持续性是无法回避的问题。

日本养老金的 40%由政府财政负担，随着老龄化加剧，财政收入将越来越难以承担社会保障的重任，政府债务和财政赤字也将进一步攀升，这将对财政可持续性构成巨大挑战。很多日本居民也意识到未来养老金可能出现缺口，因此尽量减少消费提高预防性储蓄，这又降低了当前的总需求，加剧了通货紧缩压力。

面对这样的困境，日本政府自 2012 年年底实施了包括超宽松货币政策、扩张性财政政策和结构改革在内的一系列经济刺激政策。其中，扩张性财政政策包括扩大财政预算和企业减税；结构改革虽然推进缓慢，但在农业、电力和医疗行业已经有所进展。超宽松货币政策包括大规模资产购买和负利率政策，双管齐下压低了长期贷款利率和债券收益率，降低了企业的融资成本。虽然经济刺激政策实施后的短期内经济有好转的迹象，失业率逐步下降，房价止跌回升，但近期日本经济又呈下行态势，通货膨胀率再度跌入负值，市场加深了对日本增长前景的担忧。日本官方预测经济增速长期将介于 0～0.5%，实现 2%的通货膨胀目标困难重重，低增长和低通胀将是未来的常态。

思考：结合本章内容，分析日本经济衰退的原因，以及可以采取的措施。

实训项目设计

实训项目一：

学生分组，讨论下列交易行为中哪些会影响 GDP，并利用所学的知识进行解释。

1）张三搬新家，到商场里购买了一台电视机。

2）三联家电商场从存货中出售了一台冰箱。

3）同学赵四从国外给你带回一套化妆品。

4）某市设计建造了一个公园。

5）潍柴动力公司投资新建了一个厂房。

实训项目二：

浏览济南市统计局网站、青岛市统计局网站、潍坊市统计局网站、菏泽市统计局网站，收集 4 市 2012～2017 年的国民经济与社会发展统计公报的相关数据资料，对 4 个城市的经济与社会发展做出评价。

学生分组，收集相关资料并分析，形成分析报告。

业务技能自测

第十一章
宏观经济均衡

【知识目标】

1. 了解消费函数、理解总供给总需求关系

2. 了解乘数理论、供求均衡等基本概念和原理

【能力目标】

1. 能够应用基本的概念和原理对宏观经济均衡进行分析

2. 能够运用乘数理论来分析宏观经济总量的变动，以及总需求与总供给均衡时的宏观经济状况

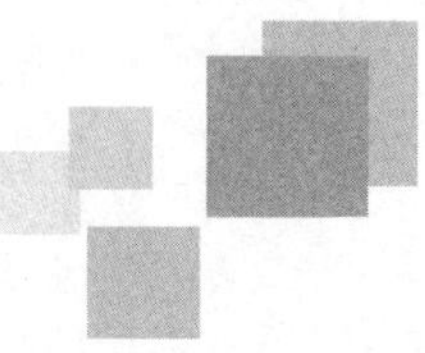

第一节　宏观经济均衡及其实现

引导案例

家电下乡能拉动内需吗

自2008年12月1日起，“家电下乡”试点范围从3个省扩大到12个省，产品包括彩电、冰箱（含冷柜）、手机、洗衣机，农户购买此类家电可享受13%的财政补贴。

2009年前10个月，全国共销售家电下乡产品2 787.8万台，销售额为508.4亿元。为什么小小的家电产品会引起我国最高决策层的高度重视?

据测算，我国农村有2亿多户家庭，即使农村家电普及率仅提高1个百分点，每种家电也可以增加200多万台的需求，而连续四年在全国农村对彩电、冰箱、洗衣机、手机4类农民需求量大的产品实施“家电下乡”，可实现家电下乡产品销售近4.8亿台，累计可拉动消费9 200亿元。

政策实施的效果与专家预测2009年“家电下乡”拉动1 500亿元农村消费虽然有差距，但是“家电下乡”作为国家“扩内需、保增长”政策的重要内容，有力地缓解了国际金融危机对我国家电和电子信息产业的冲击和影响，拉动内需的效果也非常显著。

（资料来源：张满林，刘素梅，2011. 经济学基础[M]. 北京：中国经济出版社.）

一、总供给与总需求

下面将说明各种宏观经济变量如何相互作用达到均衡，以及均衡条件下国民收入是如何决定的。

在宏观经济中，总供给与总需求是用来说明均衡国民收入决定、通货膨胀、失业等问题的重要宏观经济变量。为了均衡国民收入，我们有必要先解释这两个变量的含义。

总供给(AS)是一个经济社会在一定时期内生产出来的所有物品和劳务的数量总和，也就是一个经济的总产出，其市场价值总和构成该经济社会这一时期的GDP总量。我们在度量总供给水平时习惯使用总产出（Y）的指标，总供给的度量也可使用总收入（所有生产要素所有者的收入加总起来就是经济中的总收入）的指标。

总产出和总收入都是总供给的衡量指标，这两个指标是等同的，都代表总供给，可表示为

$$\mathrm{AS}=C+S+T$$

式中，C为消费收入；S为储蓄收入；T为政府税收。

总需求（AE）是一个经济社会中所有成员对最终产品和劳务的有效需求之和。有效需求是指既有需求愿望，又有货币支付能力。度量总需求的指标称为总支出，总支出

是用支出法计算的GDP，包括家庭消费支出（C）、企业投资支出（I）、政府支出（G）和净出口（$X-M$）。家庭和政府需要购买物品与劳务，企业需要进行投资，这些构成了经济内部的需求，加上来自国外的需求构成经济中的总需求。总需求可以用总支出这个统计指标来度量，因此可以得到以下等式：

$$\mathrm{AE}=C+I+G+(X-M)$$

在总支出的 4 个组成部分中，家庭消费支出占的比例最大，在发达国家占总支出的 2/3 左右，最小的部分是净出口，企业投资支出的比例在不同的国家有所不同，通常发展中国家企业投资的比例大一些。政府支出则取决于政府规模的大小和对经济的干预程度。一般来说，各国政府支出大于企业投资支出，并且有上升趋势。

二、总需求决定总供给

当经济社会中的总供给等于总需求时，就实现了宏观经济均衡，这时的国民收入既不增加也不减少，处于不再变动的状态，称为均衡的国民收入。既然国民收入水平是由总供求和总需求共同决定的，那么，均衡国民收入决定的基本条件就是总供给等于总需求。也就是说，当一国一定时期对物品和劳务需求的总和与同一时期的总产出相等时，国民收入处于均衡状态。我们用总产出、总收入度量总供给，用总支出度量总需求，那么，当总供给等于总需求时，总产出、总收入、总支出必然相等，即

Y=总收入-总支出

这个恒定式表示当总供给等于总需求，或者总收入等于总支出时，国民经济就处于均衡状态。

总收入：

$$\mathrm{AS}=C+S+T$$

实际上，政府的税收可分为政府支出和政府储蓄，所以：

$$\mathrm{AS}=C+S$$

总支出：

$$\mathrm{AE}=C+I+G+(X-M)$$

实际上，政府支出（G）和净出口$(X-M)$无非用于消费和投资支出，所以：

$$\mathrm{AE}=C+I$$

又因为：

$$\mathrm{AS}=\mathrm{AE}$$

即

$$C+S=C+I$$

所以：

$$S=I$$

当投资等于储蓄时，国民收入为均衡的国民收入。因此，国民收入均衡条件为$S=I$。

那么，总供给和总需求这两个宏观经济变量是怎样相互作用的？在均衡国民收入的决定条件中哪个经济变量处于主导地位，并导致其他变量发生改变以与之相适应呢？

约翰·梅纳德·凯恩斯认为，总需求是在经济中占主导地位的经济变量，总需求决定总供给，均衡的国民收入是由总需求决定的。凯恩斯理论的依据是，在短期内，因为价格难以调整，所以不能通过价格变动来保持总供给和总需求的平衡，这会造成总需求不足，从而使资本、劳动等资源得不到充分利用。因此，约翰·梅纳德·凯恩斯认为，在短期内，决定宏观经济状况的关键因素是总需求，即总需求决定了总供给，进而决定了短期内国民收入的水平。显然，约翰·梅纳德·凯恩斯的国民收入决定理论是短期分析，通常适用于对宏观经济的年度运行情况进行分析。

约翰·梅纳德·凯恩斯的观点有其现实背景：20 世纪 30 年代初，西方国家的经济处于大萧条，供给过剩，约翰·梅纳德·凯恩斯认为这是由于价格不能及时调整带来的总需求不足，他认为解决这场危机的办法是增加总需求。约翰·梅纳德·凯恩斯甚至还开玩笑地建议，如果实在没有支出的办法，可以由政府把钱埋在废弃的矿井中，然后让人们投资把这些钱挖出来，以刺激经济增长。约翰·梅纳德·凯恩斯的幽默实际上是在说明一个严肃的命题：增加总需求可以增加国民收入，使经济走出萧条。这正是凯恩斯主义宏观经济学的主题。

三、宏观经济均衡的实现

均衡是指一个系统内部相反力量的作用互相抵消、不再变动的相对静止状态。宏观经济均衡就是指当各种相互作用的宏观经济变量之间达到某种平衡，彼此不再变动时，经济处于一种相对稳定的状态。宏观经济变量主要是总需求和总供给，因此，宏观经济均衡是在总需求与总供给的相互作用中实现的，当经济中的总供给等于总需求，即总产出等于总支出时，宏观经济就实现了均衡。宏观经济均衡的实现曲线如图 11-1 所示。

图 11-1 中，横轴表示总供给，用总产出或总收入 Y 度量；纵轴表示总需求，用总支出 AE 度量，45° 线表示经济中总供给等于总需求，就是说，该线上的任何一点都表示经济处于均衡状态，线外的任何一点都表示经济处于非均衡的状态。

如图 11-1 中，假定经济中的总支出为 100 万元，水平线表示这里不考虑总支出的变动情况。如果厂商市场预测失误，总产出达到了 120 万元（此时总供给大于总需求），则存在物品与劳务过剩，多出的 20 万元产品可以看成厂商存货的非意愿增加，因此厂商会减少生产，使非意愿增加的存货减少；如果厂商的总产出为 80 万元，则存货非意愿地减少 20 万元，总供给小于总需求，存在物品与劳务的短缺，因此厂商将增加生产，使存货恢复到意愿的水平，只有当实际产出水平为 100 万元，总

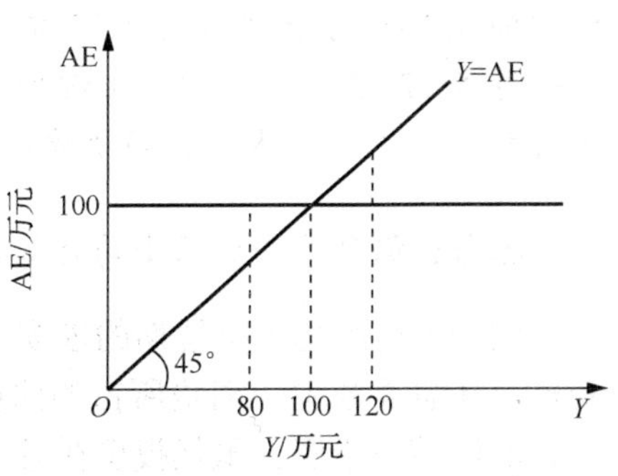

图 11-1 宏观经济均衡的实现曲线

产出与总支出相等，厂商的产出不再调整，存货不再发生变化，这时才实现了宏观经济的均衡，均衡的国民收入为100万元。

在研究国民收入决定时，需要把均衡的国民收入和潜在的国民收入进行区分，潜在的国民收入是指经济中既定资源充分利用所能达到的国民收入水平，通常可用劳动力实现充分就业代表经济资源实现充分就业的状态，所以潜在的国民收入又称为充分就业的国民收入。

均衡的国民收入是宏观经济均衡时的国民收入，但宏观经济均衡时并不一定实现了充分就业，宏观经济均衡也会高于或者低于充分就业均衡，所以，均衡的国民收入并不一定等于潜在的国民收入。国民收入决定理论主要说明的是总需求与总供给如何使国民收入水平趋于均衡状态。

第二节　总支出函数

引导案例

假日经济的作用有多大

2018年中秋假日期间，全国旅游市场供需稳定，旅游活动精彩纷呈，假日旅游实现了“安全、有序、优质、高效、文明”的目标。相关数据显示，2018年中秋假日期间，全国接待国内游客9 790万人次，实现国内旅游收入435亿元。

据分析，2018年中秋假日旅游市场呈现出以下特点：①短程家庭出游占比高，民俗旅游、农业旅游受青睐；②文旅活动彰显节日特色，各国同庆中国中秋；③相关部门高度重视假日旅游安全，旅游市场平稳运行；④优质旅游建设持续推进，广大游客出行体验提升等。

中秋假日期间，我国旅游供给侧结构性改革成效显现，产品更丰富、服务更贴心、监管更给力、提示更及时。据了解，北京市今年中秋假期共接待游客395.4万人次，同比增加4.7%；景区收入达1.27亿元，同比增加11.5%，其中，历史文化观光型景区共接待游客122.2万人次，同比增加9.7%。贵州省纳入全省重点监测的97个旅游景区共接待游客254.72万人次，门票收入达4 184.35万元，综合收入达16.85亿元。

（资料来源：中华网经济频道，有改动）

思考：假日经济这匹小马是如何拉动经济这部大车的呢？

约翰·梅纳德·凯恩斯的宏观经济学认为总需求（总支出）是处于主导地位的经济变量，在总需求中，消费所占的比重约为2/3。因此下面我们首先了解消费，以及与之相关的储蓄与投资。虽然投资在总支出中所占的比例不大，但波动幅度较大，对宏观经济的稳定十分重要。

一、消费函数和储蓄函数

（一）消费函数

消费函数反映了消费与收入之间的依存关系。在其他条件不变的情况下，消费与收入同方向变动，即收入增加，消费增加；收入减少，消费减少。如果以 C 代表消费，Y 代表收入，则消费函数为

$$C = f(Y)$$

消费与收入之间的关系可以用平均消费倾向和边际消费倾向来说明。平均消费倾向是指消费在收入中所占的比例。如果以 APC 代表平均消费倾向，则有

$$\mathrm{APC} = \frac{C}{Y}$$

边际消费倾向是指增加的消费在增加的收入中所占的比例。如果用 MPC 代表边际消费倾向，用 ΔC 代表增加的消费，用 ΔY 代表增加的收入，则有

$$\mathrm{MPC} = \frac{\Delta C}{\Delta Y}$$

影响消费支出的因素还有以下几种。

1）可支配收入。可支配收入是居民提供生产要素所得到的收入，加上政府转移支付再减去个人所得税。居民的可支配收入只能用于消费品与劳务支出及储蓄。随着居民可支配收入的增加，用于消费品与劳务的支出也在增加。

2）预期的收入。预期的收入是居民对未来收入的预期。在其他条件不变的情况下，居民预期的收入越高，现期的消费支出也就越多。

3）生命阶段。生命阶段是人们一生中不同的生存阶段。青年阶段，可支配收入中更大部分用于消费品与劳务的支出；老年阶段，可支配收入中更小部分用于消费品与劳务的支出。

4）节约的程度。每个人和每个家庭节约的程度差别很大，在其他条件不变的情况下，不节约的家庭的消费支出占可支配收入的比率更大。

5）利率。利率水平越高，消费支出水平越低。高利率由于使消费贷款的代价更高，更能吸引人民储蓄而抑制其消费。

在这 5 个因素中，影响消费支出的最重要的因素是可支配收入。

（二）储蓄函数

储蓄函数反映了储蓄与收入之间的依存关系。在其他条件不变的情况下，储蓄与收入同方向变动，即收入增加，储蓄增加；收入减少，储蓄减少。如果以 S 代表储蓄，Y 代表收入，则储蓄函数为

$$S = f(Y)$$

储蓄与收入之间的关系，可以用平均储蓄倾向和边际储蓄倾向来说明。平均储蓄倾

向是指储蓄在收入中所占的比例。如果以 APS 代表平均储蓄倾向，则有

$$\mathrm{APS}=\frac{S}{Y}$$

边际储蓄倾向是指增加的储蓄在增加的收入中所占的比例。如果用 MPS 代表边际储蓄倾向，用 ΔS 代表增加的储蓄，用 ΔY 代表增加的收入，则有

$$\mathrm{MPS}=\frac{\Delta S}{\Delta Y}$$

消费者的全部收入分为消费与储蓄，所以：

$$\mathrm{APC}+\mathrm{APS}=1$$

同样，消费者全部增加的收入分为增加的消费与增加的储蓄：

$$\mathrm{MPC}+\mathrm{MPS}=1$$

经济学家认为，人们的全部消费实际可以分为两个部分：一部分是不取于收入的自发消费；另一部分是随收入的变动而变动的引导消费。自发消费是由人的基本需求决定的必需的消费，如维持生存的衣、食、住等的消费。无论居民的收入是多少，这部分消费都是不可少的。在经济分析中，假设这部分消费不取决于收入，是一个固定的量。引导消费是指收入所引起的消费，这部分消费取决于收入与边际消费倾向。如果以 C_0 代表自发消费，c 代表边际消费倾向，则可以把消费函数表示为

$$C=C_0+cY$$

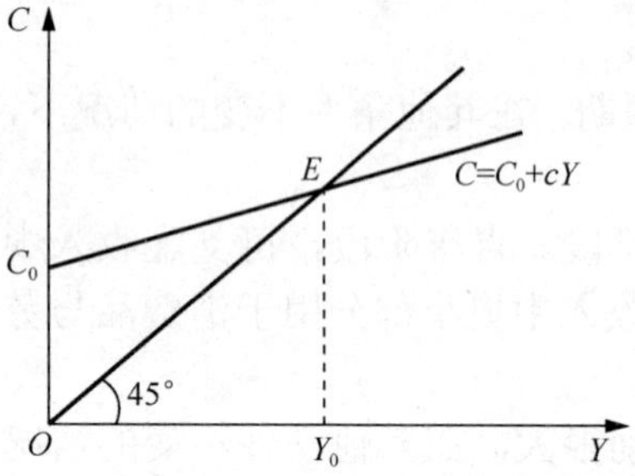

根据消费函数公式，我们可以绘制出消费函数曲线，如图 11-2 所示。

图 11-2　消费函数曲线

在图 11-2 中，横轴 Y 代表收入，纵轴 C 代表消费，45° 线表示在线上任何一点的收入与消费都是相等的。$C=C_0+cY$ 是消费函数曲线，其位置由自发消费 C_0 决定，斜率由边际消费倾向 c 决定。这条曲线向右上方倾斜，说明消费随收入的增加而增加，在消费函数曲线与 45° 线相交的 E 点，收入与消费相等。在 E 点之左，消费大于收入，有负储蓄；在 E 点之右，消费小于收入，有储蓄。

二、投资函数

投资函数反映了投资与利率之间的关系。以 I 代表投资，e 代表自主投资，i 代表利率，则投资函数为

$$I=e_0-bi$$

式中，b 为投资的边际利率，即利率变动会引起投资较大程度的变动。如果既定的利率变动引起的投资变动幅度大，那么投资的边际利率就大；如果既定的利率变动引起的投资变动幅度小，那么投资的边际利率就小。

决定投资的因素主要有以下几个。

1）利率。利率越低，投资量越大。企业无论是以贷款进行投资，还是以自由资金进行投资，利率都是最重要的影响因素。利率越低，任何一项投资的机会成本也就越低；利率越高，任何一项投资的机会成本就越高，越无利可图。利率与投资呈反向变动的关系，即利率上涨，投资减少；利率下降，投资增加。

2）预期的通货膨胀率。预期的通货膨胀率越高，投资量越大，所引起的预期的未来净收益越大。而且，相对于投资的最初成本的预期未来净收益越大，该投资的收益越大。预期通货膨胀率与投资呈正向变动的关系。

3）预期利率。新投资的预期利润越高，投资量越大，预期利润越高，引起这种净收益的投资也就越有利，企业也就越愿意投资。

4）折旧费。折旧费是现有资本设备的损耗。资本设备存量越多，这些存量的年代越长，资本的损耗量也就越大。损耗的资本一般需要重置。因此，折旧费的资本量越大，用于更新这些资本的重置投资也就越大。

综上所述，投资函数是一条向右下方倾斜的曲线，如图 11-3 所示。

在图 11-3（a）横轴 I 代表投资量，纵轴 i 代表利率，向右下方倾斜的 $I=e_0-bi$ 为投资函数曲线。可以看出，当利率从 i_0 降到 i_1 时，投资从 I_0 增加到 I_1。

总投资一般被分成两个部分：一是用于购买新的厂房、设备的净投资；二是用于购置机器、厂房、设备等的重置投资。一年中的重置投资总量是不变的。投资函数如果加上重置投资（用 e_0 来表示），则表示为 $I=e_0-bi$。重置投资在一定时期内一般不随利率的变动而变动，总是表现为一个常数，重置投资的变动引起投资曲线的平行移动，如图 11-3（b）所示。

在国民经济模型中，总是假定利率不变，因此当年总投资也是一个不变数，是常量（I_0），所以：

$$I=e_0-bi=I_0$$

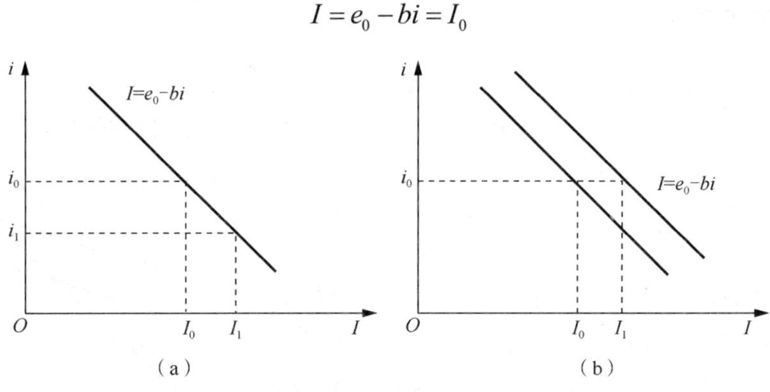

图 11-3 投资函数曲线

三、总支出函数

在分析了消费函数、储蓄函数和投资函数之后，便可以分析总支出函数，总支出函数等于消费函数加上投资函数。如果用 AE 代表总支出函数，则有

$$\mathrm{AE} = C + I$$

因为：

$$C = C_0 + cY, \quad I = I_0$$

所以：

$$\mathrm{AE} = C_0 + cY + I = C_0 + cY + I_0$$

$$\mathrm{AE} = A_0 + cY$$

式中，$A_0 = C_0 + I_0$ 为自发总支出，自发总支出是指自发消费和自发投资的总和。而总支出随着 GDP 的变动而变动的支出就是引致总支出。

在图 11-4 中，总支出曲线 AE 的截距为 A_0，即自发总支出，斜率为边际消费倾向 c，AE 向右上方倾斜说明，总支出中由于包含引致消费而随国民收入的增加而增加。AE 与 45° 线相交于 E 点，决定了均衡的国内生产总支出为 Y_0。同时：

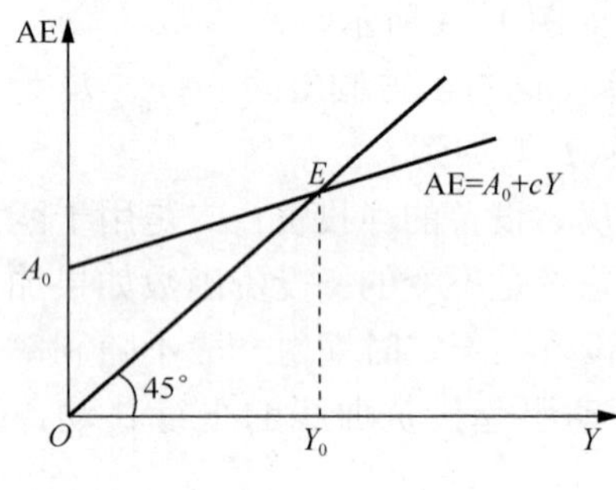

图 11-4　总支出曲线

$$Y = \mathrm{AE}$$

$$\mathrm{AE} = A_0 + cY$$

$$Y = A_0 + cY$$

$$Y - cY = A_0$$

$$Y_0 = \frac{1}{1-c} A_0$$

说明均衡的 GDP（Y_0）受边际消费倾向 c 的影响。

四、总支出的变动

均衡的 GDP 是由总支出决定的，因此总支出的变动必然引起均衡的 GDP 同方向的变动，即总支出增加，均衡的 GDP 增加；总支出减少，均衡的 GDP 减少。图 11-5 反映了总支出曲线的移动情况。

在图 11-5 中，总支出曲线向上方移动，即从 AE_0 移动到 AE_1，表示总支出增加；总支出曲线向下方移动，即从 AE_0 移动到 AE_2，表示总支出减少。当总支出为 AE_0 时，决定了 GDP 为 Y_0，当总支出为 AE_1 时，决定了 GDP 为 Y_1，$Y_1 > Y_0$ 说明总支出水平由 AE_0 增加到 AE_1，使均衡的 GDP 水平由 Y_0 增加到 Y_1。当总支出为 AE_2 时，决定了 GDP 为 Y_2，$Y_2 < Y_0$ 说明总支出水平由 Y_0 减少到 Y_2。

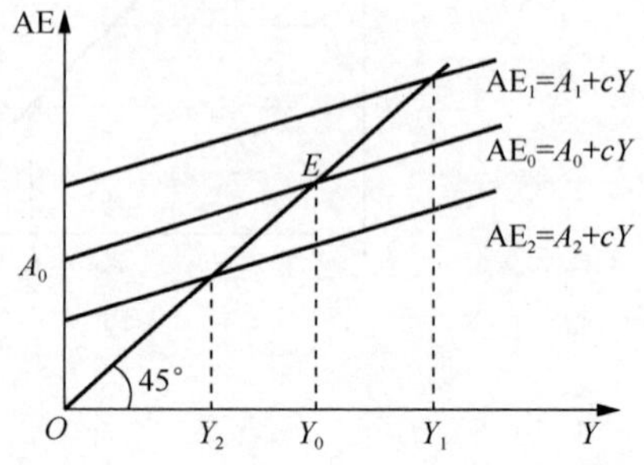

图 11-5　总支出曲线的移动情况

在图 11-5 中，总支出变动表现为总支出曲线的平行移动。这说明总支出变动是由自发总支出的变动引起的。设自发总支出的变动量为ΔA_0，则这 3 条总支出曲线为

$$\mathrm{AE}_0 = A_0 + cY$$

$$\mathrm{AE}_1 = A_0 + \Delta A_0 + cY$$

$$\mathrm{AE}_2 = A_0 - \Delta A_0 + cY$$

根据上述总支出与国内生产变动的关系，还可以进一步研究储蓄与 GDP 变动的关系。在既定的收入中，消费与储蓄呈反向变动关系，即消费增加，储蓄减少；消费减少，储蓄增加。消费是总支出的一个重要组成部分，储蓄增加使消费减少，总支出减少，从而使 GDP 减少；反之，储蓄减少使消费增加，总支出增加，从而使 GDP 增加。因此，储蓄的变动会引起 GDP 的反方向变动。

根据消费与储蓄对 GDP 的不同影响，约翰・梅纳德・凯恩斯得出这样一个与传统的道德观（增加储蓄是好的，减少储蓄是恶的）相矛盾的推论：增加储蓄会减少 GDP，会使经济衰退，因而是恶的；而减少储蓄会增加 GDP，会使经济繁荣，因而是好的。这种矛盾被称为借鉴悖论。

第三节 乘数理论

引导案例

4 万亿元刺激的乘数效应

为抵御全球金融海啸的冲击，中国政府于 2008 年 11 月出手总额 4 万亿元以刺激经济。根据该方案，2009～2010 年，中国在基础设施和社会福利方面的支出约为 4 万亿元——这相当于 2007 年中国 GDP 的 1/6，全社会固定资产投资的 1/3，财政总收入的 4/5。

这 4 万亿元投资对提升经济的效果如何？

新加坡南洋理工大学亚洲研究所所长推算：4 万亿元的短期（3～6 个月）乘数效应预计为 0.4，长期（12～24 个月）乘数效应预计为 1，加上 4 万亿元平摊在 2009 年、2010 年的投入，2009 年政府扩大 2 万亿元内需，就会等于 2009 年全国 GDP 的 7%，以及 2010 年的 6.4%。2009 年，这个 7%的政府扩大内需开销将拉动 GDP（7%×0.4）2.8 个百分点。

假使中国 2009 年的出口增长率从 2008 年的 25%下滑至 5%，这将使 GDP 增长率减少 3～4 个百分点。不过有了刺激经济方案所带来的 2.8 个百分点的拉动效应，2009 年中国经济应该还有 7%～8%的增长率。到了 2010 年，2009 年的 2 万亿元经济刺激方案的长期效应还在发挥作用，据统计为 4.2%；而新投入的 2 万亿元投资又将 GDP 拉动 2.6 个百分点，合计下来，2010 年 GDP 将被拉动 6.8 个百分点，这样一来，2010 年的 GDP

可能达到12%～15%。虽然不同经济学家有不同的观点，但是4万亿元对经济的拉动作用是值得我们期待的。

（资料来源：张满林，刘素梅，2011. 经济学基础[M]. 北京：中国经济出版社.）

一、乘数理论的含义

总支出的增加会引起GDP增加，但是，一定量自发总支出的增加会使GDP增加多少？即总支出增加与GDP增加量的关系如何？下面我们通过学习乘数理论来解答这一问题。

乘数是指各项支出的增加所引起的GDP增加的倍数，或是GDP增加量与引起这种增加量的各项支出增加量之间的比率。

根据均衡的GDP决定的公式，增加的总支出与增加的GDP相等，即

$$\Delta Y = \Delta \mathrm{AE} = \Delta A_0 + c \cdot \Delta Y$$

$$\Delta Y - c \cdot \Delta Y = \Delta A_0$$

$$\Delta Y = \frac{1}{1-c} \Delta A_0$$

增加的GDP（ΔY）与引起这种增加的自发总支出（ΔA_0）之比，即$1/(1-c)$，就是乘数。如果以a代表乘数，则乘数公式为

$$a = \frac{1}{1-c}$$

乘数公式表明：乘数的大小取决于边际消费倾向的高低，即边际消费倾向越高，乘数越大；边际消费倾向越低，乘数越小。这是因为边际消费倾向越大，增加的收入中就有更大的部分用于消费，从而使总支出和GDP增加得更多。

从乘数公式中我们还可以知道，因为边际消费倾向是小于1的，所以乘数一定是大于1的。

乘数理论是通过总支出调节GDP均衡的理论依据。它证明了政府能够有效地调节国民经济，而且政府可以用较少的调节量（如较少的投资量），通过数乘机制的作用，取得成倍的GDP，使GDP均衡。

乘数理论的客观基础是国民经济各部门之间客观存在着连锁的关系，这是因为，某一部分自发总支出的增加，不仅会使本部门的收入增加，而且会在其他部门引起连锁反应，从而使这些部门的支出与收入也增加，最终使国民收入的增加数倍于最初自发总支出的增加。当然，乘数发生作用是有一定前提条件的。也就是说，只有在社会上各种资源得到充分利用时，总支出的增加才会使各种资源得到利用，产生乘数作用；如果社会上各种资源已经得到了充分利用，或者某些关键部门（如能源部门、原料部门或者交通部门）存在着制约其他资源利用的“瓶颈状态”，乘数就无法发挥作用。

由此可见，乘数是一种使国民经济各个部门之间密切联系的传导机制。这种传导机制作用具体表现在：一是当总支出增加时，所引起的GDP的增加要大于最初总支出的

增加；二是当总支出减少时，所引起的 GDP 的减少要大于最初总支出的减少。因此，乘数的作用是双重的，是一把“双刃剑”。

二、政府收支条件下的乘数

政府支出乘数是指政府的支出能使 GDP 增加的倍数。政府支出乘数实际上就是政府赤字预算乘数，因此可以将把政府的所有支出都看成政府投资，即

$$G = I$$

如果用 K_G 代表政府支出乘数，则有

$$K_G = \frac{\Delta Y}{\Delta G}$$

又因为 $G = I$，则

$$K_G = \frac{\Delta Y}{\Delta G} = \frac{1}{1 - \frac{\Delta C}{\Delta Y}}$$

如果用 c 表示 $\frac{\Delta C}{\Delta Y}$，即 c 就是边际消费倾向，则有

$$K_G = \frac{1}{1 - c}$$

政府收入乘数又叫赋税乘数，是指政府增加或减少税收所引起的 GDP 变动的程度。因为政府的收入主要来源于税收，所以，税收增加，GDP 减少；税收减少，GDP 增加。

如果用 K_T 代表政府收入乘数，ΔT 代表税收的变动额（税收增量），则有政府收入乘数公式为

$$K_T = \frac{\Delta Y}{\Delta T}$$

根据乘数理论，并把消费支出看成投资，则有

$$\frac{\Delta Y}{\Delta C} = \frac{1}{1 - c}$$

$$\Delta Y = \frac{\Delta C}{1 - c}$$

消费增量（ΔC）与税收增量（ΔT）两者之间的关系表现为反方向变动关系，即税收增加会使消费减少。但是，并非税收的增加量一定是消费的减少量，因为政府如果不增加这些税收（ΔT），消费者也未必把它们（ΔT）全部用于消费，这还要取决于边际消费倾向（c）的大小。所以，根据消费增量与税收增量的这种关系，税收增量变动后的消费变动的绝对值应该是税收增量（ΔT）与边际消费倾向（c）的乘积，即

$$\Delta C = -c\Delta T，\quad \Delta T = \frac{\Delta C}{-c}$$

将上式代入政府收入乘数公式可得

$$K_T = \frac{\Delta Y}{\Delta T} = \frac{\frac{\Delta C}{1-c}}{\frac{\Delta C}{-c}} = \frac{-c}{1-c}$$

即

$$K_T = \frac{-c}{1-c}$$

平衡预算乘数等于政府支出乘数与政府收入乘数之和。如果用 K_B 代表平衡预算乘数，则有

$$K_B = K_G + K_T = \frac{1}{1-c} + \frac{-c}{1-c} = 1$$

即

$$K_B = K_G + K_T = 1$$

平衡预算乘数主要用于一国政府在制定财政政策时的参考。当社会总支出不足，GDP 处于较低水平，社会存在通货紧缩缺口时，就需要政府扩大支出，减少税收。但政府支出究竟应该扩大多少，税收究竟应该减少多少，则需要根据 K_B、K_G、K_T 决定。当社会总支出过度，GDP 超过充分的就业水平，社会存在通货膨胀缺口时，就需要压缩政府支出，增加税收。但政府支出究竟应该压缩多少，税收究竟应该增加多少，也需要根据 K_B、K_G、K_T 决定。

第四节　总供求均衡

对于短期宏观经济，约翰·梅纳德·恩斯是用总支出与 GDP 的关系来说明的。现代经济学家已不满足于短期宏观经济的分析，而长期宏观经济的分析需要借助于总供求均衡分析来进行。

一、总需求曲线

如前所述，总支出曲线说明了总支出与实际 GDP 的关系。现代经济学家不是通过总支出曲线来说明总供求均衡的，因此，必须将其转换为总需求曲线进行分析。

首先，我们需要列出总需求表，总需求表反映了当其他影响购买支出的因素不变时，在每一价格水平上的实际 GDP。其次，我们需要依据总需求表绘制总需求曲线，总需求曲线用图形表示就是某种价格水平下对应的实际 GDP。因此，总需求是指物价水平与实际 GDP 之间的关系，如表 11-1 所示。

表 11-1 物价水平与实际 GDP 之间的关系

项目	物价水平（GDP 折算数）	实际 GDP/万亿元
a	100	5.5
b	120	4.5
c	140	3.5

根据表 11-1 可以绘制出总需求曲线，如图 11-6 所示。

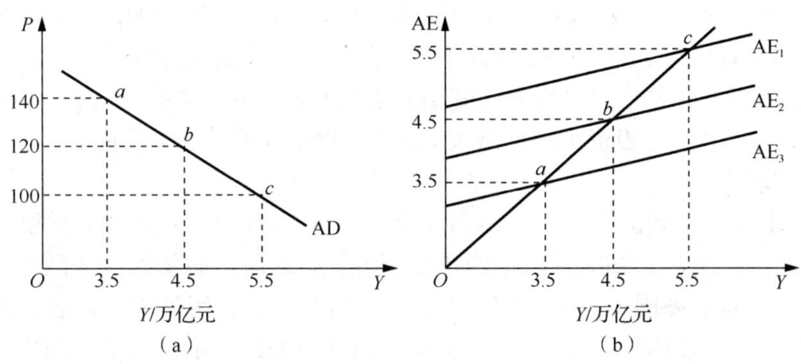

图 11-6 总需求曲线

在图 11-6（a）中，横轴 *Y* 代表实际 GDP，纵轴 *P* 代表物价水平，连接各点的 AD 曲线为总需求曲线。总需求曲线表示在其他影响因素不变的情况下物价水平与实际 GDP 之间的关系。从图 11-6（a）中可以看出，这两者呈反方向变动关系，即总需求曲线向右下方倾斜，这就是说，当物价水平高时，实际 GDP 的需求量低；当物价水平低时，实际 GDP 的需求量高。

现代经济学家通过物价变动对总支出和总需求的影响，说明总支出曲线与总需求曲线的相互关系。如图 11-6（b）所示，横轴 *Y* 代表实际 GDP，纵轴 AE 代表总支出。当图 11-6（b）中的物价水平较低时，实际总支出较大，反之则实际总支出较小。例如，当物价水平为 100 时，总支出曲线 AE_1 与 45° 线相交于 *c*，均衡的总支出为 5.5 万亿元；当物价水平为 120 时，总支出曲线 AE_2 与 45° 线相交于 *b*，均衡的总支出为 4.5 万亿元；当物价水平为 140 时，总支出曲线 AE_3 与 45° 线相交于 *a*，均衡的总支出为 3.5 万亿元。我们也可以这样理解，物价水平与实际总支出反向变动，引出了总需求曲线。

分析总需求曲线的意义有以下几个方面。

1）总需求曲线与财产效应。人们的消费需求取决于收入和财产，收入和财产增加，必然引起消费增加。财产取决于物价水平，这是因为财产可以分为实际财产与名义财产，在名义财产不变时，实际财产取决于物价水平。如果物价水平下降，实际财产就会增加；相反，实际财产就会减少，因此，财产效应就是物价水平的变动通过影响实际财产进而影响实际消费。当物价水平上升时，实际财产就会减少，消费也会随之减少；相反，实际财产就会增加，消费也会增加。因为消费是总需求的一个组成部分，所以，物价水平与总需求呈反方向变动关系，可以用下列关系式表示：物价水平↑（表示增加）—实际财产↓（表示减少）—消费↓—总需求↓，或者物价水平↓—实际财产↑—消费↑—总需求↑。

2）总需求曲线与利率效应。影响投资需求的因素有很多，其中一个重要的因素就是利率，因为利率决定了投资的成本。当人们以追求利润最大化为目的进行投资时，如果利率上升，那么就会导致投资成本增加，扣除成本后的净利润率就会下降，投资必然减少；相反，会导致投资成本减少，净利润率上升，投资必然增加，所以，投资与利率呈反方向变动关系。利率效应就是物价水平通过影响利率进而影响投资。因此，从投资的角度看，总需求与物价水平呈反方向变动关系，可以用下列关系式表示：物价水平↑—实际货币量↓—利率↑—投资↓—总需求↓，或者物价水平↓—实际货币量↑—利率↓—投资↑—总需求↑。

3）总需求与汇率效应。净出口尽管受多种因素的影响，但其中最重要的是汇率：一国汇率上升，即相对于外国货币本国货币更值钱，这时，如果外国产品价格不变，那么用本国货币表示的外国产品的价格下跌，从而进口增加；用外国货币表示的本国产品的价格上涨，从而出口减少。汇率上升引起一国进口增加，出口减少，净出口减少；汇率下降引起一国出口增加，进口减少，净出口增加。汇率效应就是物价水平通过影响汇率进而影响净出口，可以用下列关系式表示：物价水平↑—利率↑—汇率↑—净出口↓—总需求↓，或者物价水平↓—利率↓—汇率↓—净出口↑—总需求↑。

财产效应、利率效应和汇率效应分别说明了物价水平对消费、投资和净出口的影响。当物价上升时，财产效应使实际财产减少，消费减少；利率效应使投资减少；汇率效应使一国汇率上升，净出口减少。这样，物价上升就引起总需求减少。这正是总需求曲线所表明的关系。

二、总供给曲线

总供给曲线表示经济中总供给与物价水平之间的关系，包括短期总供给曲线与长期总供给曲线。

（一）短期总供给曲线

短期总供给有多种影响因素，在这里我们分析物价水平对短期总供给的影响。短期总供给曲线是反映短期中总供给与物价水平之间关系的一条曲线。换言之，短期总供给曲线告诉我们，每一种物价水平对应着的经济中的总供给量，如图 11-7 所示。

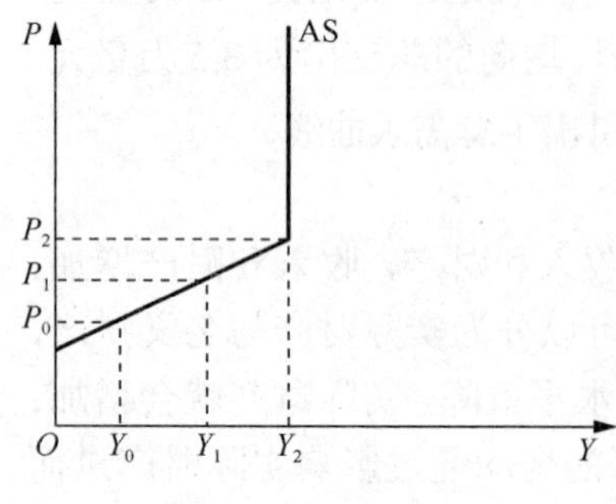

图 11-7 短期总供给曲线

在图 11-7 中，AS 代表短期总供给曲线。该曲线分为两个部分：一部分向右上方倾斜，表示总供给随物价

水平的上升而上升；另一部分向上垂直的，表示总供给受经济中资源与其他因素的制约，不可能随物价的上升而无限增加。当总供给增加时，Y_2 表明无论物价水平如何上升，总供给都无法增加，因此成为一条垂线。这是与总需求曲线的不同之处。

（二）长期总供给曲线

在长期中引起短期总供给曲线向右上方倾斜的原因都不存在。因此，长期总供给曲线是一条垂线。长期总供给曲线是一条表示总供给与物价水平之间不存在任何关系的垂线。

这时重要的是确定长期总供给曲线的位置。长期总供给也就是充分就业总供给，即充分就业 GDP 或潜在 GDP。潜在 GDP 取决于制度、资源与技术进步。因此，我们可以根据这些因素确定长期总供给曲线的位置。随着潜在 GDP 的变动，长期总供给曲线也会移动。正常情况下，长期总供给曲线随经济增长而向右方平行移动，如果发生自然灾害或战争，一个社会经济的生产能力被破坏，长期总供给曲线会向左移动。在图 11-8 中，由制度、资源与技术进步决定的潜在 GDP 为 Y_0，长期总供给曲线为 LAS_0。随着经济增长，长期总供给曲线向右移动到 LAS_1，潜在 GDP 增加为 Y_1；如果发生了不利于经济生产能力的冲击，则长期总供给曲线向左移动到 LAS_2，潜在 GDP 减少为 Y_2。

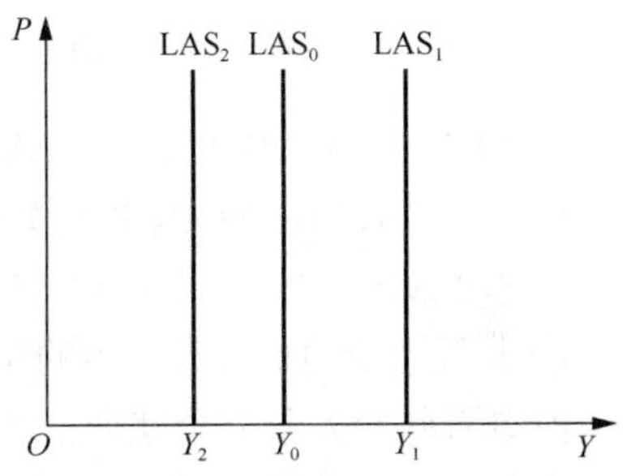

图 11-8　长期总供给曲线图

三、总供求均衡

我们在了解总需求曲线和总供给曲线的基础上，就可以建立总需求总供给模型。总供给模型是用来说明均衡的 GDP 与物价水平的。将总需求曲线与短期总供给曲线放在一个图上就可以得出总需求总供给模型，如图 11-9 所示。

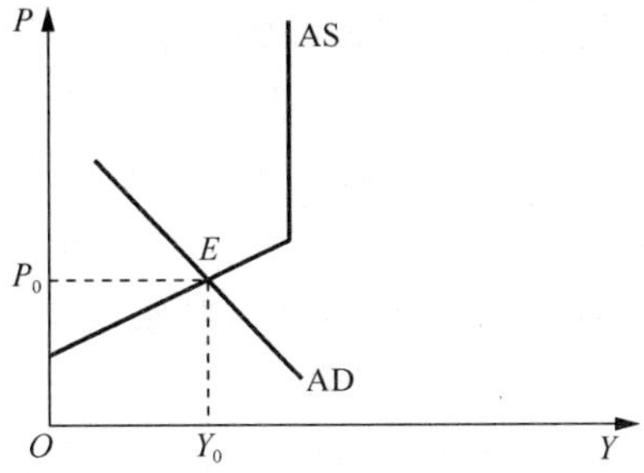

图 11-9　总需求总供给模型曲线

在图 11-9 中，总需求曲线 AD 与短期总供给曲线 AS 相交的 E 点就决定了均衡的 GDP 为 Y_0，均衡的物价水平为 P_0。这时总需求与总供给相等，实现了宏观经济的均衡。

总需求总供给模型决定的是均衡的 GDP，但要注意的是，均衡的 GDP 并不一定等于充分就业的 GDP。总需求与短期总供给决定的均衡的 GDP 可能大于、小于或等于充分就业的 GDP。到底会出现哪一种情况取决于不受物价水平影响的潜在总供给。因此，我们为了说明这一点，必须在总需求总供给均衡的图形中引入长期总供给曲线（图 11-10）。

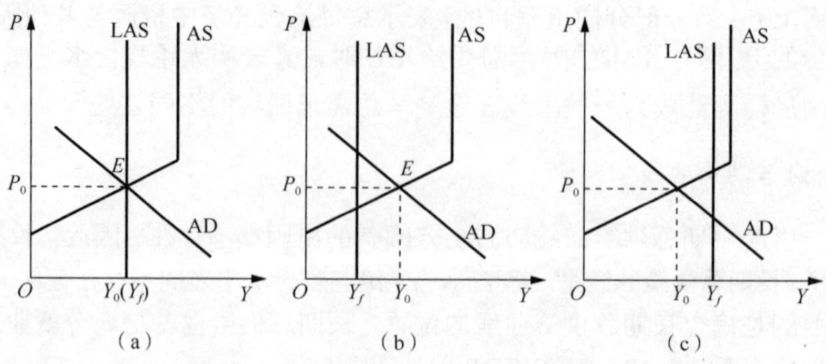

图 11-10 宏观经济均衡在不同状态曲线

在图 11-10（a）中，总需求曲线与短期总供给曲线，以及长期总供给曲线正好相交于一点，这时均衡的 GDP 正好等于充分就业的 GDP（Y_f），经济中实现了充分就业均衡，这是最理想的宏观经济状况。在图 11-10（b）中，总需求曲线与短期总供给曲线相交时，长期总供给曲线在交点的左边。这时均衡的 GDP 为（Y_0），大于充分就业的 GDP（Y_f），这种均衡称为大于充分就业的均衡。这时，资源被过度利用，资源短缺使资源价格上涨，最终引起物价上涨，因此，存在通货膨胀压力，经济过热。在图 11-10（c）中，总需求曲线与短期总供给曲线相交时，长期总供给曲线在交点的右边。这时，资源没有得到充分利用，经济中存在失业。

在上述 3 种均衡中，只有图 11-10（a）表示的充分就业均衡是理想的，其他两种均衡无论是通货膨胀还是存在失业都不理想。宏观经济学正是要从总需求和总供给的角度说明引起后两种均衡的原因，并实现第一种充分就业均衡。

总供求均衡分析可以用“人民币不贬值对宏观经济的影响及调节方法”的案例说明，在 1997 年亚洲金融危机爆发时，东南亚各国货币纷纷大幅度贬值，而中国坚持人民币不贬值的承诺。当其他国家货币贬值（汇率下降）而中国不贬值时，就意味着该国货币相对于其他国家的货币升值了（汇率上升）。中国和东南亚许多国家的出口产品结构与出口对象相同，人民币相对升值，使国内价格未变的商品在国际市场上价格上涨，这样中国的出口就会减少。出口是总需求的一部分，出口减少会引起总需求的减少。这对中国的宏观经济状况的影响可以用总需求总供给模型来分析，如图 11-11 所示。

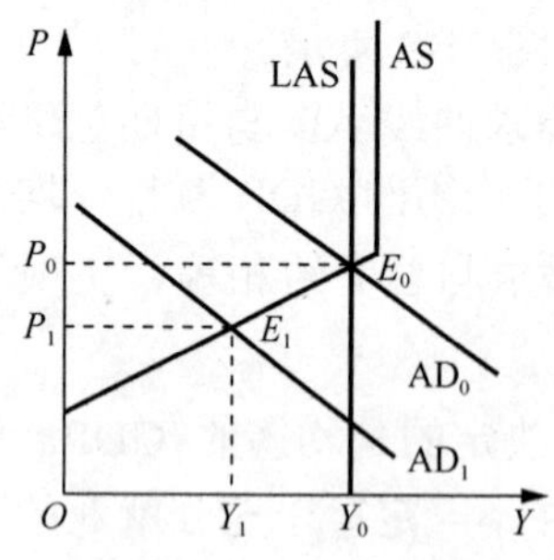

图 11-11 人民币不贬值与宏观经济均衡曲线

在图 11-11 中，中国原来的经济处于充分就业均衡状态，从图 11-11 上看就是短期总供给曲线（AS）、总需求曲线（AD_0）与长期总供给曲线（LAS）相交与 E_0。这时均衡的 GDP 为 Y_0，也是充分就业的 GDP（Y_0），物价水平为P_0。人民币不贬值使出口减少，总需求减少，总需求曲线由AD_0向左移动至AD_1。这时，总需求曲线AD_1与原来的短期总供给曲线 AS 相交于E_1，决定了均衡的 GDP 为Y_1，Y_1小于充分就业的 GDP（Y_0），物价水平为P_1，低于充分就业均衡时的物价水平P_0。

这就说明总需求变动对宏观经济的影响，可以归纳出：总需求增加，均衡的 GDP 增加，物价水平上升；总需求减少，均衡的 GDP 减少，物价水平下降。当总需求减少引起均衡的 GDP 减少（衰退）和物价水平下降（通货紧缩）时，只有增加总需求才能恢复充分就业均衡。

知识链接

蜜蜂的寓言启发了凯恩斯：总需求决定理论

18 世纪初，一个名叫孟迪维尔的英国医生写了一首题为《蜜蜂的寓言》的讽喻诗。这首诗叙述了一个蜂群的兴衰史。最初，蜜蜂们追求奢侈的生活，大肆挥霍浪费，整个蜂群兴旺发达。后来它们改变了原有的习惯，崇尚节俭，结果蜂群凋敝，终于因被敌手打败而逃散。

这首诗所宣扬的"浪费有功"在当时受到指责。英国萨塞克斯郡大陪审团的委员们就曾宣判它为"有碍公众视听的败类作品"。在 200 多年后，这部在当时声名狼藉的作品却启发约翰·梅纳德·凯恩斯发动了一场经济学上的"凯恩斯革命"，建立了现代宏观经济学和总需求决定理论。

在 20 世纪 30 年代之前，经济学家信奉的是萨伊定理。萨伊是 18 世纪法国经济学家，他提出了供给决定需求，有供给就必然会创造出需求，所以，不会存在生产过剩性经济危机。这种观点被称为萨伊定理。但 20 世纪 20 年代英国经济停滞和 30 年代全世界普遍的生产过剩与严重失业打破了萨伊定理的神话。约翰·梅纳德·凯恩斯在批判萨伊定理时建立了以总需求分析为中心的宏观经济学。

约翰·梅纳德·凯恩斯指出，在短期中决定经济状况的是总需求而不是总供给。这就是说，由劳动、资本和技术所决定的总供给在短期中是既定的。总需求决定了短期国民收入的水平。总需求增加，国民收入增加；总需求减少，国民收入减少。引起 20 世纪 30 年代大危机的正是总需求不足，或者用约翰·梅纳德·凯恩斯的话来说是有效需求不足。约翰·梅纳德·凯恩斯把有效需求不足归咎于边际消费倾向下降引起的消费需求不足和资本边际效率（预期利润率）下降与利率下降有限引起的投资需求不足。解决的方法则是政府用经济政策刺激总需求。这些政策包括增加政府支出的财政政策和降低利率的货币政策，而约翰·梅纳德·凯恩斯强调的是财政政策。

在凯恩斯主义经济学中，总需求分析是中心。总需求包括消费、投资、政府支出和净出口（出口减进口）。短期中，国民收入水平由总需求决定。通货膨胀、失业、经济周期都是由总需求的变动引起的。因此，当总需求不足时，就会出现失业与经济衰退；

当总需求过大时，就会出现通货膨胀与经济扩张。从这种理论中得出的政策主张称为需求管理，其政策工具是财政政策与货币政策。当总需求不足时，采用扩张性财政政策（增加政府各种支出和减税）与货币政策（增加货币供给量，降低利率）来刺激总需求。当总需求过大时，采用紧缩性财政政策（减少政府各种支出和增税）与货币政策（减少货币量，提高利率）来抑制总需求。这样就可以实现既无通货膨胀又无失业的经济稳定。

总需求理论的提出在经济学中被称为一场“革命”（凯恩斯革命）。它改变了人们的传统观念。例如，如何看待节俭。在传统观念中，节俭是一种美德。但根据总需求理论，节俭就是减少消费。消费是总需求的一个重要组成部分，消费减少就是总需求减少。总需求减少则使国民收入减少，经济衰退。由此看来，对个人是美德的节俭，对社会是无益的，这就是经济学家经常说的“节约的悖论”。“蜜蜂的寓言”所讲的也是这个道理。

约翰·梅纳德·凯恩斯重视消费的增加。1933年当英国经济处于萧条时，约翰·梅纳德·凯恩斯曾在英国BBC电台号召家庭主妇多购物，称她们此举是在“拯救英国”。

那么，这种对传统节俭思想的否定正确吗？还是要具体问题具体分析。生产的目的是消费，消费对生产有促进作用，这是人人都承认的。凯恩斯主义的总需求分析针对的是短期内总需求不足的情况。在这种情况下，刺激总需求当然是正确的。一味提倡节俭，穿衣服都“新三年旧三年，缝缝补补又三年”，纺织工业还有活路吗？这些年，我国经济面临需求不足时政府也在努力寻求新的消费热点，说明这种理论不无道理。

当然，这种刺激总需求的理论与政策并不是普遍真理。起码在以下两种情况下，这种理论并不适用：一是在短期中，当总供给已等于甚至大于总需求时再增加总需求会引发需求拉动的通货膨胀。二是在长期中，资本积累是经济增长的基本条件，资本来自储蓄，要储蓄就要减少消费，并把储蓄变为另一种需求——投资需求。这时提倡节俭就有意义了。

凯恩斯主义总需求理论的另一个意义是，它打破了市场机制调节完善的神话，肯定了政府干预在稳定经济中的重要作用。第二次世界大战后各国政府在对经济的宏观调控中尽管犯过一些错误，但总体上还是起到了稳定经济的作用。第二次世界大战后经济周期性波动程度比战前小，而且没有出现20世纪30年代那样的大萧条就充分证明了这一点。

世界上没有放之四海而皆准的真理。一切真理都是具体的、相对的、有条件的。只有从这个角度去认识凯恩斯主义的总需求理论才能得出正确的结论。

（资料来源：梁小民，2003. 宏观经济学纵横谈[M]. 北京：生活·读书·新知三联书店.）

本章小结

总供给是一个经济社会在一定时期内所生产出来的所有物品和劳务的数量总和，即经济的总产出，其市场价值总和构成该社会这一时期的 GDP 总量。总需求是一个经济社会中所有成员对最终产品和劳务的有效需求之和。

宏观经济均衡是指当各种相互作用的宏观经济变量之间达到某种平衡，彼此不再变动时，经济处于一种相对稳定的状态。宏观经济均衡是在总需求与总供给的相互作用中实现的，当经济中的总供给等于总需求，即总产出等于总支出时，宏观经济就实现了均衡。

消费是总需求中主要的部分。收入是影响消费的主要因素，收入越高，消费水平就越高；收入中用于消费之外的部分是储蓄，收入也是影响储蓄的主要因素，两者呈正相关关系。

国民收入在宏观经济均衡中决定，当总支出等于总收入时，就实现了宏观经济均衡。

总需求曲线就是用图形表示某种价格水平相对应的实际 GDP 的需求量。总供给曲线表示经济中总供给与物价水平之间的关系。

案 例 分 析

假如社会总需求由消费和投资两部分组成，国民经济均衡要求国民收入等于社会总需求。若在初始年份两者是相等的，都是 1 500 亿元，现在：①每期投资额增加 100 亿元，国民边际消费倾向为 0.9；②每期投资额增加 100 亿元，国民边际储蓄倾向为 0.4。

思考：国民收入要达到多少亿元才能恢复均衡？

实训项目设计

你认为应当怎样正确认识西方经济学家关于财政政策和货币政策效果的理论？这些理论对制定我国的宏观经济调控的政策有无借鉴意义？

业务技能自测

第十二章
失业与通货膨胀理论

【知识目标】

1. 掌握失业、通货膨胀的概念、类型及形成原因
2. 理解失业与通货膨胀的影响及治理
3. 了解我国失业、通货膨胀的状况及治理

【能力目标】

1. 能够运用基本的概念和原理对失业与通货膨胀的原因进行分析
2. 能够运用失业和通货膨胀理论分析我国失业、通货膨胀的原因及治理

第一节　失 业 理 论

引导案例

德国历史上的通货膨胀

20 世纪 20 年代的德国正经历着一场历史上最为严重的通货膨胀。1923 年年初，1 马克能兑换 2.38 美元，而到当年夏季的时候，1 美元能换 4 万亿马克，以至于在德国可发现以下情形：一些儿童在用大捆大捆的纸币马克玩堆积木的游戏；一位妇人用手推车载着满满一车的马克纸币，一个小偷趁她不注意，掀翻那一车纸币，推着手推车狂奔而逃；一位家庭主妇正在煮饭，她宁愿烧马克纸币，也不愿去买煤。到了发工资的时候，领到工资的工人以百米冲刺的速度冲到商店，跑得稍微慢一点，物价就涨一大截。

（资料来源：张永良，2009. 经济学基础[M]. 西安：西北大学出版社.）

通货膨胀离我们的生活并不遥远，这是一种常见的伴随我们日常生活的经济现象。有人说物价都涨了，我们手里的钱都不值钱了，所以通货膨胀不好，这种判断对吗？到底什么是通货膨胀？通货膨胀会对我们的生活产生什么样的影响呢？通货膨胀与失业之间有怎样的关系？政府又该如何避免通货膨胀与失业情况的发生呢？通过本节的学习，我们将一一回答这些疑问。

失业和通货膨胀是宏观经济运行中的主要现象，也是宏观经济运行中的弊端，是困扰各个国家不同时期经济发展的两大难题。解决失业问题、降低通货膨胀率也成为社会关注的重点和政府宏观经济政策的目标。

一、就业与失业的概念及失业的衡量

（一）就业与失业的概念

就业和失业是反映劳动力市场状况的两个主要指标，关系到政治稳定和经济发展，是现代社会的中心问题，同时也是反映经济和社会发展状况的重要指标，是各国政府制定政策的依据和密切关注的指标。

就业是在一定年龄（我国规定 16 周岁）以上，在调查参照期内为获得工资或薪金、利润或家庭收益而从事了一定量工作的人员。就业人员不分所有制结构（国有、集体、外资、个体等）和不分用工形式（固定工、合同工、临时工等），只要从事劳动并取得合法劳动报酬或经营收入的人就都是就业人员。但上述就业人员不包括从事义务性劳动、社会性救济劳动、家务劳动或非法劳动的人员。充分就业已经成为我国宏观经济政策的重要目标。

失业是有劳动能力并愿意就业的劳动者找不到工作的一种社会现象。按照国际劳工组织的标准，失业是指在一定年龄之上，在一定时间内没有工作，目前可以工作而且正在寻找工作的人。

（二）失业的衡量

按照这个定义，衡量是否失业，必须具备4个要素。

1）在一定年龄之上。国际劳工组织对就业者的年龄下限没有严格限制，各国家根据本国国情，对就业者的年龄下限做出不同的规定。我国规定就业者的年龄下限为16周岁，美国、法国规定的就业者的年龄下限也是16周岁，日本、加拿大、韩国、新加坡等规定的就业者的年龄下限是15周岁。

2）确认至少在过去的一周内已经没有工作。

3）目前可以工作，即有劳动的能力和可能性。

4）正在寻找工作，即本人有工作的要求，在最近特定时期内已经采取明确步骤寻找工作或自谋职业者。

上述条件必须同时成立，才能构成完整的失业的内涵。失业者包括就业后失去工作转为失业（因离职、被解雇等原因没找到工作）的人员和新生劳动力中未实现就业（毕业生中没找到工作）的人员。

人口、劳动力、就业和失业的关系如图12-1所示。

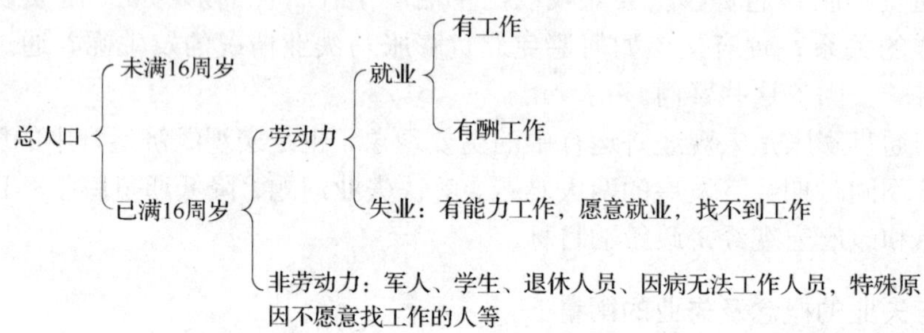

图12-1　人口、劳动力、就业和失业的关系

知识链接

部分国家关于失业者的规定

在美国，工作年龄在16～65周岁，如果在1周没有工作并且在以前4周内一直在寻找工作，那么他就被统计为失业者。属于失业范围的人包括以下几种。

1）新加入劳动力队伍第一次寻找工作，或重新加入劳动力队伍正在寻找工作已达4周以上的人。

2）被暂时辞退并等待重返工作岗位而连续7天未得到工资的人。

3）为了寻找其他工作而离职，在找工作期间作为失业者登记注册的人。

4）被企业解雇而无法回到原工作岗位的人，即非自愿离职者。

荷兰对失业者的定义为，年龄在16～64周岁、没有工作、在就业机构登记正在寻找每周20小时以上的工作、如果提供工作岗位在2周内可以上岗的人。

我国对于失业者的规定与国外有所不同，主要是针对城镇劳动力而言的。失业者是指具有本市城镇户口，男性年满16周岁、不满60周岁，女性年满16周岁、不满50周岁，有劳动能力，没有职业或者没有经济收入，并要求寻找工作的人员。其主要包括以下几种。

1）初中以上各类学校毕（结）业生未继续升学或者未就业的人员。

2）经教育行政部门批准退学，且没有就业的人员。

3）与用人单位终止、解除劳动（聘用）合同或者工作关系的人员。

4）被用人单位辞退或者开除、除名的人员。

5）解除劳动教养和刑满释放的人员。

6）符合失业人员定义的其他失业人员。

二、失业的类型与原因

在西方经济学中，失业分为两类：一类是自愿失业；另一类是非自愿失业。自愿失业是相对非自愿失业而言的，是由英国经济学家亚瑟·赛斯尔·庇古提出的经济学概念，是指工人由于不接受现行的工资或比现行工资稍低的工资而出现的失业现象。非自愿性失业又称需求不足的失业，是指工人愿意接受现行工资水平与工作条件，但仍找不到工作而形成的失业，是于1936年由英国经济学家约翰·梅纳德·凯恩斯在《就业、利息和货币通论》中提出的概念。

经济学家所关心的失业是非自愿性的失业。在经济学家看来，非自愿性失业有以下几个基本类型：摩擦性失业、季节性失业、结构性失业、周期性失业等。失业在不同国家或一个国家的不同经济发展时期，其主导因素并不完全相同。

（一）摩擦性失业

摩擦性失业是人们在转换工作时、刚进入或离开后重新进入劳动力市场时所经历的短期失业，也称求职性失业。这种失业是经济运行中各种因素的变化和劳动力市场的功能缺陷造成的临时性失业。在现实世界中，求职者找工作是需要时间的（准备简历—调查工作单位情况—投简历—等候反馈—明智选择等）；同样，雇主也需要时间考察求职者的技能和资格，以决定是否录用，这样求职者从寻找适合自己的工作到得到工作阶段就产生了失业。因此，由于经济运行中就业信息不完备、劳动力市场功能不健全等诸多原因，社会上总是存在着大量的摩擦性失业。摩擦性失业的特点是涉及的行业广、人员多、失业期限较短，是一种正常性失业，与充分就业不相矛盾，它只给那些受其影响的失业者带来不多的艰辛。

（二）季节性失业

季节性失业是与天气、旅游者的行为方式或其他季节性因素有关的失业，在农业、旅游业、建筑业中这种失业发生的较多。例如，大多数滑雪教练在每年的 4～5 月失去工作，很多建筑工人在每年的冬季被解雇。与摩擦性失业一样，季节性失业也是正常的、良性的、短期的，而且是完全可以预测的，失业人员通常会预先收到淡季失业补偿。这些失业是由生产时间性或季节性等客观条件或自然条件决定的，所以很难改变。

（三）结构性失业

结构性失业是经济结构变动使劳动力的供求不匹配造成的失业。结构性失业在性质上是长期的，经常持续几年甚至更长时间，往往“失业与空位”并存。有时，有很多空缺的工作岗位，也有很多失业者愿意得到这些工作岗位，但是失业者和雇主在技能或地域等方面不匹配从而造成失业。例如，21 世纪初，夕阳产业被高新技术产业替代，如与计算机硬件和软件设计、人造卫星技术及通信相关的产业有大量工作岗位，然而，很多失业者没有相关的工作技能，也没有接受过这方面的培训，即他们具有的技能与所要求的技能不相适应。劳动力的供求不匹配、不适应可能是地域性的。例如，我国北方存在着大量的失业者，而南方存在严重的“技工荒”。对结构性失业者来说，就业就意味着重新在国内其他地方安家或学习新技能，需要花费相当长的时间找工作。

（四）周期性失业

周期性失业是指经济周期中的衰退或萧条时，因社会总需求不足而造成的失业。当经济进入衰退期或萧条期时，很多以前就业的人员失去了工作，而且很难再找到新工作。与此同时，工作岗位变得更少，劳动力市场的新进入者在被雇用前必须花费比“摩擦性失业”情况下更长的时间来找工作。周期性失业对于不同行业的影响是不同的，一般来说，需求的收入弹性越大的行业，周期性失业的影响越严重。也就是说，随着人们收入下降，产品需求大幅度下降的行业的周期性失业的情况会变得日益严重。

案例阅读

全球金融危机——经济衰退与失业

2008 年 9 月 15 日美国第四大投资银行“雷曼兄弟”宣布破产，标志着由美国次贷危机引发的金融风暴进入一个全球性的转折点。欧美发达国家的金融机构遭到重创，从而引起信贷增长下降，信贷收缩又进一步导致实体经济的衰退。新兴经济体同样未能幸免于这个过程，由于它们的经济发展在很大程度上依赖于对发达国家的出口，发达国家国内需求的降低必然反过来抑制新兴经济体的经济增长。经济衰退的直接结果之一便是全球性失业率大增。据国际劳工组织的统计报告，到 2008 年年底全球失业人数突破 2

亿。全球主要经济体的失业率绝大多数呈现走高的趋势。受失业浪潮冲击的人员主要有高级白领、工人（包括建筑工人、矿工和制作外贸产品的工人等）。欧洲中央银行管理委员会的诺亚表示，失业率是威胁经济发展的主要因素。今后一段时期，全球经济会深陷个人消费不足和就业危机两者恶性互动的泥潭。如果就业市场迟迟不能改善，过高的失业率甚至会使经济复苏半途夭折。

（资料来源：周毅，2018. 全球金融危机[J]. 中国经济周刊（50）：150-151.）

三、失业的影响

美国著名经济学家保罗·萨缪尔森曾在《经济学》一书中对失业的经济损失有过如下描述：高失业伴随着高水平的生产损失或者高水平的生产停顿——就好像干脆把相同数量的汽车、食品和房屋扔进大海……在高失业期间的损失是现代经济中有文献记载以来的最大浪费。它们比垄断或关税和限额导致的浪费所造成的缺乏效率（或“无所谓的损失”）估计要大许多倍。

失业是有成本的，失业的成本包括经济成本和非经济成本。

（一）失业的经济成本

经济成本是指可以用货币测算的成本。失业者不能找到工作，不能生产，失去了产出的机会成本，其实质是劳动者不能与生产资料相结合进行社会财富的创造，是一种经济资源的浪费。这个损失必须由社会来承担，具体体现在以下几个方面。

1. 失业者的收入损失

对失业者个人来说，失业最明显的经济成本是收入损失。这部分损失由社会承担，如失业津贴、实物券或其他政府转移支付等，使失业者的收入损失部分得到补偿，但各国的经验表明，这些津贴要少于就业收入的损失，一般只相当于就业收入的 50%～60%。

2. 失业者的人力资本损失

工作可以保持和提高劳动者的工作技能和工作态度，特别是在各种技术飞速发展的今天，长期失业不仅会浪费失业者现有的工作技能，还会使失业者无法积累新的工作技能，从而丧失在未来劳动力市场上的竞争力和生产力，进而丧失获得较高收入的机会。

3. 经济资源的浪费或产出的减少

对社会来说，失业的经济成本之一是资源的浪费或产出的减少。失业者如果不失业，或者说人力资源得到充分有效的利用，可以增加产出，反之失业会使产出减少。国际上通常用 GDP 的缺口来反映这种损失，即

GDP 的缺口=潜在的 GDP−实际的 GDP

所谓潜在的 GDP 是指当非劳动力资源得到充分利用和劳动力处于充分就业状态时

的GDP产出水平。有人对美国20世纪30年代大萧条时期的GDP缺口做过估计，美国失业率从1929年的3.2%上升到1933年的24.9%，结果使GDP减少了大约30%。20世纪60年代，美国经济学家阿瑟·奥肯根据美国大量的统计数据，提出了经济周期中失业变动与产出变动的经验关系，这一关系被称为奥肯定律。奥肯定律的内容是，失业率每高于自然失业率1个百分点，实际GDP将比潜在GDP低2个百分点。换一种方式说，相对于潜在GDP，实际GDP每下降2个百分点，实际失业率就会比自然失业率上升1个百分点。西方学者认为，奥肯定律揭示了产品市场与劳动市场之间极为重要的关系，它描述了实际GDP的短期变动与失业率变动的联系。根据这个定律，可以通过失业率的变动推测或估计GDP的变动，也可以通过GDP的变动预测失业率的变动。例如，实际失业率为8%，高于6%的自然失业率2个百分点，则实际GDP就将比潜在GDP低4%左右。

4. 消费需求减少

失业导致目前正常消费的缩减及对未来就业预期的悲观心理，导致居民消费倾向降低，储蓄倾向增强，消费需求不足。

（二）失业的非经济成本

非经济成本是指很难或不可能用货币测算的成本。这种成本虽然难以估计和测量，但人们很容易感受到。失业，特别是当它持续数月甚至数年时，会严重影响人们的心理和生理状况。有研究表明，失业率上升能明显增加心脏病致死、自杀、犯罪和患精神疾病的人数。失业者也容易出现健康问题，包括高血压、心脏机能紊乱、抑郁、失眠和背部疼痛。失业还会引发其他问题，如家庭暴力、酗酒。如果失去工作的人同时失去了医疗保险，那么将会加剧这些问题的严重性。失业还阻碍了社会公平目标的实现。大多数人都想要一个公平和公正的社会，有平等的机会改善自我，但人们并不是平等地承担失业的负担的。在经济衰退时期，不是所有人的工作时间都减少了，而是有些人被彻底解雇，其他人则与从前几乎一样地继续工作。而且，失业的负担不是在不同的人群中平等分担的。总之，失业是造成家庭和社会不稳定的因素之一。目前，失业问题已成为一个严重的全球性问题，波及很多国家和地区，各国政府特别是发达国家纷纷采取各种有力的措施来整治和解决失业问题。

四、失业的治理对策

现代经济学家主张对失业进行综合治理，他们的失业治理对策可以分为两大类，即主动的失业治理政策和被动的失业治理政策。

（一）主动的失业治理政策

主动的失业治理政策是指依据失业的原因，提出相应的对策，使失业状况从根本上

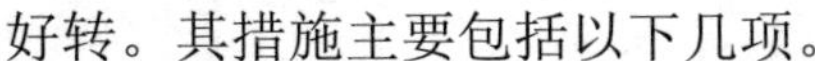
好转。其措施主要包括以下几项。

1. 从根本上提高经济活动的水平

失业率与实际国民收入增长率之间存在一种反向变动的关系，因此要减少失业，必须增加国民收入，而这又是以经济活动水平的提高为条件的，正是在这个意义上，西方经济学家普遍认为提高经济活动的水平是治理失业的根本性措施。为此，政府可以通过增加投资，提高投资效率，使国民收入获得成本增加，从而提高国民收入增长率，以吸收更多的劳动力，从根本上改变失业状况。

2. 加强职业培训

当前世界失业问题的原因中有相当一部分是劳动者技术素质偏低，无法适应就业岗位日益提高的技术要求，如技能性失业、技术性失业等结构性失业。为了消除这类失业，必须提高劳动者的技术素质。因此相关部门应加强对劳动者的职业培训，这样既提高了劳动者的素质，又增加了接受培训人员的就业机会。

3. 控制和减少劳动力供给

第二次世界大战后世界范围的失业问题日趋严重的一个直接原因是劳动力供应过大，特别是一些国家在过去生育高峰中出生的人从 20 世纪七八十年代开始逐渐进入就业年龄，导致劳动力供应持续增大。因此，在面临失业人口和失业率增加的情况下，对失业的治理应考虑控制和减少劳动力的供给。具体做法可以考虑延长人口受教育的年限，以就学替代和延迟一批新增劳动力就业，这样既可缓解就业压力，又能提高人力资本的价值含量；还可以考虑让一部分就业者提前退休，使其提前退出劳动年龄人口，以减轻劳动力供应过大的压力。

我国实施的高校扩大招生、放宽高考报考年龄、鼓励民办教育发展等政策，一方面是为大批适龄青年提供更多的接受中、高等教育的机会，以提高劳动者素质；另一方面是为了减轻庞大的劳动力人口带来的就业压力。

4. 缩短就业者的劳动时间

这样既可以增加劳动者的休闲时间，提高其生活质量，又可以吸收更多的劳动力就业。例如，国外许多企业对雇员强制实行的“带薪休假”制度，我国目前实行的五天工作制、国庆节和春节放长假，也有这方面的考虑。

（二）被动的失业治理政策

被动的失业治理政策是指由于失业总是存在，政府只能采取补救对策。其措施主要包括以下几项。

1. 建立和完善社会保障制度

被动的失业治理政策中的社会保障制度主要是指建立和完善失业保险制度，具体做法如下：劳动者在岗就业时，由企业和个人分别向社会保险机构缴纳一部分费用，劳动者一旦失业，就可向保险公司领取失业保险金，以保证日常生活的正常进行。

2. 建立失业救济制度

失业救济制度是指对失业者按一定标准发放能使其维持正常生活的补助金。建立失业救济制度，首先应确立失业救济线和最低生活标准，然后经过确认，发放失业救济金，以确保失业人口的基本生活。

（三）我国失业问题的原因及治理对策

1. 我国失业问题的原因

失业是一个国家经济发展中的正常现象。近年来，我国也出现了较为严重的失业问题。因此，我国应从实际出发，认真分析失业的原因，并采取有效的失业治理对策。我国的失业问题不是单一因素造成的，而是许多因素合成的结果。

（1）计划经济向市场经济体制过渡的转轨性失业

在传统的高度集中的计划经济体制下，计划就业指标是考核企业经营状况的重要指标，企业领导者具有强烈的“就业指标饥渴症”，结果是企业员工日益增多，隐性失业问题越来越严重。随着市场经济体制的建立和完善，国有企业摆脱了就业指标的约束，追求利润最大化成为它们的最大目标。因此，许多企业采取“减员增效，下岗分流”的措施，隐性失业逐渐显性化。

（2）产业结构调整导致的结构性失业

发达国家的经验表明，当一个国家的经济处于高速发展阶段时，必然伴随着产业结构的快速调整，夕阳产业不断被淘汰，朝阳产业不断涌现。这就要求劳动力的供给能够及时做出调整，否则，就会出现“失业”与“空位”并存的现象。目前我国仍存在这种产业结构调整的结构性失业。农业、纺织业等传统的第一、第二产业劳动力供过于求，导致失业严重；大量新兴的第三产业劳动力则供不应求，空位严重。

（3）经济周期波动引起的周期性失业

自改革开放以来，我国宏观经济每隔 4～5 年就波动一次，在经济紧缩阶段，有效需求不足、市场疲软，企业往往采取减员增效的措施，造成失业人口增加。例如，1997 年亚洲金融危机对我国外贸行业造成严重的不利影响，随后我国国内又面临通货紧缩和需求不足的严峻局面，因此随后几年我国出现了比较严重的失业问题。

（4）其他原因

除了上述原因以外，劳动力市场的不完善、劳动力素质偏低、新劳动力大量增加等，都是我国失业问题严重的原因。

2. 我国失业的治理对策

针对不同的原因，我国失业的治理对策主要包括以下几个方面。

1）提高经济活动水平，减少经济周期波动，促进经济持续稳定健康发展。改革开放以来，我国宏观经济经历了数次周期性的波动。经济周期波动是造成我国失业问题的重要原因。每当经济处于萧条阶段，市场有效需求就会不足，就业机会就会减少，失业就会增加。因此，政府必须深化改革，充分挖掘潜力，确保国民经济的持续稳定健康发展，避免经济大起大落。只有这样，才能形成社会经济发展与再就业工作良性互动的局面。

据测算，在我国，GDP 每增加 1 个百分点，可创造 80 万个就业岗位。因此，如果我国经济增长率能够保持在 8%左右，即可新增就业岗位 640 万个左右。

2）实行有利于促进就业的财政政策和货币政策。在财政政策方面，我国应继续加大公共项目的投资，这样既能直接创造就业机会，又能刺激经济需求，带动社会投资，从而间接促进就业；同时，要对失业者自主创业和自谋职业、企业吸纳失业者就业或减少裁员的，给予一定的税收优惠。在货币政策方面，应改革商业银行管理体制，完善对中小企业的金融服务，通过促进中小企业的发展发挥其吸纳失业者就业的优势。

3）实行有利于促进就业的产业政策。在拓宽就业渠道、增加就业岗位的同时，为促进就业，我国应积极调整产业结构，实行有利于促进就业的产业政策。针对我国劳动力资源丰富、当前世界制造业从发达国家向发展中国家转移、国际上许多国家纷纷运用高新技术改造传统产业并大力发展新型产业的现状，我国应大力发展就业容量大的劳动密集型产业，面向国际市场发展制造业，鼓励既具有较高技术含量，又能吸纳较多劳动力就业的行业的发展。与此同时，要积极发展第三产业，作为今后扩大就业的主攻方向，使其成为吸纳就业的主要载体。

4）大力发展乡镇企业、中小企业、非公有制经济，充分发挥其在吸纳就业方面的优势和潜力。发展乡镇企业可以充分利用农村劳动力资源丰富的优势，国家应当在政策、资金、技术等方面大力支持和促进乡镇企业的发展。同时，发展乡镇企业要与小城镇建设结合起来，扩大农村就业空间。中小企业一般侧重于发展劳动密集型的产业，吸收的劳动力相对较多，在扩大就业渠道、创造就业机会等方面具有大型企业无法替代的作用。而非公有制经济事实上已经成为目前我国就业的一个主要增长点。因此，国家在发展国有大型企业、高新技术企业的同时，也要重视并加快中小企业和非公有制经济的发展，进一步创造有利于中小企业和非公有制经济生存和发展的环境，以增强其对劳动力的吸收能力。

5）完善劳动力市场。要建立一个统一、开放、竞争、有序的劳动力市场体系，实行国家政策指导下的市场就业方针。建立全国统一的劳动力市场，建立覆盖全国的劳动力信息网络，制定就业服务体系建设的整体规划，加强劳动力市场法规和法制建设，促进公平就业。

6）大力发展基础教育和职业技术培训，提高劳动力素质。针对我国劳动力素质偏低的现状，要加强基础教育和职业技术培训，提高劳动者的素质，以增强其就业能力。因此，要进一步深化教育体制改革，构建现代国民教育体系与终身教育体系，建设学习型社会，全面推进素质教育。同时，要加强职业教育和技术培训，作为预防失业和促进就业的重要内容。加强在职培训，推进职业资格认证制度的建立和完善，可以借鉴国外先进经验和做法，实行以初级和中级职业技术培训为主，以高等职业培训为辅的方式。强化再就业培训，增强培训的针对性、实用性和有效性，帮助失业者掌握再就业的技能。在此过程中，政府和相关部门、企业要加大教育及培训的投资力度。

7）要加快建立和完善多层次的失业保障制度。针对目前我国社会保障制度不健全的现状，国家应加快建立与我国经济发展水平相适应的社会保障体系。社会保障制度应从消极救济转向积极促进就业。通过将国外经验和我国基本国情有机结合，逐步建立起覆盖面广、可持续、可促进发展的失业保障体系。要完善失业保险体系，建立范围覆盖全部职工，费用由国家、单位、个人三方合力共担的失业保险体系。要将失业救济与再就业紧密结合，国家从立法层面强制实施失业保险制度，同时加强社会保险基金管理和监督。要进一步强化最低生活保障制度建设，推进养老保险制度改革，充分发挥失业保障制度在促进就业中的积极作用。

第二节　通货膨胀理论

引导案例

全球“百万富翁”最多的国家——津巴布韦

“百万富翁”希卡姆巴的职业是津巴布韦的一名出租车司机。他每天开着一辆破瘪的汽车在首都哈拉雷招揽生意。希卡姆巴每揽到一个生意，起步收费总在100万津元以上。或许你会觉得那是一个天文数字，但是事实上津巴布韦官方通货膨胀率已经接近1 000%，这打破了非战争状态国家通货膨胀率的历史纪录。津巴布韦现在无疑是全球“百万富翁”最多的国家，但它同时也是贫穷国家之一。事实上，每一个到哈拉雷豪华现代、气派十足的机场的海外游客，马上就摇身一变成为了百万富翁。

“是的，我是一个百万富翁——一个什么也买不起的百万富翁。津巴布韦现在遍地都是百万富翁。我们是一个盛产百万富翁的国家，但是我们仍然一无所有。”希卡姆巴说。

（资料来源：王靓，2006. 津巴布韦严重通货膨胀 除避孕套什么都暴涨[EB/OL].(2006-05-09)[2018-10-11]. http://news.sohu.com/20060509/n243150858.shtml.）

一、通货膨胀的含义与衡量

（一）通货膨胀的含义

通货膨胀是在纸币流通的条件下，因货币供给大于货币实际需求，导致货币贬值，从而引起的一段时间内物价水平持续而普遍上涨的经济现象。其实质是社会总需求大于社会总供给。通货膨胀的产生必须具备两个条件：纸币流通和物价总体水平的持续上涨。资源短缺、商品质量提高等原因引起的物价上涨，不能理解为通货膨胀，必须是纸币发行量超过了宏观经济的实际需要量，才能称为通货膨胀；局部或个别产品的价格上涨，以及季节性、偶然性和暂时性的价格上涨，也不能认为是通货膨胀，必须是大部分商品的价格同时上涨，且物价在一段时间内持续上涨才能称为通货膨胀。

知识链接

不同经济学流派关于通货膨胀的观点

马克思主义经济学家认为，当纸币发行量超过了流通中所需要的金属货币量时，纸币就会贬值，物价就会上涨。发行纸币要以贵金属为后盾，因为纸币本身没有价值，纸币增加并不能代表国家财富的增加。

资本主义古典经济学家认为，通货膨胀是指用太多的货币追逐较少的商品。

货币主义者认为，货币供应量增加，名义总需求量的增长，并不能自发带动就业量的增长，即国民收入、就业量及总供给量不会因此而变化。现代货币理论还表明，货币供应量的扩大，并不单纯是通过纸币发行来实现的，更大程度上是通过信用的扩张与派生存款的创造来实现的。在信用程度很高的现代经济社会中，通过计算机网络来实现“电子货币”的划拨转账，以及各种可开列支票的存款工具所占比例的增多，作为现金的纸币在货币流通中所占比例日趋缩小。这样，即便纸币发行过多，也只是构成货币供应量增加的一个部分。

（二）通货膨胀的衡量

1. 通货膨胀的测算指标

通货膨胀程度是用通货膨胀率来衡量的，通货膨胀率用百分比形式测算价格水平的变化程度。该指标可表示为

$$\text{本期通货膨胀率}=\frac{\text{本期价格水平}-\text{上期价格水平}}{\text{上期价格水平}}\times 100\%$$

2. 物价指数

在实际工作中，通货膨胀一般不直接也不可能直接测算，而是通过物价指数来间接表示。物价指数也称商品价格指数，是反映各个时期商品价格变动情况的指数，一般采用加权平均的方式，即根据某种商品在总支出中所占的比重来确定其价格的加权数，通常以报告期和基期相对比的相对数来表示。物价指数反映了不同时期商品价格水平的变化方向、趋势和程度，是经济指数的一种，它为制定、调整和检查各项经济政策，特别是价格政策提供了依据。

根据计算时包括的产品和劳务范围的不同，物价指数有以下 3 种。

1）消费价格指数。消费者价格指数（consumer price index，CPI），也称零售物价指数或生活费用指数，是衡量各个时期居民个人的日常生活用品和劳务的价格水平变化的指标。CPI 只计算消费者购买商品的价格，包括购买旧货和购买进口商品，但不包括政府购买、企业购买和外国购买（出口），这是 CPI 和 GDP 计算范围上的差异。我国目前的 CPI 计算涉及食品、烟酒及用品、衣着、家庭设备用品及服务、医疗保健及个人用品、交通和通信、娱乐教育文化用品及服务、居住 8 类。CPI 是最能充分、全面反映通货膨胀率的价格指数。目前，世界各国基本上均用 CPI 来反映通货膨胀的程度。CPI 的计算公式为

$$\text{CPI}=\frac{\text{一组固定商品按当期价格计算的价值}}{\text{一组固定商品按基期价格计算的价值}}\times 100\%$$

CPI 已不仅是经济学家们关注的焦点，还是普通百姓日常生活中关注的热点。在日常生活中，人们经常认为物价指数就是通货膨胀率，这是认识上的误区，通货膨胀率是价格水平的变化比率，通过物价指数来反映。当然，如果通货膨胀率上升，价格水平必须在每个时期都以极大的幅度上升，物价上涨和通货膨胀率下降也可以同时存在。

2）生产价格指数。生产价格指数（producer price index，PPI），又称批发价格指数，是衡量各个时期生产者在生产过程中用到的产品的价格水平的变动而得到的指数。PPI 反映了包括原材料、中间品及最终产品在内的各种商品批发价格的变化情况。因为生产价格指数反映了企业经营成本的变动，所以被企业广泛关注。同时，因为企业经营成本的上升最终要在消费品的零售价格中反映出来，所以，PPI 在一定程度上预示着 CPI 的变化。

3）GDP 折算指数。GDP 折算指数是名义的 GDP 和实际的 GDP 的比率。

$$\text{GDP折算指数}=\frac{\text{名义GDP}}{\text{实际GDP}}\times 100\%$$

二、通货膨胀的类型

（一）按价格上升的速度分类

1. 温和的通货膨胀

温和的通货膨胀是指年物价水平上升速率在 10%以内，也称爬行式的通货膨胀，它的特点是价格上涨缓慢并且可以预测，是始终比较稳定的一种通货膨胀。实际上，许多国家存在这种通货膨胀，此时物价相对稳定，人们对货币比较信任，乐于持有货币。许多经济学家认为这种温和而缓慢上升的物价对经济的增长有积极的刺激作用。

2. 奔腾的通货膨胀

奔腾的通货膨胀也称为疾驰的或飞奔的通货膨胀、急剧的通货膨胀。它是一种不稳

定的、迅速恶化的、加速的通货膨胀。在这种通货膨胀发生时，年物价水平上升速率在10%～100%，人们对货币的信心产生动摇，公众预期价格会进一步上涨，会采取各种手段减少损失，这使通货膨胀加剧，经济社会产生动荡，所以这是一种较危险的通货膨胀。

3. 恶性的通货膨胀

在经济学上，恶性的通货膨胀是一种不能控制的通货膨胀，在物价快速上升的情况下，会使货币失去价值。恶性的通货膨胀没有一个普遍公认的标准界定，一般认为在恶性的通货膨胀发生时，年物价水平上升速率超过了 100%。发生这种通货膨胀时，价格持续猛涨，货币购买力急剧下降，人们对货币完全失去信任，以致货币体系和价格体系最后完全崩溃，甚至出现社会动乱。产生这种通货膨胀的原因是货币供给的过度增长。

（二）按照对不同商品的价格影响分类

1. 平衡的通货膨胀

平衡的通货膨胀，即每种商品的价格都按相同的比例上升。

2. 非平衡的通货膨胀

非平衡的通货膨胀，即各种商品价格上升的比例并不完全相同。例如，近年来，我国房地产价格上升迅速，而一般日用消费品，如家电、计算机、汽车等商品的价格反而有下降趋势。

（三）按照人们的预期程度分类

1. 未预期的通货膨胀

未预期的通货膨胀，即人们没有预料到价格会上涨，或者是价格上涨的速度超过了人们的预期。

2. 预期的通货膨胀

预期的通货膨胀，即人们预料到价格会上涨。

三、通货膨胀的成因

通货膨胀是现代经济社会中常见的一种经济现象，其产生的原因是多方面的，但一般可归纳为以下 3 类。

（一）需求拉动的通货膨胀

需求拉动的通货膨胀，又称过度需求通货膨胀，是指总需求的增加超过了总供给引起

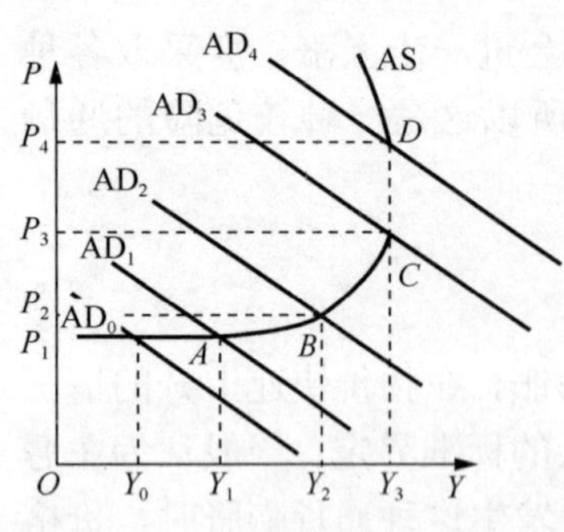

图 12-2 需求拉动通货膨胀

的价格水平持续、显著上涨的经济现象。因为总需求是和货币供给量联系在一起的，所以需求拉动的通货膨胀又被解释为过多的货币追逐过少的商品。图 12-2 说明了总需求是如何拉动物价上涨的。其中，纵轴 P 表示物价水平，横轴 Y 表示收入水平；AD 为总需求曲线，AS 为总供给曲线。

1. 在凯恩斯主义总供给曲线区域

在 AS 凯恩斯区域，总需求从 AD_0 增加到 AD_1，国民收入也从 Y_0 的水平上升到 Y_1，但价格水平仍保持在 P_1 水平，说明总需求的增加不会引起价格上涨。

2. 在短期总供给曲线区域

在 AS 中间区域，即正常的 AS 线，总需求从 AD_1 增加到 AD_2、AD_3 时，国民收入从 Y_1 增加到 Y_2 和 Y_3，价格也从 P_1 上升到 P_2、P_3，说明总需求增加会引起价格上涨。这主要由于劳动、原料、生产设备等不足，成本提高，即供给瓶颈，该区域的通货膨胀被称为瓶颈式通货膨胀。

3. 在长期总供给曲线区域

在长期的 AS 古典区域，总需求从 AD_3 上升到 AD_4，国民收入仍然保持在 Y_3，但物价水平从 P_3 上升到 P_4，说明资源已得到充分利用，总需求继续增加，只会导致价格上涨，而收入不变。

需求拉动的通货膨胀还可能由货币因素引起。经济学意义上的需求都是指有支付能力的需求。上述实际因素引起的过度需求虽然最初在非金融部门中产生，但如果没有一定的货币量增长作为基础，就不可能形成有支付能力的需求，换言之，过度的需求必然表现为过度的货币需求。

（二）成本推动的通货膨胀

成本推动的通货膨胀理论与需求拉动的通货膨胀理论的出发点正好相反，它是从总供给的角度出发，假设在不存在过度需求的情况下，由供给方面成本的提高所引起的价格水平持续、显著上升的一种经济现象。成本推动的通货膨胀可分为以下 3 类。

1. 工资成本推动的通货膨胀

许多经济学家认为，工资是成本中的主要部分。工资的提高会使生产成本增加，从而使价格水平上升。

2. 利润推动的通货膨胀

工资的提高会使生产成本增加。西方的经济学者认为，工资推动的通货膨胀和利润推动的通货膨胀实际上都使价格上升。其根源在于经济中的垄断，即工会的垄断形成工资成本推动的通货膨胀，厂商的垄断引起利润推动的通货膨胀。

3. 原材料成本推动的通货膨胀

原材料成本推动的通货膨胀典型的事例是20世纪70年代覆盖整个西方发达国家的滞胀（即经济停滞和通货膨胀同时并存），其主要根源在于当时石油价格的大幅上升。

（三）结构失调的通货膨胀

结构失调是指在没有需求拉动和成本推动的情况下，只是由经济结构、部门结构失调引致的物价总水平持续上涨的现象。结构失调的通货膨胀的根源是国民经济的各部门的经济结构存在很大差异，如劳动生产率提高快慢不同，所处的经济发展的阶段不同，对外开放程度不同等。但是，货币工资的增长速度通常是由生产率较高的部门、处于发展上升阶段的部门和开放度较高的部门决定的。在追求工资均等化和公平原则的压力下，在劳动市场竞争的作用下，那些劳动生产率较低的部门、发展缓慢处在衰退阶段的部门和非开放的部门，其工资的增长速度会向生产率提高较快、正处于上升期和开放度高的先进部门看齐，使整个社会的货币工资增长速度具有同步增长的趋势。这样势必会导致全社会的工资增长率高于社会劳动生产率的平均增长率，这必然会导致价格水平的普遍上涨，从而引发通货膨胀，这种通货膨胀就是结构失调的通货膨胀。

案例阅读

美国通用汽车公司破产是工会惹的祸吗

2009年6月1日，美国通用汽车公司向法庭正式申请破产保护，通用汽车公司的破产保护是美国历史上第三大破产案例，也是美国工业制造领域的最大破产案例。通用汽车公司为什么会破产？原因当然是多方面的，不仅包括金融危机造成的冲击，还包括通用汽车公司在战略和经营管理方面所犯下的诸多积重难返的错误。

有人说导致通用汽车公司最终选择递交破产申请的主要原因是美国工会；致使通用汽车公司长期被压得喘不过气来并最终走向破产的一个根本原因，是美国汽车业工人的高工资和高福利。下面的这些数据可以帮我们了解通用汽车公司在工资和福利方面的沉重负担。

通用汽车公司拥有近10万名美国本土工人，他们的综合工资加上福利、养老金、医疗金、保险金等，相当于时薪69美元——这个数字相当于中国日平均工资的5倍。

此外，通用汽车公司还有近50万名退休员工及其家属，他们享受着终身退休金和医疗保险。失业工人Jobs Bank项目供养着8 000多名下岗工人，闲置的待业工人也享受着95%的原有薪水。由全美汽车工人联合会控制的僵硬而昂贵的劳动协议，迫使北美三大车企以有限的资产对在职和退休员工及其家属背负了近乎无限的责任包袱。在近年来通用汽车公司为走出危机而筹措的资金中，有大量资金用于偿付退休员工的医疗等福利支出。

从2005年以来，通用汽车公司一直在与全美汽车工人联合会谈判，它试图启动一项由工会运作的退休员工医疗基金，通用汽车公司将向基金注入216亿美元，一旦退休员工医疗基金投入运作，通用汽车公司每名员工每小时平均生产成本就会降到62美元，同时通用汽车公司可能在未来卸下由在职及退休员工福利造成的沉重包袱。但强硬的全美汽车工人联合会最终拒绝了通用汽车公司的计划，迫使通用汽车公司最终选择破产。

在美国等西方发达国家，工资一般会占企业运营成本的50%～60%，而在中国，这个比例不到10%。美国发达国家劳动报酬在国民收入中所占的比重一般在55%以上，而在中国，这个比例不到42%，并在近年来呈逐年下降的趋势；而资本回报占国民收入的比重节节上扬。

（资料来源：佚名，2018. 美国通用破产保护，带给我们什么[EB/OL].(2018-01-25)[2018-09-13]. http://www.docin.com/p-920569428.html.）

四、通货膨胀对经济的影响

通货膨胀是一种货币现象，是和各国政府、经济学家和每一个普通百姓都有关系的问题。高的通货膨胀率的确会给整个社会及其社会成员带来的一系列问题，向整个社会及其每个成员征收成本。经济学家们总结出了几种通货膨胀的成本。

（一）通货膨胀的再分配成本

再分配成本是指通货膨胀在全社会范围内对真实收入进行重新分配。

1）通货膨胀降低固定支付方的支付成本，损害固定收入方的购买力。对于固定收入方来说，其收入为固定的名义货币数额，物价上涨后，他们的名义收入不变，即收入不能随通货膨胀率变动，那么他们真实的购买力下降，其生活水平必然下降。而对于支付方来说，实际支付成本自然比通货膨胀前的低，这样通货膨胀就把真实的购买力从取得收入方转移到支付方。例如，员工和企业签订3年的劳动合同，每月3 000元的固定工资收入，假设期间物价上涨一倍，员工3 000元工资的实际购买力仅是原来的一半，而企业因支付了较低的真实工资而受益。

2）通货膨胀造成财富在债务人和债权人之间的财富再分配。例如，固定利率的借款合同，借款人会因通货膨胀受益，贷款人会因通货膨胀受损。假设借贷双方签订一年期的固定借贷利率为3%的借款合同，到期时通货膨胀率为5%，借款人还是按3%利率还贷，从中受益，而贷款人收到的真实利率是–2%。

（二）通货膨胀的资源成本

通货膨胀的资源成本是指人们为了应付通货膨胀被迫在日常生活中耗费额外的时

间和资源，支付了机会成本，因为原本人们可以用这些时间和资源进行其他活动。

1. 皮鞋成本

它是指人们为减少货币持有量所付出的成本。由于通货膨胀降低了货币的实际价值，为避免损失，人们一般会减少货币持有量，可能会更多地跑去银行，将持有的现金放入高利息的银行账户中，或者把现金变换为实物。在这些过程中，磨损了鞋底，这就是皮鞋成本的最初来源。此外，更重要的成本是人们在这个过程中牺牲的时间和精力，这原本可以使人们做更多有意义的事情。虽然皮鞋成本微不足道，但是在高通货膨胀时期，这将是一个严重的社会问题。据统计，通货膨胀每高出正常值 1 个百分点，带来的不便造成的成本约为 GDP 的 0.05%。

2. 菜单成本

菜单成本包括印刷新清单和目录的成本、将这些新的价格表送给中间商和消费者的成本、为新价格做广告的成本，以及由于改变价格对市场影响的不确定造成的风险成本，甚至包括处理顾客对新价格抱怨的成本。这期间不仅消耗时间，而且消耗纸张、油墨、打印机等。

3. 资源配置不当

市场经济依靠价格机制来配置资源，企业依据价格制定经营策略，消费者依据各种商品和服务的质量与相对价格来比较购物。如果发生通货膨胀，人们往往没有足够的时间和能力来判断是绝对价格的上升还是相对价格的上涨，其结果是，生产者和消费者都可能出现决策失误，造成资源浪费。

4. 税收负担扭曲

许多国家实行累进税率，税收具有稳定性、固定性，如果发生通货膨胀，为维持不变的实际工资，根据预期调整劳动者的名义工资水平，而名义工资的增加使纳税人进入了更高的纳税等级，使税后的实际工资反而减少。例如，银行付给储户的利息是名义利息，发生通货膨胀时，名义利息会低于实际利息。而利息税是按照名义利息来征收，结果就是储户多纳税。因此，通货膨胀扭曲了所征收的税收。

总之，通货膨胀会引起的一系列问题，社会要为此付出一定的代价，恶性通货膨胀可能会造成政治动荡。

五、通货膨胀的治理政策

因为通货膨胀会引起的一系列问题，影响经济的正常发展，所以各个国家都十分重视对通货膨胀的治理。

（一）用衰退降低通货膨胀的治理政策

用衰退降低通货膨胀的治理政策主要针对需求拉动的通货膨胀。需求拉动的通货膨胀是由总需求超过总供给产生的，因此，要治理这种通货膨胀，调节和控制社会总需求是关键。该治理政策的有效途径是采取紧缩的财政政策和货币政策。在财政政策方面，通过紧缩财政支出，增加税收，实现预算平衡、减少财政赤字；在货币政策方面，主要通过紧缩信贷，控制货币投放，减少货币供应量。财政政策和货币政策相配合综合治理通货膨胀，其重要途径就是通过控制固定资产投资规模和控制消费基金过快增长来实现控制社会总需求的目的。但这种政策会导致投资减少，产出回落，其代价是经济衰退。

（二）其他降低通货膨胀的治理政策

1. 收入政策

收入政策主要针对成本推动的通货膨胀，因为成本推动的通货膨胀来自供给方面，成本提高，特别是工资的提高，会引起价格水平的上涨。收入政策又称为工资物价管制政策，是指政府制定一套关于物价和工资的行为标准，由劳资双方共同遵守，目的在于限制物价和工资的上涨，以降低通货膨胀率，同时又不造成大规模的失业。收入政策具体可以采用 3 种形式：①确定工资、物价指导线，以限制工资物价的上升；②管制或冻结工资措施；③政府以税收作为奖励和惩罚的手段来遏制工资、物价的增长。

2. 控制货币供应量

通货膨胀是纸币流通条件下的一种货币现象，其最直接的原因就是流通中的货币量过多，所以各国在治理通货膨胀时所采取的一个重要对策就是控制货币供应量，使其与货币需求量相适应，减轻货币贬值和通货膨胀的压力。

3. 增加商品的有效供给，调整经济结构

治理通货膨胀时如果单方面控制总需求而不增加总供给，将严重牺牲经济增长，这样治理通货膨胀所付出的代价太大。因此，在控制需求的同时，还必须增加商品的有效供给。一般来说，增加有效供给的主要手段是降低成本，减少消耗，提高经济效益，提高投入产出的比例，同时，调整产业和产品结构，支持短缺商品的生产。

治理通货膨胀的其他政策还包括限价、减税、指数化等措施。

第三节　失业与通货膨胀的关系

引导案例

通货膨胀案例

抗日战争末期，国民政府的“法币”已经逐渐贬值。抗日战争胜利后，国民政府为筹备军费，不得不滥发钞票，造成“法币”恶性通货膨胀。1947年，市场上流通的“法币”已经有万元面额的钞票。同年12月，国民政府又推出了250元～25万元的大额“关金券”。

如此大面额“关金券”本已荒唐，国民政府又规定“关金券”1元折合“法币”20元。换句话说，25万元的“关金券”可以换“法币”500万元，以此延缓“法币”的贬值。

但市场上物价飞涨，“法币”完全失去了海南人民的信任，人们宁可用港币、叻币、美元、暹罗币、银元取代。

1948年8月，国民政府再一次实行“币制改革”，宣布废除“法币”，由中央银行发行“金元券”。面额有1元、5元、10元、20元、50元、100元六种。规定1元金元券折合“法币”300万元，以回收“法币”。

但军费支出浩大，国民政府印刷的1千元、5千元、1万元面额的金元券又继续出炉。金元券同样变成废纸，市场上依然把旧银元当作交易媒介。

以阎锡山为首的行政院人员，见市场已流行银元，顺水推舟，决定再次实行银元本位制，并于1949年7月2日由代总统李宗仁明令公布了《银元及银元兑换券发行办法》，规定银元券1元兑换银元1元，等于金元券5亿元，1元银元的价值，比8亿元金元券还高。

（资料来源：刘贡，2014. 解放前通货膨胀案例：金元券变废纸 面额达1万[EB/OL].（2014-11-18）[2018-11-03].http://history.people.com.cn/n/2014/1118/c372327-26047893.html）

1958年，经济学家威廉·菲利普斯教授根据近百年英国失业率和货币工资变动率的统计资料，提出了一条用以表示失业率和货币工资变动率交替关系的曲线，这就是著名的菲利普斯曲线。此后，经济学家们对此进行了大量的理论解释，尤其是美国新古典综合派经济学家保罗·萨缪尔森和罗伯特·默顿·索洛将原来表示失业率与货币工资率之间交替关系的菲利普斯曲线发展成表示失业率与通货膨胀率之间交替关系的曲线。这是因为，根据成本推动的通货膨胀理论，货币工资增长率可以表示通货膨胀率。

一、菲利普斯曲线

菲利普斯曲线描述了失业率与通货膨胀率之间的替代关系。当失业率高时，通货膨胀率就低；当失业率低时，通货膨胀率就高。菲利普斯曲线有以下几个重要观点。

1）通货膨胀是由工资成本推动引起的，这就是成本推动的通货膨胀理论。这一理论，将货币工资增长率与通货膨胀率联系起来。

2）失业和通货膨胀存在着交替的关系，它们是可能并存的。

3）当失业率为自然失业率时通货膨胀率为零。因此可以把自然失业率定义为通货膨胀为零时的失业率。

4）失业率和通货膨胀率之间存在着交替关系，因此可以运用扩张性的宏观经济政策，用较高的通货膨胀率来换取较低的失业率，也可以运用紧缩性的宏观经济政策，以较高的失业率来换取较低的通货膨胀率。这就为宏观经济政策的选择提供了理论依据。

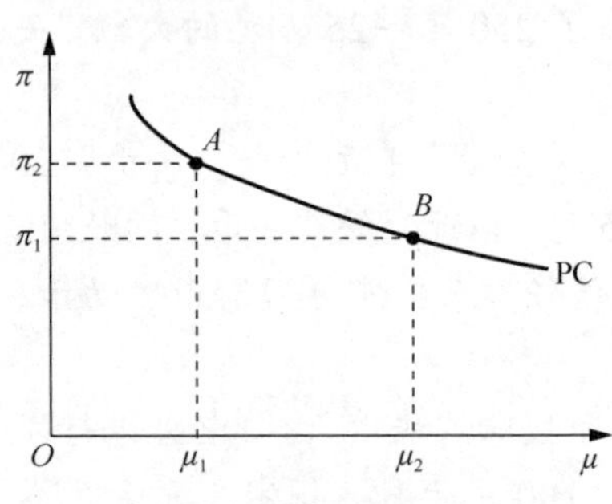

图 12-3　菲利普斯曲线

菲利普斯曲线如图 12-3 所示，横轴 u 代表失业率，纵轴 π 代表通货膨胀率，向右下方倾斜的曲线 PC 即为菲利普斯曲线，这条曲线表明，当失业率高（u_2）时通货膨胀率就低（π_1），当失业率低（u_1）时通货膨胀率就高（π_2）。

短期的菲利普斯曲线向右下方倾斜的原因可以用总需求曲线的移动使经济沿着短期总供给曲线变动来解释。

为什么通货膨胀与失业率会存在上述反向变动的关系呢？这是因为当失业率降低时，就业的人越来越多，失业的人就越来越少，企业雇用工人时的挑选余地相应地越来越小。为了能够雇用到优秀的工人，企业之间必定会展开争夺工人的竞争，于是工人工资的提高就在所难免。工资提高使企业成本增加，最终将导致通货膨胀。所以失业率越低，通货膨胀率越高；反之，通货膨胀率越低，失业率就越高。

二、失业与通货膨胀并存

菲利普斯曲线反映的失业率与通货膨胀之间的交替关系基本上符合 20 世纪五六十年代西方国家的实际情况。但是进入 20 世纪 70 年代后，失业率和通货膨胀率之间的这种替换的关系发生了很大变化，许多西方国家出现了高失业率和高通胀率并存的现象，经济学界将其称为“滞涨”，即经济增长停滞、失业和通货膨胀并存。

为什么会出现这种现象呢？这是因为当经济中没有通货膨胀（或只有较低的通货膨胀）时，根据菲利普斯曲线的原理，经济中将存在比较严重的失业状况。如果政府下决心要降低失业率，无疑会引起通货膨胀率上升，人们出于对通货膨胀的预期，将会要求雇主提高工资，而工资的提高又会引起新的通货膨胀，这样，通货膨胀在人们的预期下会不断发展。这时如果政府认为通货膨胀太高而想降低就会付出巨大的代价。如果政府想让通货膨胀率降低到最初水平，失业率将不会同步回到最初水平，而是会高得多。可见，通过通货膨胀来降低失业率的方法可能在短期内有效，但是从长期来看，任何降低

高通货膨胀率的方法都只会促使失业率上升得更快。这样就出现了高通货膨胀率和高失业率并存的滞涨的现象。

第二次世界大战之后，西方主要发达资本主义国家的经济经历了 20 世纪五六十年代资本主义经济发展的又一个黄金时代。但 20 世纪 70 年代，主要资本主义国家经济开始陷入“滞涨”局面：一方面，生产过剩，产品积压，企业破产，工人失业，经济停滞不前；另一方面，物价持续上涨，而且涨幅较大。经济停滞和通货膨胀并存的现实使凯恩斯主义在理论上不攻自破，在实践中处于两难境地。

本章小结

失业是有劳动能力并愿意就业的劳动者找不到工作的一种社会现象。在西方经济学中，失业分为两类：一类是自愿失业；另一类是非自愿失业。在经济学家看来，非自愿性失业有摩擦性失业、季节性性失业、结构性失业、周期性失业等。一定时期的就业水平是用失业率来衡量的。失业率是指正在寻找工作的劳动力占总劳动力的百分比。失业是有成本的，失业的成本包括经济成本和非经济成本。

通货膨胀的概念、衡量、成因和治理措施。通货膨胀是在纸币流通条件下，因货币供给大于货币实际需求，导致货币贬值，从而引起的一段时间内物价水平持续而普遍上涨的经济现象。通货膨胀程度是用通货膨胀率来衡量的，通货膨胀率用百分比形式测算价格水平的变化程度。通货膨胀产生的原因有需求拉动、成本推动和结构失调。高的通货膨胀率的确给整个社会及其社会成员带来一系列的问题，向整个社会及其每个成员征收成本。治理通货膨胀，一般运用经济衰退降低通货膨胀和收入政策等治理政策。

失业与通货膨胀的关系。菲利普斯曲线是一条用来描述失业与通货膨胀之间关系的曲线。现代经济学认为，在短期中，失业与通货膨胀之间存在着替代关系；在长期中，失业与通货膨胀之间并不存在替代关系，因而在长期中政府的宏观经济政策是无效的。

案例分析

2017 年全国居民人均消费支出及构成(见图 12-4)，全国居民人均消费支出为 18 322 元，比上年名义增长 7.1%，扣除价格因素，实际增长 5.4%。其中，城镇居民人均消费支出为 24 445 元，增长 5.9%，扣除价格因素，实际增长 4.1%；农村居民人均消费支出为 10 955 元，增长 8.1%，扣除价格因素，实际增长 6.8%。

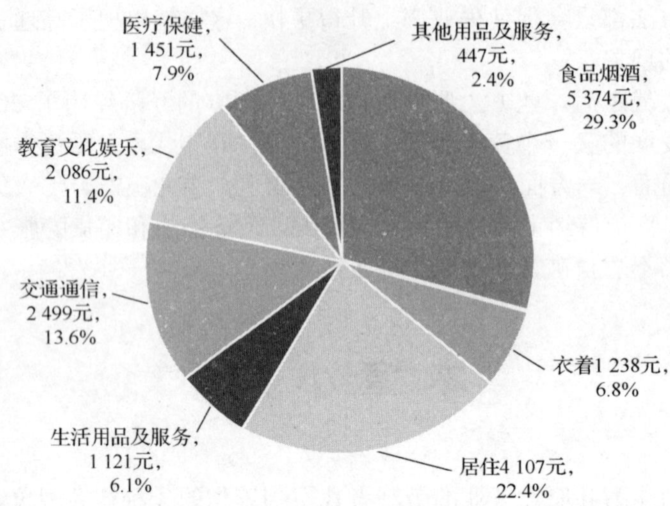

图 12-4　2017 年全国居民人均消费支出及构成

（资料来源：中华人民共和国国家统计局, 2018. 中华人民共和国 2017 年国民经济和社会发展统计公报[EB/OL]. (2018-02-28)[2018-11-13].http://www.stats.gov.cn/tjsj/zxfb/201802/t20180228_1585631.html.）

根据资料回答下列问题。

1）我国居民消费价格包括哪些类别的商品？

2）分析 2017 年我国居民价格总体水平上涨的原因。

3）结合实际谈谈如何抑制物价上涨。

实训项目设计

假定某经济最初的通货膨胀率为 18%，政府试图通过制造 10%的失业率来实现通货膨胀率不超过 4%的目标，当价格调整方程的系数 h=0.4 时，试利用价格调整方程描述通货膨胀率下降的过程。

业务技能自测

第十三章
经济周期与经济增长

【知识目标】

1. 掌握经济周期的含义及类型
2. 理解经济增长的含义及其衡量指标

【能力目标】

能够利用所学理论，判断经济形势，分析现实经济问题

第一节　经济周期及其成因

引导案例

经 济 周 期

1825 年，英国爆发了资本主义历史上的第一次生产过剩性经济危机，以后每隔 10 年左右就有一次这样的危机。到 1929 年以美国为代表的世界性的经济危机震惊全球，经济周期就成为宏观经济学研究的主题之一。经济增长是一个古老的话题，也是经济学家所关心的问题。现代经济学家把经济周期和经济增长都作为以 GDP 为中心的经济活动。经济周期是 GDP 的波动；经济增长是 GDP 的增长。在长期中，一个国家的经济的成功主要是以经济增长的情况为标志的。在长期中，经济增长是重要的宏观经济问题，也是各国所追求的最重要的长期目标。

一、经济周期的含义与阶段划分

（一）经济周期的含义

经济周期，又称经济增长的周期性波动，是指经济增长过程中国民收入及总体经济活动水平有规律地呈现上升和下降的周而复始的运动过程。对经济周期的理解应该注意以下几个方面。

1）经济周期指的是总体经济活动，而不是个别部门或个别经济总量指标。

2）经济周期的中心是 GDP 的波动，但经济总量指标 GDP 的单独波动也不能反映经济周期，经济周期需要通过一组经济总量指标（包括 GDP、就业、金融指标等）来说明。

3）经济周期是经济中不可避免的波动。

4）虽然每次经济周期并不完全相同，但它们的确有共同之处，即每个周期都是繁荣与衰退的交替。

（二）经济周期的阶段划分

一般来说，经济周期可以分为两个阶段，即扩张阶段和收缩阶段。如果划分得更细一些，那么每一个典型的经济周期包括四个阶段和两个转折点，即繁荣阶段、衰退阶段、萧条阶段、复苏阶段，顶峰和谷底转折点；其中繁荣与萧条是两个主要阶段，衰退与复苏是两个过渡性阶段。从繁荣到萧条的过渡是衰退；从萧条到繁荣的过渡是复苏。

1. 繁荣阶段

当经济周期处于繁荣阶段时，国民收入高于充分就业的水平。其特征为生产迅速增

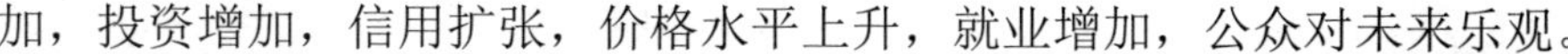

加，投资增加，信用扩张，价格水平上升，就业增加，公众对未来乐观。

2. 衰退阶段

衰退阶段是从繁荣到萧条的过渡时期，这时经济开始从顶峰下降，但仍未达到谷底。其主要有以下特征。

1）消费者购买力急剧下降，同时，汽车和其他耐用品的存货会出人意料地增加。因为厂商会对此做出压缩生产的反应，所以实际 GDP 会下降。紧随其后，企业对工厂和设备的投资也急剧下降。

2）对劳动的需求下降。首先是平均每周工作时间减少，其后是被解雇员工的数量和失业率上升。

3）产出下降，导致通货膨胀步伐放慢。对原材料的需求下降，导致其价格跌落。工资和服务的价格下降的可能性比较小，但在经济衰退阶段它们的增长趋势会放慢。

4）企业利润在衰退中急剧下滑。由于预期到这种情况，普通股票的价格一般会下跌，同时，由于对贷款的需求减少，利率在衰退时期一般也会下降。经济周期复苏阶段的情景是衰退阶段的镜像，上述所有特征正好呈现相反方向的变动。

3. 萧条阶段

当经济周期处于萧条阶段时，国民收入低于充分就业水平。其特征为生产急剧减少，投资减少，信用紧缩，价格水平下跌，失业严重，公众对未来悲观。萧条的最低点称为谷底，这时就业与产量跌至最低。

4. 复苏阶段

复苏阶段是从萧条到繁荣的过渡时期，这时经济开始从谷底回升，但仍未达到顶峰。

二、经济周期的类型

根据一个经济周期的长短，我们可以将经济周期分为长周期、中周期和短周期。

长周期又称长波，是指长度平均为 50 年左右的经济周期。这一划分是苏联经济学家康德拉季耶夫在 1926 年发表的《经济生活中的长波》中提出的，故长周期还可称为康德拉季耶夫周期。

中周期又称中波，是指长度平均为 8～10 年的经济周期。关于中周期的研究较早。1860 年，法国经济学家克里门特·朱格拉在《论法国、英国和美国的商业危机及其发生周期》一书中系统地分析了这种周期，故中周期又称朱格拉周期。

短周期又称短波，是指长度平均约为 40 个月的经济周期。短周期由美国经济学家约瑟夫·基钦于 1923 年提出，所以，短周期又称基钦周期。

三、经济周期的成因

关于经济周期原因的研究，西方经济学者提出了众多的经济周期理论，可以综合概括为两类，即外因论和内因论。

（一）外因论

外因论认为，周期源于经济体系之外的因素——太阳黑子、战争、革命、选举、金矿或新资源的发现、科学突破或技术创新等。下面主要介绍太阳黑子理论、创新理论和政治性周期理论。

1. 太阳黑子理论

太阳黑子理论把经济的周期性波动归因于太阳黑子的周期性变化。因为据说太阳黑子的周期性变化会影响气候的周期变化，而这又会影响农业收成，而农业收成又会影响整个经济。太阳黑子的出现是有规律的，每十年左右出现一次，因而经济周期大约也是每十年一次。该理论由英国经济学家威廉·斯坦利·杰文斯于1875年提出的。

2. 创新理论

创新理论是奥地利经济学家约瑟夫·熊彼特提出的用以解释经济波动与发展的概念。

创新是指一种新的生产函数，或者说是生产要素的一种“新组合”，如采用新生产技术等。创新提高了生产效率，为创新者带来了盈利，引起其他企业仿效，形成创新浪潮。创新浪潮使银行信用扩大，对资本的需求增加，引起经济繁荣。随着创新的普及，盈利机会的消失，银行信用紧缩，对资本的需求减少，这就引起了经济衰退。直至另一次创新出现，经济才再次繁荣。总之，该理论把周期性的原因归为科学技术的创新，而科学技术的创新不可能始终如一地、持续不断地出现，而有其高潮和低潮，因而导致经济上升和下降，形成经济周期。

3. 政治性周期理论

外因经济周期的一个主要例证就是政治性周期。政治性周期理论将经济周期性循环的原因归为政府的周期性的决策（主要是为了循环解决通货膨胀和失业问题），其代表人物是威廉·诺德豪斯。政治性周期的产生有以下3个基本条件。

1）凯恩斯国民收入决定理论为政策制定者提供了刺激经济的工具。

2）选民喜欢高经济增长、低失业及低通货膨胀的时期。

3）政治家喜欢连选连任。

政治性周期的具体运行：大选前，政治家为了连任，采取宽松的经济政策来刺激经济增长；大选结束后，宽松的政策使通货膨胀成为人们关注的问题，因而不得不采取紧缩的经济政策，使经济走向衰退。

（二）内因论

内因论从市场经济体制本身的某些因素之间的相互制约、相互促进的运行机制来解释导致社会经济周期性循环往复地上下波动的原因。这些因素包括投资、消费、储蓄、货币供给量和利率等。下面主要介绍纯货币理论、投资过度理论、资本不足理论、心理理论。

1. 纯货币理论

该理论主要由英国经济学家拉尔夫·霍特里在1913～1933年的一系列著作中提出。纯货币理论认为经济周期是一种纯货币现象，经济周期性的波动完全是由银行体系交替地扩大和紧缩贷款造成的，只有货币因素才能引起普遍的经济萧条。

当银行体系降低利率，扩大信用时，商人就会向银行增加借款，从而增加向生产者的订货。这样就引起生产的扩张和收入的增加，而收入的增加又引起对商品需求的增加和物价上升，经济活动继续扩大，经济进入繁荣阶段。然而银行扩大信用的能力并不是无限的。当银行体系被迫停止信用扩张，转而紧缩信用时，商人得不到贷款，就会减少订货，由此出现生产过剩的危机，经济进入萧条阶段。在萧条时期，资金逐渐回到银行，银行可以通过某些途径来扩大信用，促进经济复苏。例如，1981～1982年美国联邦储备委员会为对付通货膨胀而将名义利率提高到18%时，就引发过经济衰退。

现代货币主义者在分析经济的周期性波动时，几乎一脉相承地接受了拉尔夫·霍特里的观点。但应该明确肯定的是，将经济周期性归结为货币信用扩张与紧缩是欠妥的。

2. 投资过度理论

投资过度理论的主要代表人物为奥地利经济学家弗里德里希·奥古斯特·冯·哈耶克等。该理论认为投资增加会引起经济繁荣。这种繁荣首先表现在对投资品（即生产资料）需求的增加及投资品价格的上升方面。这就更加刺激了人们对资本品的投资。资本品的生产过度发展引起了消费品生产的减少，从而形成经济结构的失衡。资本品生产过多必将引起资本品过剩，于是出现生产过剩危机，经济进入萧条阶段。

3. 消费不足理论

消费不足理论的出现较为久远。早期有让·沙尔·列奥纳尔·西蒙·德西斯蒙第和托马斯·罗伯特·马尔萨斯，近代则以约翰·阿特金森·霍布森为代表。该种理论认为经济萧条的出现是因为经济社会消费不足，储蓄过多。消费不足的根源主要是国民收入分配不平等造成的穷人购买力不足和富人储蓄过度。该理论一个很大的缺陷是，它只解释了经济周期危机中萧条阶段的原因，而未说明其他三个阶段。因而在周期理论中，它并不占有重要位置。

4. 心理理论

心理理论强调心理预期对经济周期各个阶段形成的决定作用。该理论认为，预期对人们的经济行为有决定性的影响，乐观与悲观预期的交替引起了经济周期中繁荣与萧条的交替。当人们对前途持乐观态度时，投资、生产和消费增加，经济走向繁荣；当人们对前途持悲观态度时，投资、生产和消费下降，经济走向萧条。

第二节　经济增长及其决定因素

引导案例

克鲁格曼的预言

1994 年，美国经济学家保罗·R. 克鲁格曼在《外交》杂志上撰文，指出东南亚国家的高速经济增长是没有牢固基础的“纸老虎”，迟早要崩溃。其原因在于这些国家的经济增长是由投入（劳动与资本）增加带动的，缺乏技术进步。此论一出，引起许多人士，尤其是东南亚人士的激烈反对。不幸的是，保罗·R. 克鲁格曼说对了。1997 年，东南亚金融危机的爆发引起这个地区的经济严重衰退。至今经济学家对这个时间仍然众说纷纭。但有一点已为所有人所接受：没有技术进步就没有持久而稳定的经济增长。

（资料来源：佚名，2012. 克鲁格曼的预言[EB/OL].(2012-05-12)[2018-03-04]. http://wenku.baidu.com/view/7302bc3c580216fc700afd8f.html.）

一、经济增长的含义及其衡量指标

经济增长是指一个国家或地区在一定时期内生产的产品和劳务总量的增加。美国经济学家西蒙•库兹涅茨曾给经济增长下过这样一个定义：“一个国家的经济增长，可以定义为给居民提供种类日益繁多的经济产品能力的长期上升，这种不断增长的能力是建立在先进技术及所需要的制度和思想意识相应地调整的基础上的。”

从西蒙·库兹涅茨关于经济增长的定义，我们可以看出经济增长应该包含 3 层含义。

1）经济实力的增长是核心。经济实力的增长，是经济增长的标志。而经济实力的增长表现为产品和劳务总量的增加，即 GDP 的增加。如果考虑到人口的增加和价格的变动，经济增长也可以说是人均实际 GDP 的增加。所以，经济增长最简单的定义就是 GDP 的增加。需要注意的是，经济增长仅是 GDP 或人均实际 GDP 的增加，而不是其他。

2）技术进步是实现经济增长的必要条件。这就是说，只有依靠技术的进步，经济增长才是可能的。在影响经济增长的各种因素中，技术进步占第一位。

3）制度与意识是充分条件。这就是说，只有社会制度与意识形态和经济增长的需要相适应，技术进步才能发挥作用，经济增长也才能成为可能。例如，私有产权的确立

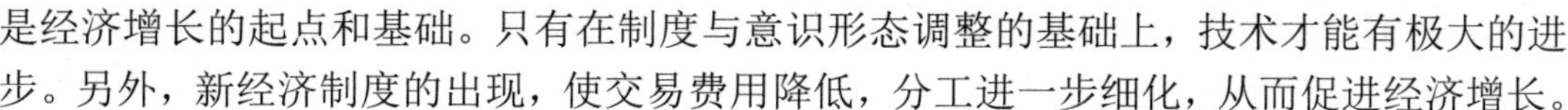

是经济增长的起点和基础。只有在制度与意识形态调整的基础上，技术才能有极大的进步。另外，新经济制度的出现，使交易费用降低，分工进一步细化，从而促进经济增长。

知识链接

绿色 GDP 的核算

2000～2017 年，中国 GDP 占全球经济的比重从 3.651%飞速增长至 15.123%，创造了经济发展史上的一大奇迹，然而有一组数据不得不让人深思：2003 年，我国 GDP 总值虽不足世界的 1/30，原油消耗量却达 2.5 亿吨，消耗量居世界第二位；煤炭消耗量为 15.8 亿吨，占世界消耗量的 1/3；钢材消耗量为 2.7 亿吨，占世界消耗量的 1/4，比美国、日本、英国、法国等国家总和还多；水泥消耗 8.4 亿吨，占世界消耗量的 55%……

这种 GDP 的核算模式忽略了环境污染、资源损耗造成的损失，虚增了国民财富的总量。因此，需要建立以绿色 GDP 为核心指标的经济发展模式和国民核算新体系。

绿色 GDP 是指用以衡量各国扣除自然资产损失后新创造的真实国民财富的总量核算指标，即在现行 GDP 中扣除环境资源成本和对环境资源的保护服务费用。建立以绿色 GDP 为核心指标的经济发展模式和国民核算新体系，不仅有利于保护资源和环境，促进资源可持续利用和经济可持续发展，而且有利于加快经济增长方式的转变，提高经济效益，从而增加社会福利。同时，采用绿色 GDP 这一总量指标，也有助于更准确地测算一国或地区经济的生产能力。

经济增长是指一个国家或地区在一定时期内的总产出与前期相比所实现的增长。对一国经济增长速度的度量，通常用经济增长率来表示。设 ΔY_t 为本年度经济总量的增量，Y_{t-1} 为上年所实现的经济总量，则经济增长率（G）就可以表示为

$$G = \Delta Y_t / Y_{t-1}$$

经济增长率体现了一个国家或地区在一定时期内经济总量的增长速度，也是衡量一个国家总体经济实力增长速度的标准。在经济分析中，通常用一国实际 GDP 的增长率或国民收入的增长率作为衡量指标。但是，GDP 只是一个衡量总产出的概念，并不包含伴随经济增长带来的生态与环境变化的影响，因此，经济增长率并不能全面反映一个国家或地区的经济发展的实际状况。

二、经济增长的因素分析

一般来说，绝对经济增长的因素包括科学技术进步、自然资源状况、社会制度、经济体制与经济政策及人口的增长情况。具体来看，决定经济增长的基本因素主要有以下几个方面。

（1）劳动的投入数量

在其他因素既定的条件下，一个社会投入生产的劳动数量越多，生产的产品就可能越多，经济增长速度就越高。一个国家或地区的劳动投入的数量取决于人口规模和人口

结构，以及劳动者投入的劳动时间。

（2）资本的投入数量

在其他因素不变的条件下，资本的投入数量越大，经济增长速度就越快。资本的投入数量受多种因素制约，其中重要的是资本的利用率或生产能力利用率，如机器、设备、厂房等固定资产的利用率。在生产能力一定时，生产能力利用率提高就能够增加资本的投入量，否则，会减少资本的投入量。

（3）劳动生产率

劳动生产率是指劳动的生产效率，一般用在一定时间（如 1 年）内每个劳动者所生产的 GDP，或单位劳动时间所生产的 GDP 来计算。劳动生产率的提高就意味着劳动者在单位时间内的劳动效率的提高，也就是说，同样数量的劳动力在同样的时间内可以生产更多的产品。不同国家，具有同样的劳动人口，投入同样的劳动时间，劳动生产率较高的人就可以生产更多的产品。在同样的劳动投入的情况下，劳动率的提高就可以带来经济的增长。

（4）资本的效率

资本的效率也就是所谓的投资效益，是指单位资本投入数量所能产生的 GDP。一般用 GDP 与资本总额的比率来表示，也可以用生产单位 GDP 需要投入的资本数量来表示。在其他因素不变的条件下，资本的效率提高就会带来经济增长。反之，资本效率下降就会导致经济增长速度下降。

第三节　经济发展

引导案例

中国与印度经济发展模式对比

中国与印度既是邻国，又都是人口大国。这两个国家持续多年的经济增长正在迅速地改变着世界经济增长的地理版图。这两个国家的相似点很多，如超过 10 亿以上的人口，辽阔的面积，古老悠久的历史文化等，但是，两国的经济发展模式有诸多差异。正如国际舆论所说，中国是“世界工厂”，而印度是“世界办公室”。由于这种差异，以及各自存在不同的问题需要解决，两国形成了合作与互补的局面。目前，中印双方在经济领域的合作潜力较大的是能源、农业、教育、文化和旅游等领域。但是，中国在产业外包（包括软件产品）、服务业和制造业等领域面临来自印度的竞争或挑战。

从产业外包领域来看，印度外包产品正在从低技术密集型的产业向高技术密集型产业转移，印度有望成为世界知识外包中心。而且，印度软件产品的出口比重比中国大得多。同时，印度的软件设计能力、语言优势和专业人才使印度的优势更大。而目前中国软件产业的发展落后于印度，尤其是在软件的出口方面，竞争力较弱。由于印度的软件产品多为半定制产品，处于软件产业链的中游，而中国的软件产品多为应用软件产品和软件服务，处于产业链的下游，两国软件产品，具有一定的互补性，两国应该展开合作。在软件方面，中印两国互补合作的背后还隐藏着潜在的竞争趋势。中国在与印度进行软件产业方面合作的同时，也应采取相应措施，保护已有市场，争取潜在市场。此外，中国还应该学习和借鉴印度信息技术服务业的经验，准确把握参与竞争服务业国际转移的条件和机遇。

从服务业领域来看，印度的服务业世界闻名，特别是其信息技术服务业居全球信息技术服务输出的首位。而中国信息技术服务输出还不到印度的一半，并缺乏市场规模和具有规模优势的大型企业。因此，中国要承接全球服务业的转移，如何与印度合作竞争是一个现实问题。

从制造业领域来看，中国面对印度的最大挑战是人力资本成本不断提高，如果中国的劳动力成本每年都在增长，中国有可能失去与印度竞争的优势。此外，印度的制造业很大程度上依靠的是智能化的设计和本土化，印度制造业的自主创新意识优于或先于中国，拥有许多自主的知识产权，在竞争力方面正在逐渐缩小与发达国家同业的差距。据统计，近年来，印度制造业年均增速超过 6%，在国际市场上已经具备了挑战中国“世界工厂的基础”。

（资料来源：高望，贝红英，2009. 中国与印度经济发展模式对比[J]. 中国科技博览（34）：70.）

一、经济发展的内涵及影响因素

（一）经济发展的内涵

经济发展是指发展中国家通过各个时期的经济发展战略的实施使经济实现工业化的过程。经济发展从广义上看，是指一个国家或地区随着经济增长而出现的经济、社会和政治的整体演进，它不仅包括这一个国家或地区经济的量的增长，而且包括经济的质的变化。具体地说，经济发展的内涵包括 3 个方面。

1）经济数量的增长，即一个国家或地区产品和劳务通过增加投入或提高效率获得更多的产出，它构成了经济发展的物质基础。

2）经济结构的优化，即一个国家或地区投入结构、产出结构、区域结构、就业结构、社会阶层结构、收入分配结构、消费结构等各种结构的协调和优化，是经济发展的重要环节。

3）经济质量的提高，即一个国家或地区经济效益水平、社会和个人福利水平、居民实际生活质量、经济稳定程度、自然生态环境改善程度，以及政治、文化和人的现代化进程，是经济发展的最终标志。

（二）经济发展的影响因素

美国经济学家西蒙•库兹涅茨曾对经济发展做了一个经典的说明。他认为，经济发展首先表现为一个国家满足本国人民日益增长的各种需要的能力持续提高；这种提高是建立在应用各种先进的现代化技术基础上的，而要保证先进技术的不断开发和充分发挥作用，就必须有相应的制度和意识形态的调整。

影响经济发展的因素很多，既有经济因素，又有非经济因素。经济发展包含经济增长，影响经济增长的因素必然同样影响经济发展。但经济发展又不同于经济增长，因此，影响经济发展的还有另外一些主要因素。

1. 资源配置

资源配置是影响经济发展的重要因素。在社会经济各部门中，有的部门生产率高，有的部门生产率低，如果资源（包括劳动、资本、土地等生产要素）从生产率低的部门转移到生产率高的部门，那么就会引起整个经济总生产率的提高，由此带来经济增长率的提高，从而促进经济发展。例如，劳动力从生产率低的传统农业部门转移到生产率高的现代工业部门，全社会的生产率就会大大提高，社会经济结构也因此得到优化。在当代发达国家的经济中，生产率高的行业（如商业、金融业、医疗服务业等）占了主要部分（如美国这一比例就高达70%左右），而发展中国家的经济主要以生产率低的行业（主要是传统农业）为主（不少发展中国家这一比例高达90%以上）。

2. 社会政治环境

社会政治环境对社会经济发展至关重要。一个国家只有政局稳定，才能保证社会经济更好更快发展。发达国家的政局一般比较稳定，相反，许多发展中国家自独立以来，政局经常动荡，政变、动乱不断，在此背景下，经济活动根本无法正常进行，更难以保持经济增长和发展。非洲大陆的经济长期以来发展缓慢，其中的一个重要原因就是政局不稳定。

3. 自然生态环境状况

自然生态环境包括人类赖以生存的土地、水、大气、生物等，它是经济发展的一个重要影响因素。工业革命以后，随着大工业的形成、人口的增加、人类改造与利用自然环境和自然资源的规模及程度的扩大，环境问题日益凸显。如今环境问题已成为全人类共同面临的全球性问题。特别是许多发展中国家，在发展经济的过程中忽视了对环境的保护，加上一些发达国家转嫁环境污染危机，使其生态环境变得非常脆弱。这严重制约了这些发展中国家的经济发展。

此外，人口、教育、文化、对外开放水平等，也都是影响经济发展的因素。

二、经济发展与经济增长的关系

在现实生活中，人们往往把经济增长与经济发展混为一谈，认为经济增长就是经济发展；GDP 高速增长就是经济快速发展。其实这种认识是不正确的。经济增长与经济发展并不是一回事，二者是既相互区别又相互联系的概念。

从经济发展与经济增长的区别上看：经济增长是指一个国家或地区国民经济总量

（如 GDP 和国民收入）的增长，它主要用 GDP 增长率和人均 GDP 增长率作为衡量指标。虽然在这种增长过程中也可能伴随经济结构的变化，但这种变化不是经济增长所追求的主要目标，它的主要目标是数量的增加而非质的变化。而经济发展不仅包括国民经济总量的增加，而且包括经济结构的基本变化，以及分配情况、社会福利、文教卫生、意识形态等一般条件的变化。其中，经济结构的变化是经济发展的标志，即一个国家或地区的经济从以传统农业为中心的缓慢增长，转变为以现代工业为中心的持续稳定发展。衡量经济发展的主要指标是经济结构、社会福利、文教卫生、环境质量及经济效益，它表明人类社会经济生活的质的变化。如果说经济增长是一个单纯的“量”的概念，那么经济发展就是比较复杂的“质”的概念。经济发展不仅包括经济增长的速度、增长的平稳程度和结果，还包括国民的平均生活质量，如教育水平、健康卫生标准、人均住房面积等，以及整个经济结构、社会结构等的总体进步。

从经济发展与经济增长的联系上看：经济增长包含在经济发展之中，它是促成经济发展的基本动力和物质保障。一般而言，经济增长是手段，经济发展是目的；经济增长是经济发展的基础，经济发展是经济增长的结果。虽然在个别条件下有时也会出现无增长而有发展的情况，但从长期看，没有经济增长就不会有持续的经济发展。

总之，一方面，经济增长包含在经济发展之中，持续稳定的经济增长是促进经济发展的基本动力和必要的物质条件，经济发展是经济持续稳定增长的结果，国民生活水平的提高、经济结构和社会形态等的进步也都在很大程度上依赖于经济增长。因此，没有经济增长便谈不上经济发展。另一方面，经济增长并不等同于经济发展。如果经济增长了，经济结构和其他经济条件未发生根本变化，将有可能造成社会贫富悬殊扩大，也有可能造成经济效益低下，就谈不上经济发展，表现为“有增长而无发展”。经济发展应该是指一个国家经济、政治、社会文化、自然环境、结构变化等方面的均衡、持续和协调地发展，它是反映一个经济社会总体发展水平的综合性概念。

三、经济发展模式

经济发展模式，在经济学上是指在一定时期内国民经济发展战略及其生产力要素增长机制、运行原则的特殊类型，它包括经济发展的目标、方式、发展重心、步骤等一系列要素。现代经济理论认为，经济发展模式是与一定的生产力水平、一定的经济体制和经济发展战略相适应，能反映特定的经济增长动力结构和经济增长目标的一个经济范畴。其实质是指推动经济增长的各种生产要素投入及其组合的方式，也就是依赖什么要素，借助什么手段，通过什么途径，怎样实现经济增长。要素不同、手段不同、途径不同，所带来的增长质量和结果也不同，经济发展模式可以从不同的角度进行分类。

1）以高速增长为主要目标的赶超型、粗放型发展模式。例如，我国社会主义制度建立以后的一段时期，为了迅速摆脱贫穷落后的面貌，提出过在尽可能短的时间内赶超西方发达国家的口号，追求经济增长的高速度成为各级政府的首要目标，追求外延扩大再生产，通过资源的大量投入来增加产品数量，动员所有能利用的资源来推动经济的迅速增长，在宏观层次上，以提高积累率来筹措资金；在微观层次上，对产量、投入和存货实行严格的计划。

2）借助政府的行政力量实施的发展模式。在传统计划经济体制下，企业只是被动接受计划指令的行政附属物，没有经营自主权。为了筹措必要的建设资金，政府一方面通过人为地压低消费，提高积累率，实行有利于加快工业化步伐的国民收入分配方式；另一方面，通过扩大工农业产品价格“剪刀差”，使农业部门为工业的发展提供积累资金。政府的行政力量在很大程度上左右了经济发展。

3）重心倾斜的不平衡发展模式。传统的发展战略试图通过集中使用资源，迅速实现经济发展所要求的较快的结构变动，在较短时间内奠定工业化基础，建立完整的工业体系。但因资金严重短缺，在实践中只能采取以重工业为中心的发展战略，资源则根据经济部门的优先发展顺序按计划分配，优先发展项目可以优先得到资源供应。这种结构倾斜型发展模式导致农业、轻工业等产业部门未能得到应有的发展。

4）封闭式、内向型的经济发展模式。这种模式发展的重点目标是建立自己独立完整的工业体系，建立满足国内需求的产业部门。片面强调自力更生导致了本国经济与世界市场分开，在这种封闭式、内向型的经济发展模式下，经济的自给自足程度就成为衡量经济发展水平的重要标志。为了实现这一发展战略，相应地就必须实现进出口和汇率的严格控制，高估本币，隔开国际金融市场对本国货币汇率的影响，产品的国内价格与国际市场价格也严重脱节。

四、新的经济发展模式的特征及实现

（一）新的经济发展模式的特征

新的经济发展模式是效益型、集约型、外向型的平衡发展模式，其主要特征如下。

1）以满足人民日益增长的物质文化生活需要，以增进人民福利为根本目标，以增加人民的实惠为出发点。

2）转变经济增长方式，以不断提高经济效益为中心。经济发展的主要途径是科技进步和劳动生产率的提高，是实行内涵式扩大再生产，不仅要讲求积累量的增加，更要讲求积累效果的提高。

3）重点发展与平衡协调发展相结合，即要求经济发展是平衡的、协调的。要以实现平衡协调发展为发展重点，并同非重点部门的发展结合起来，不以牺牲非重点部门的发展为代价。

4）自力更生与对外开放相统一，即要在强调自力更生的基础上实行对外开放，积极利用外资以弥补国内资金的不足，进口外国资源以补充国内资源的短缺，积极引进国外技术以加快国内技术进步的步伐，不断扩大出口以增加外汇。

中国经济发展正处于从传统的计划经济向现代市场经济的转变时期。中国经济的发展模式要从过去以高速增长为主要目标、以外延发展为主导方式和以重工为中心，忽视自然生态环境保护的非均衡发展模式，逐步转向在不断提高经济效益的前提下，以满足人民物质文化、生态需要为目的和以内涵发展为主导方式，保护自然生态环境的相对平衡的新的经济发展模式。

（二）新的经济发展模式的实现

实现中国经济发展模式的转变，实现中国经济发展的主要目标，着重应从以下几个方面进行努力。

1）要在转变经济增长方式，提高经济效益的基础上，争取实现较高的经济增长速度。在经济增长过程中把速度与效益有机地统一起来。

2）要在大力发展农业的基础上，实现工业化：工业化绝不应该仅局限于工业部门，而应该涵盖整个国民经济。具体来说，工业化至少应该包括工业和农业的机械化、现代化。

中国是一个人口大国，也是一个农业大国。实践证明，忽视农业或靠牺牲农业来发展工业的经济发展模式在中国是完全行不通的。

3）要在提高科学技术水平，实现产业结构优化的基础上，实现现代化。中国经济发展的目标是三重的：一是要完成工业化的历史任务；二是要完成以产业结构高度化为主要内容的整个国民经济的现代化；三是要实现自然生态环境的优化。中国产业结构的优化包括产业结构的合理化和产业结构的高度化。要实现产业结构的合理化就要对原有的产业进行技术改造，实行技术革新；要实现产业结构的高度化就要大力发展新兴产业和高技术产业。因此，只有提高科学技术水平，实现产业结构的优化，才能实现经济的现代化。

4）要在保护自然生态环境系统的基础上，实现经济与环境的协调发展。世界经济发展的历史证明，人类在追求巨大物质财富的同时会造成自然资源浪费和环境污染。20世纪50年代以来的经济增长已经对整个地球的生态系统和不可再生资源的合理运用造成了危害，因此，经济、社会、环境的可持续发展已成为当代世界的主题。中国的生态平衡和资源保持状况已不容乐观，如果不能引起我们的高度重视，必然会造成进一步的恶化，影响经济的持续稳定发展。显然，中国经济的发展决不能以对自然资源的掠夺性开发及对土地的掠夺性经营和牺牲自然生态环境为代价，破坏人类赖以生存和发展的自然生态系统，而是要在人与自然关系协调的基础上，促进经济发展，保持生态环境优化，实现经济和环境的协调发展。

总之，实现中国经济社会的全面协调可持续发展，就是要实现经济增长、社会发展和科技进步的共同发展，要实现生产增长、生活提高、生态改善的全面发展。这就是中国经济发展应选择的模式。

本章小结

经济周期是指国民收入及经济活动的周期性波动。现代经济分析中，把经济周期分为4个阶段，即繁荣阶段、衰退阶段、萧条阶段、复苏阶段。

经济增长是指一个国家或地区生产商品和劳务能力的增长。如果考虑到人口增加和价格的变动情况，经济增长还应包括人均福利的增长。

案 例 分 析

从图 13-1 中我们可以看出，1978～2012 年，我国 GDP 增长率经历了较大的波动，尤其是在 1993 年以前，波动幅度比较大，而 1997 年经济实现“软着陆”后相对平缓，在这 30 多年间，经济有紧缩亦有繁荣，呈现出周期性的波动。

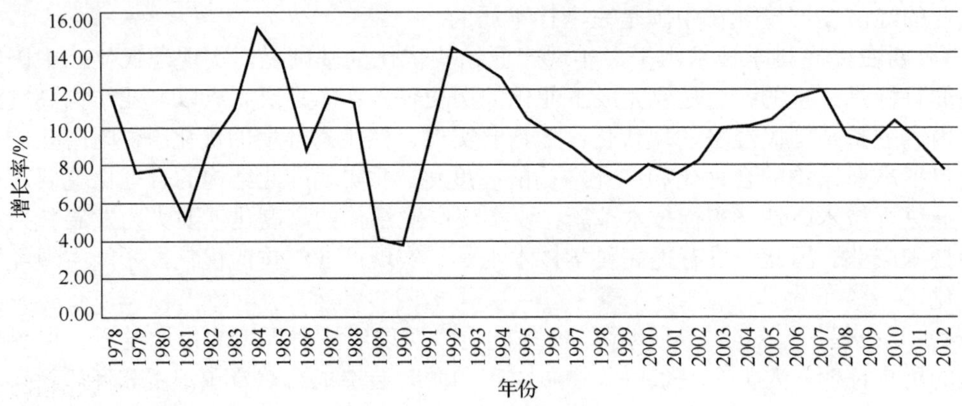

图 13-1　中国 GDP 增长率

思考：什么是经济周期？引起经济周期和经济波动的因素有哪些？

实训项目设计

学生分组，每组选取一个国家，通过查找相关数据，分析该国的经济波动情况，找出引起经济周期波动的因素。

业务技能自测

第十四章
宏观经济政策解析

【知识目标】

1. 理解宏观经济政策目标
2. 掌握财政政策和货币政策的具体内容及运用

【能力目标】

能够正确解读现实中各种宏观经济政策，并分析其对经济的影响

第一节　宏观经济政策

引导案例

20 世纪 30 年代美国的宏观经济政策

在 20 世纪 30 年代的经济大萧条中，美国经济遭受了严重的打击，工业产品产量持续下降，1932 年美国工业产品产量比危机前的 1929 年下降了 46.3%，经济回到 1913 年的水平。在各工业部门，重工业部门受经济危机影响，产品产量下降的幅度尤为严重，如钢铁工业产品产量下降了近 80%，汽车工业产品产量下降了 95%。经济危机期间，美国有 13 万家企业倒闭，失业人口在 1933 年达到 1 300 万人，大约为劳动人口的四分之一。

1933 年美国总统富兰克林·罗斯福就职后，立即开始全面整顿和干预经济，制定了一系列的相关法规，对经济活动进行约束；成立了证券交易委员会等机构，对金融证券业进行管理。同时，富兰克林·罗斯福采取政府主动增加赤字，增加对公共基础设施的投资，大力修建高速公路和发电站，以此拉动市场需求，刺激和带动经济复苏。1935～1942 年，为协调整个工程计划而设立的工程进展共花费了 130 亿美元，雇用了约 850 万名工人，修建了 12.2 万座公共建筑、66.4 万英里（1 英里≈1.609 千米）新道路、7.7 万座新桥梁、285 万个新机场和 2.4 万英里下水道。这些大规模的公共基础建设投资的 40%转化为消费基金，带动了一大片产业，也带来了大量就业岗位，同时为日后的经济腾飞创造了条件。

一、宏观经济政策的目标与工具

无论是计划经济体制国家，还是市场经济体制国家，宏观经济的健康稳定发展都离不开政府的宏观调控。宏观经济政策是指国家或政府有意识、有计划地运用一定的政策工具，调节控制宏观经济的运行，以达到一定的政策目标。

（一）宏观经济政策的目标

任何一种宏观经济政策的制定都要实现一定的经济目标。国家宏观调控的政策目标，主要包括充分就业、物价稳定、经济增长和国际收支平衡。

1）充分就业是指包含劳动在内的一切生产要素都以愿意接受的价格参与生产活动的状态，不存在周期性失业。充分就业并不意味着完全消除失业，因为摩擦性失业和结构性失业是不可能完全消除的。摩擦性失业人数占总失业人数的比率和结构性失业人数占总失业人数的比率相加，即可得到自然失业率。在任何一个经济中，自然失业都是无法避免的，这种自然失业也是社会可以接受的，不会影响社会的稳定。目前，大多数西方经济学家认为存在4%～6%的失业率是正常的。当失业率等于自然失业率时，就实现了充分就业。

失业意味着稀缺资源的浪费或受到限制，从而使经济总产出下降，社会福利受损。因此，失业的成本是巨大的，降低失业率，实现充分就业常常成为西方宏观经济政策的首要目标。

2）物价稳定是指物价总水平的稳定。物价稳定不是指一般价格水平固定不变，即不是指通货膨胀率为零。当通货膨胀率为零时，需要付出较高的失业代价，这是不现实的。物价稳定是指维持一个低而稳定的通货膨胀率。所谓低，即通货膨胀率在1%～3%。所谓稳定，就是在相当长的时期内能使通货膨胀率维持在大致水平上。这种通货膨胀率能被社会接受，对经济也不会产生不利的影响。

3）经济增长是指某个国家或地区在一定时期内全社会的人均产量和人均GDP的持续增长。衡量经济增长的方法，一般是计算一个国家或地区实际GNP或GDP的年均增长率。对每个国家而言，经济增长是指在一个特定的时期内国民经济达到一个适度的增长率，这种增长率能满足社会发展的需要，也是人口增长、资源和技术进步所能达到的。同时，经济增长还应该考虑环境保护问题，以实现可持续增长。

4）国际收支平衡是指在一定时期（通常是1年）内一个国家的汇率相对稳定，处于既无国际收支赤字又无国际收支盈余的状态。目前，经济学家普遍认为，国际收支的平衡应当是一种动态的平衡，在若干年的时间内，如3～5年，一个国家的国际收支平衡表中的主要项目的变动接近于平衡，大致就可以认为该国的国际收支平衡。在这一时期，某一年份的不平衡可以由另一年份加以弥补。

过度的国际收支赤字或盈余，都会对国内经济发展带来不利的影响。前者会给一国带来沉重的债务负担；后者会造成资源的闲置，机会损失大。随着国际经济交往的密切，国际收支平衡也成为各国制定宏观经济政策的重要目标之一。

国家政策调控的理想状态是，较低的失业率、较低的通货膨胀率和汇率相对稳定下的经济高速增长。但是，上述四大政策目标的充分实现往往是相互矛盾的：一是充分就业与物价稳定是矛盾的，根据短期菲利普斯曲线，失业与通货膨胀之间存在交替关系。要实现充分就业，就必须运用扩张性财政政策和货币政策，这些政策又会由于财政赤字的增加和货币供给量的增加而引起通货膨胀。二是充分就业与经济增长有一致的一面，也有矛盾的一面。经济增长一方面会提供更多的就业机会，有利于充分就业；另一方面经济增长中的技术进步又会引起资本对劳动的替代，相对地减少生产对劳动的需求，使部分工人，尤其是文化技术水平比较低的工人失业。三是充分就业与国际收支平衡之间也有矛盾。因为实现充分就业会引起GDP增加，而在边际进口倾向既定的情况下，GDP增加会引起进口增加，使国际收支状况恶化。此外，在物价稳定与经济增长之间也存在矛盾。因为在经济增长过程中，通货膨胀是难以避免的。

宏观经济政策目标之间的矛盾要求政策制定者或者确定重点政策目标，或者对这些目标进行协调。政策制定者在确定宏观经济政策目标时，既要根据自己对各项政策目标重要程度的理解，考虑国内外各种政治因素，又要受社会可接受程度的制约。不同流派的经济学家，对政策目标有不同的理解。例如，凯恩斯主义经济学家比较重视充分就业与经济增长，而货币主义经济学家比较重视物价稳定。

（二）宏观经济政策的工具

宏观经济政策的工具是指用来达到政策目标的手段。宏观经济的问题归根到底是总需求和总供给的关系问题，当总需求和总供给关系失衡时，既可以调节总需求，又可以调节总供给，因此宏观经济政策常用的工具主要有需求管理、供给管理和国际经济管理。

1. 需求管理

需求管理是一种通过调节总需求以实现一定政策目标的宏观经济政策工具。它包括财政政策与货币政策。需求管理是以约翰·梅纳德·凯恩斯的总需求分析理论为基础制定的，是凯恩斯主义重视的政策工具。

凯恩斯主义认为，决定就业与物价水平的关键是总需求。因此，需求管理应该是对总需求进行调节与控制，实现总需求等于总供给，达到既无失业又无通货膨胀的目标。它的基本政策有实现充分就业政策和保证物价稳定政策两个方面。在有效需求不足的情况下，也就是总需求小于总供给时，政府应采取扩张性的政策措施，刺激总需求增长，克服经济萧条，实现充分就业；在有效需求过度增长的情况下，也就是总需求大于总供给时，政府应采取紧缩性的政策措施，抑制总需求，以克服因需求过度扩张而造成的通货膨胀。

2. 供给管理

供给管理是一种通过对总供给的调节，以实现一定的政策目标的宏观经济政策工具。供给即生产。在短期内，影响供给的主要因素是生产成本，特别是生产成本中的工资成本。在长期内，影响供给的主要因素是生产力，即经济潜力的增长。因此，供给管理包括收入政策、指数化政策、人力政策及经济增长政策。

1）收入政策。收入政策是指通过限制工资收入增长率从而限制物价上涨率的政策，也称为工资和物价管理政策。之所以对收入进行管理，是因为通货膨胀有时是由成本（工资）推动形成的。收入政策的目的就是抑制通货膨胀。

2）指数化政策。指数化政策是指定期地根据通货膨胀率来调整各种收入的名义价值，以使其实际价值保持不变。指数化政策包括工资指数化政策和税收指数化政策。

3）人力政策，又称就业政策，是一种旨在改善劳动市场结构，以减少失业的政策。其主要有以下几个方面：一是人力资本投资。由政府或有关机构向劳动者投资，以提高劳动者的文化技术水平与身体素质、适应劳动力市场的需要。二是完善劳动市场。政府应该不断完善和增加各类就业中介机构，为劳动的供求双方提供迅速、准确而完全的信息，使劳动者找到满意的工作，企业也能得到其所需员工。三是协助工人进行流动。劳动者在地区、行业和部门之间的流动，有利于劳动的合理配置与劳动者人尽其才，也能减少由劳动力的地区结构和劳动力的流动困难等而造成的失业。对工人流动的协助包括提供充分的信息、必要的物质帮助和鼓励。

4）经济增长政策。经济增长政策主要包括：一是增加劳动力的数量和提高劳动力质量。增加劳动力数量的方法包括提高人口出生率、鼓励移民入境等；提高劳动力质量的方法有增加人力资本投资。二是资本积累。资本的积累主要来源于储蓄，可以通过减少税收、提高利率等途径来鼓励人们储蓄。三是技术进步。技术进步在现代经济增长中起着越来越重要的作用。因此，促进技术进步成为各国制定经济政策的重点。四是计划化和平衡增长。现代经济中各部门之间协调的增长是经济本身所要求的，国家经济增长的计划与平衡要通过间接的方式来实现。

一般认为，只有把需求管理与供给管理结合起来才能达到稳定经济的目的。

3. 国际经济管理

国际经济管理通过对国际贸易、国际资本流动、劳务的国家输出和输入等的管理和调节，实现国际收支平衡的目标。在对外经济管理政策中，主要包括对外贸易政策、汇率政策、对外投资政策和国际经济关系协调政策等。

二、市场失灵

市场经济是通过市场进行资源配置，具有灵活性和有效性的特点，有利于促进生产和需求的协调，推动技术进步，提高社会资源的利用效率。但是，市场并不能完全反映社会需求的长期趋势，难以自动地实现社会总供给与社会总需求的均衡。这种情况被称为市场失灵。所谓市场失灵，是指市场本身的某些缺陷和外部条件的某些限制，使市场的资源配置无效率。

市场失灵主要表现在以下几个方面。

第一，市场无法消除垄断。供需双方在市场上的地位、信息并不对称，买方往往处于弱势。市场竞争达到一定程度就会形成垄断，出现强者独占市场或合谋瓜分市场的现象，从而阻碍技术进步，扭曲资源配置，造成市场效率的缺损。

第二，市场无法克服外部不经济。在资源配置中，存在许多市场机制无法施加影响的外部因素，一些人或企业在经济活动中影响甚至危害了他人或社会的利益而不一定需要为这种行为付出代价。例如，一些破坏生态环境的行为，这时，企业的成本就是不真实的。

第三，市场无法提供公共产品。消费中有一类具有公有性的物品，称为公共产品，如交通警察的行为、马路上的路灯，以及国防、法律等，这类产品相对于私人物品而言，具有排他性、非竞争性的特点，其投资规模大、生产周期长，而且成本与收益的核算也比较困难。市场机制无法通过自发调节来解决公共物品的供给，只能由政府来组织生产和供给。

第四，市场无法解决社会目标问题。市场经济遵循的原则是利益最大化，但这一原则会带来失业、通货膨胀、两极分化等一系列问题。这显然与社会管理的目标背道而驰。

第五，市场对资源配置的调节是一种事后调节，会引起经济波动。价格机制是市场机制中最有效的调节机制，通过价格的变动反映市场供求状况，从而达到调节生产的目的。但供给量的变动难以与价格的变动同步。例如，产品价格上涨，企业就会增加市场供给，但由于各方面条件的限制而难以同步；产品价格下跌，企业就会减少市场供给，已经生产出的产品不得不降价销售，或形成积压造成浪费。

第六，市场不能自行维护市场秩序。维护市场秩序，包括保护市场交易双方的合法权益，打击制造和贩卖假冒伪劣商品和其他违法侵权行为，保护有效竞争，消除人为垄断。这一系列问题的解决只有通过政府运用法律等手段方能有效。

第二节 财政政策

引导案例

我国的财政政策

国务院总理李克强2018年3月5日在十三届全国人大一次会议上做政府工作报告时说，要继续创新和完善宏观调控，把握好宏观调控的度，保持宏观政策连续性稳定性，加强财政、货币、产业、区域等政策协调配合。

积极的财政政策取向不变，要聚力增效。今年赤字率拟按2.6%安排，比去年预算低0.4个百分点；财政赤字2.38万亿元，其中中央财政赤字1.55万亿元，地方财政赤字8 300亿元。调低赤字率，主要是我国经济稳中向好、财政增收有基础，也为宏观调控留下更多政策空间。今年全国财政支出为21万亿元，支出规模进一步加大。中央对地方一般性转移支付增长10.9%，增强地方特别是中西部地区财力。优化财政支出结构，提高财政支出的公共性、普惠性，加大对三大攻坚战的支持力度，更多向创新驱动、“三农”、民生等领域倾斜。当前财政状况出现好转，各级政府仍要坚持过紧日子，执守简朴、力戒浮华，严控一般性支出，把宝贵的资金更多用于为发展增添后劲、为民生雪中送炭。

（资料来源：李克强，2018. 十三届全国人大一次会议上的政府工作报告[EB/OL].(2018-03-06)[2018-11-03]. http://www.gov.cn/xinwen/2018-03/06/content_5271250.html.）

一、财政政策工具

财政政策是政府根据客观经济规律的要求，为达到一定目标而制定的指导财政工作的基本方针和准则。它是国家经济政策的重要组成部分，属于上层建筑的范畴。

财政政策作为国家通过政府购买、转移支付及税收政策干预经济的重要手段。它对

产品市场的产出有重要作用，产出水平又影响着货币需求，从而影响货币市场的利率水平，利率水平反过来影响投资需求和产品市场的均衡。

财政政策工具就是国家为完成宏观调控基本任务而采用的各种财政分配和调节手段。构成财政政策工具必须具备以下两个条件：其一，既然是为实现财政政策目标服务的，那么构成财政政策工具的必须是财政政策目标所需要的。其二，既然财政政策的主体是国家，那么构成财政政策工具的必须是国家政府能够直接控制的。一般来讲，我国财政政策工具主要包括税收、公债、政府投资、财政补贴。

（一）税收

税收是国家或政府为实现其职能的需要，凭借其政治权力，按照预定的标准，强制无偿地征收货币或实物的一种形式。税收是国家对社会产品和国民收入所进行的一种强制性分配，国家可以通过这一手段对总需求及总供给实行广泛的调节。税收具有强制性、无偿性和固定性等特征，这使作为财政政策重要手段的税收对经济具有广泛的调节作用。

1. 调节社会总供给和总需求

政府可以通过流转税税种、税率的变动来影响供给，通过所得税税种、税率的变化来影响需求。就所得税来说，由于其课税对象直接就是国民收入，当经济发展过热时，国民收入增长，则所得税可以加速增长，从而限制需求膨胀；当经济衰退时，国民收入下降，则所得税可以加速降低，可相应鼓励和增加需求，从而起到一种自动稳定经济的作用。

2. 调节产业结构，优化资源配置

税收（主要是流转税收）可按国家产业政策发展序列的要求，根据奖掖有别的原则，对鼓励发展的“短线”产业部门可调低税率或减免税予以扶持；对限制发展的“长线”产业可调高税率或加征税款，以抑制其发展，从而在引导资金流向、优化资源配置、形成合理的产业结构方面起到有力的调控作用。

3. 调节各种收入，实现收入分配的公平合理

在调节收入的公平合理分配方面，所得税起着不可替代的作用。因为所得税的课税对象一般是企业或居民的最终收入，国家通过制定不同的税率，调节居民收入相差悬殊的状况，避免贫富差距过大，以体现社会公平；另外还要使收入的分配能适当拉开差距，以提高效率。

（二）公债

公债是政府的债务，是国家以债务人身份取得的信用。公债是国家信用的一种，其基本形式是发行政府债券，包括国内公债、国外公债等。公债产生的最初原因是弥补财

政赤字，当通过正常的税收形式不足以满足国家财政的需要时，政府不得以发行的债券即为公债。随着信用制度的发展，公债已成为调节经济的重要杠杆，成为财政政策的重要工具之一，其作用主要表现在以下 4 个方面。

1. 弥补财政赤字

用公债来弥补财政赤字，实质上是将不属于国家支配的资金在一定时期内让渡给国家使用。发行公债只是部分社会资金的使用权的暂时转移，使分散的购买力在一定期限内集中到国家手中，流通中的货币总量不会改变，一般不会导致通货膨胀。而且公债的认购通常遵循自愿的原则。通过发行公债获取的资金基本上是社会资金运动中游离的部分，也就是企业和个人闲置不用的资金，将这部分资金暂时集中使用，当然不会对经济产生不利的影响。

2. 筹集建设资金

公债是国家信用的主要形式和典型形式，它是筹集建设资金的重要手段。在我国社会主义市场经济体制下，一些有关战略发展的重点项目、基础设施，以及一些天然垄断的项目仍需以国家投资为主。国家投资对于弥补市场经济的缺陷与不足、保持国民经济稳定增长具有重要作用。我国是一个发展中国家，面对资金短缺与资金分散的矛盾，运用公债筹措的建设资金旨在发展经济，加快经济增长速度。尽管公债要还本付息，但只要发行方式得当、额度适中，对经济增长是有利的。发行公债从长远利益和整体利益看有利于全局经济的发展。

3. 调节货币供应量

一国公债的发行与偿还，可以通过中央银行的公开市场业务，直接调节货币供应量，间接影响物价、就业和收入水平。例如，当出现通货膨胀时，政府抛售公债，回笼货币；反之则购买公债，增加货币，对经济波动起到强有力的调控作用。

4. 调节经济结构

发行公债可以改变投资结构。通过发行公债，将分散的购买力在一定时间内转移到国家手中，用于生产建设，改善投资环境，将对整个社会的投资方向起着积极的引导作用。公债收入投放的方向不同，将改变既定的积累与消费的比例关系，使社会资源得以重新配置。

（三）政府投资

政府是全体人民利益的代表，其作为投资主体的投资目标是服务于社会的整体利益的，是为了创造一个适宜于分散在社会各地的经济主体的生产经营环境，这就决定了政府投资一般具有非营利性的特点。一方面，政府投资对指导包括企业投资主体在内的各

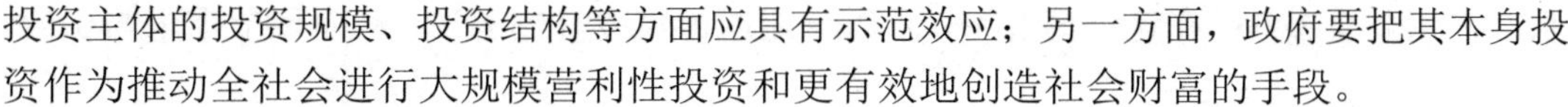

投资主体的投资规模、投资结构等方面应具有示范效应；另一方面，政府要把其本身投资作为推动全社会进行大规模营利性投资和更有效地创造社会财富的手段。

各级政府的投资可分为两类。

1. 产业开发投资

产业开发投资是政府用于大规模区域开发、少数需要巨额投资并具有巨大风险的基础产业项目和高新技术产业的关键或骨干项目的直接投资，也包括现阶段由于价格扭曲，企业不愿投资而政府不得不直接投资的部分基础原材料和能源工业项目。这类项目一般涉及整个国民经济的产业结构和生产力布局调整。但由于投资额和风险巨大，分散的投资者一般无力承担。政府具有通过税收创造收入和分散风险的能力，能够依靠国民经济整体实力从事这类项目的建设，因此，政府必须承担起对这类项目的直接投资。

2. 社会公共投资

社会公共投资是指政府向提供社会公共产品和服务的产业、部门和项目提供的直接投资，主要用于具有技术和自然垄断性质并且有明显外部收益的社会基础设施与公用设施建设，如科技、文化、教育、卫生、公共安全和政府管理部门等的建设项目。这类投资直接收益很低甚至无收益，但具有显著的社会效益和宏观经济效益，因此，必须由政府进行直接投资。

由上述两类形式可以看出，政府投资是政府直接参与物质生产领域活动的一种形式，是实现资源有效配置的重要工具。它对于形成和调整国民经济结构、促进经济增长有深远的影响。

（四）财政补贴

财政补贴是国家为了某种特定需要将一部分财政资金无偿补助给企业和居民的一种再分配形式。西方经济学根据财政支出是否在经济上直接获得相等的代价，将财政支出分为政府购买和政府转移支付两大类。而财政补贴是政府转移支付的一个重要组成部分，是财政政策的重要工具之一。

财政补贴实际上是国家利用价值手段给予企业和居民的一种资助，它起着一种补充价格的调节作用，因而对总需求及总供给有重要影响。虽然在市场经济模式中，价格能够自动地发挥广泛的调节作用，但是，如果听凭价格自由地发挥作用，那么会引起整个社会经济的振荡。为了控制这种振荡，国家就必须在一定范围内选择使用财政补贴这一工具，通过直接影响产品的购进价格或销售价格，来调节需求结构或供给结构。例如，在很长一段时期内，农副产品价格偏低，农民的生产积极性难以调动，农副产品供给无法增加，这时就必须适当提高农副产品的收购价格。但农副产品价格的提高会带来两种后果：一是如果销售价格不变，经营单位（指收购单位）会减少利润或出现亏损，那么市场供给就会减少；二是如果同时提高销售价格但居民收入不变，居民将一时难以承受，那么需求就会减少。在这种情况下，矛盾只能通过财政补贴解决，从而调节需求与供给。

二、财政政策的运用

根据对总需求的调节方向不同，财政政策可分为扩张性财政政策、紧缩性财政政策和中性财政政策。财政政策的运用一般原则是“逆经济风向行事”，即在经济萧条时期，采用扩张性财政政策；在经济繁荣时期，采用紧缩性财政政策。下面主要介绍扩张性财政政策和紧缩性财政政策。

（一）扩张性财政政策

扩张性财政政策，是指通过财政收支规模的变动来增加和刺激社会性的总需求量的政策。在总需求不足时，通过扩张性财政政策使总需求与总供给的差额缩小以至平衡。扩张性财政政策的载体主要是增加财政支出和减少税收。两者相比，前者的扩张效应更大。财政支出是社会总需求的直接构成因素，财政支出规模的扩大会直接增加总需求。增加支出的乘数效应大于减税的乘数效应。减税政策可以增加民间可支配收入，在财政支出规模不变的情况下，也可以扩大社会总需求。同时，减税的种类和方式不同，其扩张效应也不同。流转税的减税在增加需求的同时，对供给的刺激作用更大，所以，它的扩张效应主要表现在供给方面。所得税尤其是个人所得税的减税，主要在于增加人们的可支配收入，它的扩张效应体现在需求方面。在增加支出与减税并举的情况下，扩张效应虽然更大，但可能导致财政赤字。从这个意义上说，扩张性财政政策等同于赤字财政政策。

（二）紧缩性财政政策

紧缩性财政政策，是指通过财政收支规模的变动来减少和抑制总需求的政策。在国民经济已出现总需求过旺的情况下，紧缩性财政政策可以抑制通货膨胀，达到供求平衡。实施紧缩性财政政策的手段主要是减少支出和增加税收。减少支出可以降低政府的消费需求和投资需求，增加税收可以减少民间的可支配收入，降低民间消费者需求和投资需求。所以，无论是减少支出还是增加税收，都具有减少和抑制社会性总需求的效应。如果在一定经济状态下，减少支出和增加税收并举，就有可能出现财政盈余。在一定程度上说，紧缩性财政政策等同于盈余财政政策。

三、财政政策的效应

（一）自动稳定的财政政策

自动稳定的财政政策，是指某些能够根据经济波动情况自动发生稳定作用的政策，它无须借助外力就可直接产生调控效果。财政政策的这种内在的、自动产生的稳定效果，可以随着社会经济的发展，自行发挥调节作用，不需要政府采取任何干预行动。

财政政策的自动稳定性主要表现在以下两个方面。

1）税收的自动稳定效应。税收体系，特别是公司所得税和累进的个人所得税，对经济活动水平的变化反应相当敏感。如果当初政府预算是平衡的，税率没有变动，而经济活动出现不景气，国民产出就要减少，这时税收收入就会自动下降。如果政府预算支出保持不变，则由税收收入的减少而使预算赤字发生，这种赤字会“自动”产生一种力量，可以抑制国民产出的继续下降。

2）政府支出的自动稳定效应。经济学家一致认为，对个人的转移支付是普遍的自动稳定器。转移支付是当个人收入下降时为了维持他们的最低必要生活水平而向他们提供的，如公共救济款及对有儿童家庭的援助等福利计划和失业救济金。如果国民经济出现衰退，就会有一大批家庭具备申请失业救济金的资格，政府必须对失业者支付津贴或救济金，从而可以使总需求不至于下降过多；同样，如果经济繁荣来临，失业者可重新获得工作机会，在总需求接近充分就业水平时，政府就可以停止这种救济性的支出，使总需求不至于过旺。

内在稳定器是由财政制度本身决定的，设计好税率结构与转移支付的标准十分重要。但内在稳定器只能减轻经济波动，而不能完全消除经济波动。因此，它被认为是对付经济波动的第一道防线，而要消除经济波动，必须靠财政政策和货币政策的干预。

（二）乘数效应

乘数效应包括正反两个方面。当政府投资或公共支出扩大、税收减少时，乘数效应对国民收入有加倍扩大的作用，从而产生宏观经济的扩张效应；当政府投资或公共支出削减、税收增加时，乘数效应对国民收入有加倍收缩的作用，从而产生宏观经济的紧缩效应。

1. 投资或公共支出乘数效应

投资或公共支出乘数效应是指，当投资或政府公共支出增加时，引起的社会总需求变动对国民收入增加的影响程度。一个企业的投资支出会转化为其他企业的收入，这个企业把得到的收入在扣除储蓄后用于消费或投资，又会转化为另外一个企业的收入。如此循环下去，就会导致国民收入以投资或支出的倍数递增；同理，投资的减少将导致国民收入以投资的倍数递减。公共支出乘数的作用原理与投资乘数相同。

2. 税收乘数效应

税收乘数效应是指，当税收增加或减少时，所引发的国民收入减少或增加的现象。由于增加了税收，消费和投资需求就会下降。一个企业收入的下降又会引起另一个企业收入的下降，如此循环下去，国民收入就会以税收增加的倍数下降，这时税收乘数为负值。同理，税收的减少使私人消费和投资增加，从而通过乘数效应使国民收入增加得更多，这时税收乘数为正值。一般来说，税收乘数小于投资乘数和政府公共支出乘数。

3. 预算平衡乘数效应

当政府支出的扩大与税收的增加相等时，国民收入的扩大正好等于政府支出的扩大量或税收的增加量；当政府支出的减少与税收的减少相等时，国民收入的缩小正好等于政府支出的减少量或税收的减少量。

（三）挤出效应

虽然乘数效应表明，财政政策所引起的需求变动可能大于政府支出所引起的变动，但是还有另一种效应——挤出效应按照与乘数效应相反的方向发生作用。挤出效应是指政府支出增加所引起的私人支出减少。政府在运用扩张性财政政策时，政府支出的增加在一定程度上刺激了商品和劳务需求的增长，相对减少了市场上的货币供应量，引起市场利率上升。较高的利率往往使私人投资和消费减少。

一般来说，在短期内挤出效应不大，但是在长期，因为实现了充分就业，所以挤出效应最大，政府的支出增加等于私人支出的减少，扩张性财政政策对经济增长没有任何刺激作用。也就是说，在短期内财政政策有效，但在长期过程中，财政政策几乎无效。

第三节 货币政策

引导案例

我国的货币政策

2018 年政府工作报告指出：稳健的货币政策保持中性，要松紧适度。管好货币供给总闸门，保持广义货币 M2、信贷和社会融资规模合理增长，维护流动性合理稳定，提高直接融资特别是股权融资比重。疏通货币政策传导渠道，用好差别化准备金、差异化信贷等政策，引导资金更多投向小微企业、“三农”和贫困地区，更好服务实体经济。

2018 年中国人民银行工作会议明确，中国人民银行 2018 年的 9 项主要任务为：保持货币政策稳健中性；切实防范化解金融风险；稳妥推进重要领域和关键环节金融改革；持续推动金融市场平稳健康发展；稳步推进人民币国际化；深度参与国际金融合作和全球经济金融治理；进一步推动外汇管理体制改革；全面提高金融服务与管理水平；持续加强内部管理。

（资料来源：李克强，2018. 十三届全国人大一次会议上的政府工作报告[EB/OL].(2018-03-06)[2018-11-03]. http://www.gov.cn/xinwen/2018-03/06/content_5271250.html.）

一、货币政策工具

货币政策工具是指政府或中央银行为实现宏观经济目标而采取的调节货币供给及

调控利率的各项措施。货币政策的直接目标是利率，最终目标是总需求变动。它与财政政策的不同之处在于：财政政策直接影响社会总需求的规模，中间不需要任何变量；而货币政策通过货币当局货币供给量的变化来调节利率，进而间接地调节总需求，是间接地发挥作用的。

（一）一般性政策工具

一般性政策工具包括公开市场业务、法定存款准备金率和再贴现率。

1. 公开市场业务

公开市场业务是中央银行在公开的金融市场上买进或卖出有价证券，以增加或减少商业银行准备金，从而达到调节货币供给量及利率的政策工具。公开市场业务是目前各国中央银行控制货币供给量最重要也是最常用的工具，和其他货币政策工具相比具有明显的优越性。其优越性主要表现在以下 3 点。

1）灵活性。公开市场业务可以按任何规模进行，中央银行既可以大量买卖又可以小量买卖有价证券，使货币供给量发生较大的或迅速的变化。

2）主动性。公开市场业务操作的主动权在中央银行，中央银行可根据经济情况的需要自由决定有价证券的数量、时间和方向。即使中央银行有时会出现某些政策失误，也可以及时纠正，具有较强的弹性。

3）前瞻性。一旦买进或卖出一定数量的证券，就可以根据货币乘数估计出货币供给量增加或减少的数量。

中央银行可以根据总需求状况有选择地买进或卖出有价证券。当经济出现衰退或萧条时，失业因总需求不足而增加，中央银行则买进有价证券。如果出售有价证券的是商业银行，其银行准备金将随中央银行支票的兑付而增加；如果出售政府债券的是社会公众，由此获得中央银行支票的个人或企业则把支票存入商业银行，增加商业银行的活期存款，因而商业银行的准备金也会增加。因此，中央银行买进有价证券最终会导致商业银行准备金的增加，商业银行为了自身利益就会扩大信贷规模，在货币乘数的作用下，整个市场的货币供给量成倍增加。货币供给量增加会导致利率下降，投资需求增加，并通过投资乘数的作用引起总需求扩大，从而引起国民收入、就业及价格水平的相应提高。同时，中央银行买进有价证券，还将导致债券价格上涨，进而引起利率下降，也有利于扩大投资，增加总需求。

当经济过热时，物价水平因总需求过量而持续上涨，市场上货币供给量过多，中央银行便在公开市场上卖出有价证券。如果买进有价证券的是商业银行，其银行准备金将随着向中央银行付款而减少；如果买进有价证券的是社会公众，其存入商业银行的活期存款就会相应因提款购买而减少，商业银行的准备金也会减少。因此，中央银行卖出有价证券最终会导致商业银行准备金的减少，商业银行信贷规模减小，在货币乘数的作用下，整个社会的货币供给量将会成倍减少。货币供给量减少的结果与货币供给量增加的结果正好相反，最终导致投资需求下降，引起总需求的收缩，国民收入、就业与价格水平下降。同时，中央银行卖出有价证券，还将导致债券价格下降，引起利率上升，也有利于抑制投资从而使总需求收缩。

2. 法定存款准备金率

存款准备金是指金融机构为保证客户提取存款和资金清算需要而准备的在中央银行的存款。中央银行要求的存款准备金占其存款总额的比例就是存款准备金率。中央银行规定的存款准备金率被称为法定存款准备率。例如，某时段我国大中型金融机构法定存款准备金率为 12%，就意味着金融机构每吸收 100 万元存款，要向中央银行缴存 12 万元的存款准备金，用于发放贷款的资金为 88 万元，中央银行如果将法定存款准备金率降低到 10%，那么金融机构的可贷资金将增加到 90 万元，加上货币乘数作用，货币量更多。可见，中央银行调整法定存款准备率能够直接影响货币供给量，进而调节经济。

当经济出现通货膨胀时，中央银行提高法定存款准备金率，以降低商业银行信贷能力，减少经济中货币供给量，进而利率上升，达到抑制投资、降低国民收入与物价水平的目的；当经济出现衰退或萧条时，中央银行降低法定存款准备金率，商业银行产生超额准备金，扩大了商业银行的信贷能力，货币供给量增加，进而利率下降，达到刺激投资，使经济走出衰退或萧条的目的。

3. 再贴现政策

再贴现是指商业银行或其他金融机构为解决一时资金短缺，将贴现所获得的未到期票据，向中央银行转让的融资行为。因为商业银行转让的是未到期票据，所以，中央银行要从票面面额中扣除一定的利息作为商业银行的融资代价，利息是按票面面额的一定利率计算的贴现日到票据到期日的利息，计算利息使用的利率就是再贴现利率。可以看出，再贴现实际上就是商业银行和中央银行之间的票据买卖和资金让渡的过程。再贴现的结果是，中央银行买进票据，支付货币，扩大货币供应量，贴现的商业银行融通了一定数量的资金，融通资金的多少则取决于再贴现利率的高低。现在商业银行可以利用客户借款时提供的票据来办理再贴现，也可以用中央银行同意接受的政府债券或经审查合格的商业票据作为抵押品申请贷款，相应的贷款利率都称为再贴现率。

中央银行通过调整再贴现率来调节货币供给量的表现在于：当经济出现衰退或萧条时，中央银行降低贴现率以鼓励商业银行向中央银行借款，这样商业银行的准备金增加，就可以扩大其信贷规模；同时商业银行的利率也伴随贴现率的降低而降低，进而刺激投资，提高国民收入水平。当经济出现通货膨胀时，中央银行提高贴现率以限制商业银行向中央银行借款，这样商业银行的准备金减少，就要紧缩信贷规模，货币供给量减少；同时伴随贴现率的提高，商业银行的利率也会相应上升，进而抑制投资，降低国民收入和物价水平。

运用再贴现率调节货币供给量并不是一个理想的控制工具，因其本身存在一定的局

限性，主要表现在商业银行是否愿意到中央银行申请贴现，或者贴现多少，都是由其自身利益决定的，中央银行处于被动地位。另外，如果再贴现率随时调整，通常会引起市场利率的经常性波动，使企业或商业银行无所适从；再贴现率不随时调整，又不宜于中央银行灵活地调节市场货币供应量。因此，再贴现政策缺乏弹性。

（二）选择性政策工具

选择性货币政策工具是指中央银行针对个别部门、个别企业或某些特定用途的信贷而采用的信用调节工具。

属于这类货币政策的工具主要有以下几种。

（1）直接信用控制

它是指以行政命令或其他方式，直接对金融机构尤其是商业银行的信用活动进行控制。其具体手段包括规定利率限额与信用配额、信用条件限制、规定金融机构流动性比率和直接干预等。

（2）消费者信用控制

它是指中央银行对不动产以外的各种耐用消费品的销售融资予以控制。其主要内容包括规定分期付款购买耐用消费品的首付最低金额、还款最长期限、使用的耐用消费品种类等。

（3）证券市场信用控制

它是指中央银行对有关证券交易的各种贷款进行限制，目的在于限制过度投机。例如，可以规定一定比例的证券保证金，并随时根据证券市场状况进行调整。

（4）不动产信用控制

它是指中央银行对商业银行办理不动产抵押贷款的管理措施，主要是规定贷款的最高限额、贷款最长期限及第一次付现的最低金额等。不动产信用控制的主要内容有规定不动产贷款的最高额度、分期付款的期限、首次付款的金额及还款条件等。

（5）优惠利率

它是指中央银行对国家拟重点发展的某些经济部门、行业或产品制定较低的利率，目的在于刺激这些部门的生产，调动它们的积极性，实现产业结构和产品结构的调整。

（三）补偿性政策工具

补偿性政策工具是在利用一般性政策工具和选择性政策工具时，所采用的一些辅助性措施，主要有中央银行通过道义劝告、窗口指导等方法来间接影响商业银行等金融机构行为的做法。其工具比较灵活，但中央银行必须在金融体系中有较强的地位、较高的威望并拥有强有力的控制手段，补偿性政策工具才能真正地发挥作用。

二、货币政策的运用

货币政策的类型有 3 种，分别是扩张性货币政策、紧缩性货币政策和均衡性货币政策。

下面主要介绍扩张性货币政策和紧缩性货币政策。

（一）扩张性货币政策

在经济萧条时，总需求小于总供给，为了刺激总需求，就要采用扩张性货币政策。扩张性货币政策的主要措施是在公开市场买进有价证券，降低贴现率并放松贴现条件，降低法定存款准备率等，其目的是让企业和居民更容易获得生产资金和消费资金，意在通过投资需求和消费需求规模的扩大来增加社会总需求，刺激经济恢复增长，直至出现复苏、繁荣的局面。

（二）紧缩性货币政策

在经济繁荣时，总需求大于总供给，为了抑制总需求，就要采用紧缩性货币政策。紧缩性货币政策的主要措施是在公开市场卖出有价证券，提高贴现率并严格贴现条件，提高法定存款准备金率等，其目的是减少货币流通量，将过高的社会总需求降下来，缓解通货膨胀的压力。

货币政策类型的选择主要看社会总供给与社会总需求是否平衡，看经济发展处在哪个阶段。在确定采用何种类型货币政策之前，一般要预测今后一个时期的经济增长幅度，确定货币供应量的增减幅度并出台相应的货币调控措施。

三、财政政策与货币政策的配合

财政政策和货币政策的配合，是指政府将财政政策和货币政策按某种形式搭配进行组合，以调节总需求，最终实现宏观经济的内外平衡。财政政策与货币政策的配合使用，一般有 4 种模式。

（一）扩张性财政政策和扩张性货币政策，即“双松”政策

扩张性财政政策和扩张性货币政策能更有力地刺激经济。一方面，通过减少税收或扩大支出规模等松的财政政策可以增加社会总需求，增加国民收入，但也会引起利率水平提高。另一方面，通过降低法定存款准备金率、降低再贴现率、买进政府债券等扩张性货币政策可以增加商业银行的储备金，扩大信贷规模，增加货币供给，抑制利率的上升，以消除或减少扩张性财政政策的挤出效应，使总需求增加，其结果是可在利率不变的条件下，刺激经济，并通过投资乘数的作用使国民收入和就业机会增加。这样可以消除经济衰退和失业，比单独运用财政政策或货币政策更有缓和衰退、刺激经济的作用。扩张性财政政策和扩张性货币政策搭配所适用的经济初始状态包括：①存在比较高的失业率；②大部分企业开工不足，设备闲置；③大量资源有待开发；④市场疲软、没有通货膨胀现象；⑤国际收支盈余过多。

在此状态下，一方面，这种搭配模式会刺激对进口产品的需求，减少国际收支盈余；另一方面，这种搭配模式对推动生产和降低失业率有促进作用。这种搭配模式能够短时

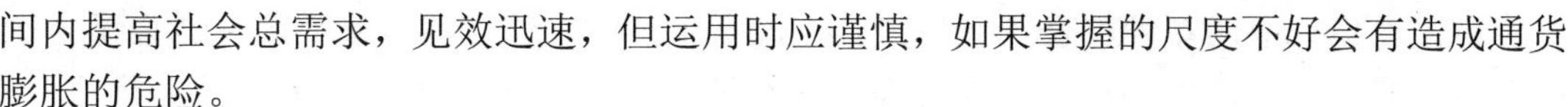

间内提高社会总需求，见效迅速，但运用时应谨慎，如果掌握的尺度不好会有造成通货膨胀的危险。

（二）紧缩性财政政策和紧缩性货币政策，即“双紧”政策

当经济过度繁荣，通货膨胀严重时，政府可以将紧缩性财政政策和紧缩性货币政策配合使用。这就是说通过增加税收和减少政府支出规模等紧缩性财政政策压缩总需求，从需求方面抑制通货膨胀。而利用提高法定存款准备金率等紧缩性货币政策增加商业银行的准备金，会使利率提高，投资下降，货币供给量减少，有利于抑制通货膨胀，同时，紧缩性财政政策在抑制总需求的同时会使利率下降，而通过紧缩性货币政策可以使利率上升，两者搭配从而不使利率的下降起到刺激总需求的作用。其结果可在利率不变的情况下，抑制经济过度繁荣，使总需求和总产出下降。实施紧缩性的财政政策和紧缩性的货币政策搭配的初始状态包括：①经济处于高通货膨胀；②不存在高失业率；③国际收支出现巨额赤字。

一方面，削减总需求有利于抑制通货膨胀、保证货币和物价的稳定；另一方面，削减总需求有助于改善国际收支状况，减少国际收支赤字。但是，这一搭配模式如果运用不当往往会造成经济停滞的后果。

（三）扩张性财政政策和紧缩性货币政策

这种政策组合的结果是利率下降，总产出的变化不确定。具体来说，这种搭配模式在刺激总需求的同时又能抑制通货膨胀，扩张性财政政策通过减税、增加支出，有助于克服总需求不足和经济萧条，而紧缩性货币政策会减少货币供给量，进而缓解由于扩张性财政政策引起的通货膨胀的压力。实施扩张性财政政策和紧缩性货币政策搭配适宜的条件包括：①经济停滞不前，甚至衰退；②社会总需求不足；③物价稳定，没有通货膨胀迹象；④失业率高；⑤国际收支赤字。

在这种条件下，用扩张性财政政策来拉动内需，对付经济衰退，用紧缩性货币政策来减少国际收支赤字，调节国际收支平衡，从而有助于促进宏观经济的内外均衡。

（四）紧缩性财政政策和扩张性货币政策

同扩张性财政政策和紧缩性货币政策相反，这种政策组合的结果是利率上升，总产出的变化不确定。一方面，通过紧缩性财政政策增加税收，控制支出规模，压缩社会总需求，抑制通货膨胀；另一方面，采取扩张性货币政策增加货币供应，以保持经济适度增长。实施紧缩性财政政策和扩张性货币政策搭配的适宜条件包括：①经济过热；②物价上涨、通货膨胀；③社会失业率低；④国际收支出现过多顺差。

在此状态下，采取紧缩性财政政策和扩张性货币政策的配合模式是适宜的，前者可以用来对付通货膨胀，后者可用来减少过多的国际收支盈余（通过刺激进口和以低利率刺激资本流出），从而有助于促进宏观经济的内外均衡。

可以看出，上述4种组合各有特点，在现实生活中，这4种政策搭配与选择是一个很复杂的问题。采取哪种形式，应视当时的经济情况，灵活、适当地选择与运用。

本章小结

宏观经济政策应该同时达到4个目标，即充分就业、物价稳定、经济增长、国际收支平衡。

宏观经济政策工具是指用来达到政策目标的手段。在宏观经济政策工具中，常用的有需求管理、供给管理和对外经济管理。需求管理政策主要包括财政政策和货币政策。

财政政策是指通过支出与税收来调节经济的政策。财政政策的主要包括财政收入政策和财政支出政策。

货币政策是指国家根据既定的经济发展目标，通过中央银行运用其政策工具，控制货币供给量和利率，以影响经济活动水平的政策。

财政政策和货币政策具有不同的特点，可以根据具体情况进行有效的配合，可能的搭配模式有“双紧”的政策搭配、“双松”的政策搭配、“紧松”的政策搭配、“松紧”的政策搭配。

案例分析

综合分析国内外形势，我国发展面临的机遇和挑战并存。世界经济有望继续复苏，但不稳定、不确定因素很多，主要经济体政策调整及其外溢效应带来变数，保护主义加剧，地缘政治风险上升。我国经济正处在转变发展方式、优化经济结构、转换增长动力的攻关期，还有很多坡要爬、很多坎要过，需要应对可以预料和难以预料的风险和挑战。实践表明，中国的发展成就从来都是在攻坚克难中取得的。当前我国物质技术基础更加雄厚，产业体系完备、市场规模巨大、人力资源丰富、创业创新活跃，综合优势明显，有能力、有条件实现更高质量、更有效率、更加公平、更可持续的发展。

2018年发展主要预期目标如下：GDP增长6.5%左右；居民消费价格涨幅在3%左右；城镇新增就业在1 100万人以上，城镇调查失业率在5.5%以内，城镇登记失业率在4.5%以内；居民收入增长和经济增长基本同步；进出口稳中向好，国际收支基本平衡；单位GDP能耗下降3%以上，主要污染物排放量继续下降；供给侧结构性改革取得实质性进展，宏观杠杆率保持基本稳定，各类风险有序有效防控。

思考：就2018年的财政货币政策进行分析和总结。

实训项目设计

实训项目一：

分析我国近几年经济形势及中央政府所采取的系列宏观经济政策，注意以下要求：

1）熟知需求管理的有关政策措施。

2）了解有关政策的运用背景。

3）了解中央财政政策的使用及效果。

4）了解中央货币政策的使用及效果。

5）了解财政政策和货币政策搭配使用的效果。

实训项目二：

查找从 2008 年以来的主要宏观经济指标（如 GDP、企业效益、失业率、居民储蓄存款余额、货币量、利率、财政收支状况等）。

1）运用资料进行计算。

2）撰写分析报告。

业务技能自测

参 考 文 献

保罗・萨缪尔森，威廉・诺德豪斯，2012．微观经济学[M]．萧琛，译．19 版．北京：人民邮电出版社．
陈福明，2011．经济学基础[M]．北京：高等教育出版社．
高鸿业，2014a．西方经济学：宏观部分[M]．6 版．北京：中国人民大学出版社．
高鸿业，2014b．西方经济学：微观部分[M]．6 版．北京：中国人民大学出版社．
韩娜，2013．经济学基础[M]．北京：中国经济出版社．
金雪军，2004．西方经济学案例[M]．杭州：浙江大学出版社．
梁小民，2000．微观经济学纵横谈[M]．3 版．北京：生活・读书・新知三联书店．
梁小民，2003．宏观经济学纵横谈[M]．北京：生活・读书・新知三联书店出版社．
鲁迪格・多恩布什，斯坦利・费希尔，理查德・斯塔兹，2017．宏观经济学[M]．王志伟，译．12 版．北京：中国人民大学出版社．
罗余才，许建平，余鹏翼，等，2002．西方经济学原理[M]．广州：华南理工大学出版社．
曼昆，2011．经济学原理[M]．梁小民，梁砾，译．7 版．北京：北京大学出版社．
曼昆，2016．宏观经济学[M]．卢远瞩，译．9 版．北京：中国人民大学出版社．
孙宇晖，刘静暖，2008．西方经济学基础[M]．北京：中国经济出版社．
王福君，张金锁，2010．经济学基础[M]．北京：北京交通大学出版社．
王静，2009．经济学基础[M]．北京：科学出版社．
王开良，2013．经济学概论[M]．北京：中国书籍出版社．
徐兆辉，付春雨，马乃辉，2010．西方经济学[M]．北京：首都经济贸易大学出版社．
严国辉，2006．经济学基础[M]．北京：对外经济贸易大学出版社．
张红智，2012．经济学基础[M]．北京：对外经济贸易大学出版社．
张满林，刘素梅，2011．经济学基础[M]．北京：中国经济出版社．
张晓华，王秀繁，2006．经济学基础[M]．北京：机械工业出版社．
张永良，2014．经济学基础[M]．北京：北京理工大学出版社．
赵春荣，2010．经济学[M]．北京：中国经济出版社．